明治維新

田中彰 著
何源湖 譯

2020.7.22 玉山社開卷特賣 $168

目次

第七章 岩倉歐美使節團 227

第八章 內務卿大久保利通 277

第十一章　東亞中的日本　383

第十二章　維新的落幕　405

本書圖版製作協助　佐々木 克

序章

近代日本的開端

飛向舊金山的第一步

飛機的高度驟降，繁華的街道映入眼簾，街道上奔馳的汽車宛如一條拉得筆直的線。動靜交織而成的現代都市舊金山漸漸地貼近我的眼前。蔚藍海灣內，海灣大橋（Bay Bridge）一直線地向著對岸的奧克蘭（Okaland）延伸而去，另一頭的暮靄中浮現出金門大橋（Golden Gate Bridge）幾何構造的英姿。昭和四十九年（一九七四）四月，頭一次從空中，在舊金山烙印下了我的第一步。

一百三十年前，明治四年（一八七一）十二月六日（陰曆）天亮之時，立志打造全新國家的明治新政府領導人岩倉具視，及其所帶領的歐美遣外使節團，從遙遠的日本橫渡太平洋後，於朝霧之中眺望這塊美洲大陸的土地。面對著正好從旭日光芒中逐漸清晰的金門大橋，他們不由得發出了「風景真是美麗」的讚嘆之聲。

使節團一行人之中，有明治新政府的核心人物：右大臣岩倉具視（一八二五～一八八三）、參議木戶孝允（一八三三～一八七七）、大藏卿大久保利通（一八三〇～一八七八）等人，他們都是第一次踏上國外的土地。他們經歷過幕末的動亂，接著於版籍奉還之後強制推動廢藩置縣，總算開闢出一條邁向統一國家的道路，而縈繞於他們內心之中的究竟是什麼呢？

日之丸演講

數日後的十二月十四日晚上，於蒙哥馬利街（Montgomery St.）上一行人寄宿的格蘭大飯店（Grand Hotel），舉辦了使節團的歡迎會。此時，特命全權副使的工部大輔伊藤博文（一八四一～一九〇九）發表了以下的一場演講。當時的會場四周，交錯掛滿了日本太陽旗及美國的三十七星條旗，並且以當地首長為主的達官顯貴、將官及市民共三百人絢爛奪目地蜂擁而至。

國外的風俗習慣現在日本全國都已瞭解，今日我國政府及人民最為殷殷期盼乃在於想攀上先進各國享有的文明的最高峰。有鑑於此，我們採行了陸海軍及學術教育等各項制度，伴隨國外貿易的進展，知識也隨之自由地流入國內。雖然我國的改良於物質文明上進展神速，但國民精神上的改良卻是更為顯著。

伊藤博文的聲音更為高亢地繼續他的演講。

我國頂尖人才縝密調查的結果，也與此一見解一致。數千年來，我們的人民在專制政治的大纛之下絕對服從，不曾知悉何謂思想之自由。伴隨著物質上的改良，他們終於瞭解了長年累月都未曾知曉的權利，當然與之而來的內亂只不過是短暫的現象。（春畝公追頌會 編《伊藤博文傳》上卷）

他說，數百年來穩如泰山的日本封建制度「未發一彈，未滴寸血，一年之內即遭廢除」，而這個令人震驚的事實，是透過「政府與人民的合作」而達成的，並且信心滿滿地說：「現在已經於和平的路程之上攜手並進，而中世紀的時候，卻沒有一個國家能未經戰爭就廢止封建制度的。」

伊藤博文於幕末時曾於倫敦求學，而且明治三年（一八七〇）時拜訪過美國。這樣的經驗讓他自信滿滿，用著不太流利的英語（此點亦有不同說法）向台下人群發表他擅長的演講。「無論是作為使節或是個人，我們最大的希望是將對我國有益的事物及有助於知識永續發展的資料帶回國內。我們無庸置疑地肩負著保護我國人民權利及利益的義務，同時我們期待能夠拓展對外貿易並計畫同步地擴大生產，盼望能夠打造出促進更大規模活動的健全基礎。」——他如此地談到使節團此行的目的，最後以下述的內容來作總結：

點綴我國國旗中央的紅色圓形，已不能視為宛如禁錮帝國的封蠟（用來密封書信、郵件之類封口的紅色蠟狀物），將來會回歸實質上的本義，蛻變成東昇旭日的高貴徽章，並與全世界的文明各國為伍，而且將活躍於前列及上層之中。

伊藤博文這次的演講被稱為「日之丸演講」，在當時的日本國內外造成相當大的迴響。講稿中隱含著他對於日本開國以來，外國人士見到太陽旗後笑稱「那是日本的封蠟」一事，在國族意識上的反彈。

不管是伊藤博文洋溢著使命感的這個心情，還是使節團的雄心壯志，都是可以理解的。因為建造全新日本國家的工作是託付在他們的雙肩之上。

但回過頭來看伊藤博文的這段演講，明治維新究竟是否如他所說的，「精神改良」（伊藤博文也稱之為「精神的進步」）遠比外來壓力導致的「物質改良」更為顯著，是否因此封建制度的廢除才會在未發一彈、未滴寸血的情況下達成呢？還是像他自我吹捧的那樣，是透過「政府與人民的合作」而達成的呢？

此外，是否由於這個「物質改良」喚醒了「人民思想自由」的自覺，才令所謂的「內亂」到頭來只不過是一時的現象。

並且，是否如伊藤博文所自傲、強調的「無庸置疑」那樣，明治政府領導階層回國之後，會傾注一切心力履行保護人民權利及利益的義務。

疑問一個接著一個地湧出。總之，伊藤博文斷定會與全世界文明各國為伍，並「活躍於前列及上層之中」的「日之丸」是誕生於維新變革之中怎樣的一種象徵呢？——也是為了更接近此一課題，本書將會順著「明治維新」的過程來探究。

明治維新的開端

話說回來，明治維新是何時開始何時結束的呢？

此一問題在瀏覽過眾多的明治維新史後會發現眾說紛紜。這當中有著維新本質上的複雜性，也存在著該如何理解明治維新的困難性。

現在，最為狹義的看法是，把第二次征長（幕長戰爭）譯註一之後幕府垮台，成立維新政府的慶應期到明治元年（一八六八）前後，把這段極為短暫的時期當成是維新期。除此之外，大致上可以區分成以下的幾種。

首先是開始的時間，可以被區分為天保期（一八三〇～一八四〇年代）與開國期（一八五三～一八五八年）兩派。

天保期也有各種說法，但一般主要分成天保八年（一八三七）的大鹽平八郎之亂譯註二，以及幕府的天保改革失敗（天保十四年）兩大類。把外來壓力波及日本之前的天保期當作是明治維新開端的觀點，是著眼於幕藩體制內部已存在著引起明治維新的矛盾衝突，也就是農民商品經濟的發展以及階級鬥爭浮上了檯面，繼而不得不推動改革的內部因素。此種觀點是以幕末維新時期的經濟發展、倒幕運動的階級性質，還有明治維新的本質、甚至是此後日本資本主義的構造及特質等等，與推翻天皇制的戰略及戰術來作綜合性地討論。在昭和初年所謂的日本資本主義論爭之後，這個看法的基礎確立並延續下來，而這個說法主要流行於二戰戰敗後不久的十幾年間。

另一派的開國期，是指具有代表性的培里（Matthew C. Perry）來航（嘉永六年，一八五三），或是指《安政通商條約》的締結（安政五年，一八五八）。把「黑船」來航當成是維新開端的學說，是明治以來根深蒂固的看法。幕末時期的史料當中已經出現許多「癸丑以來」的用詞，癸丑就是嘉永六年培里抵達日本時的干支，可見外來壓力的影響有多麼龐大。但是明治以後的維新史，大部分都將其看成是外來的偶然契機。

然而，「黑船」雖然乍看偶然，但在觀察其背後的世界史必然法則後，認為這個將日本融入工業革命後世界資本主義發展中的關鍵時刻才是明治維新開端的，就是開國期學說。雖然此一觀點早在日本資本主義論爭前後就有人提出類似的看法，但要從昭和三十五年（一九六〇）開始，包含對戰後的維新史研究過分偏重於先前提及的內部因素，也就是內在必然性的反省，開國期學說才開始興起，而現今的維新史多半立足於此派學說。

當然這不是輕視內部因素，而是內在必然性與外來的國際因素在這個時間點被整合起來。本書由於敘述上的緣故，並不會提及開國期，但將明治維新的開端定於此時。

譯註一：慶應元年（一八六五）長州藩高杉晉作發動政變成立倒幕政權後，幕府決定再行征討。但因戰事不順，在朝廷調停下達成停戰協議。幕府這次的失敗突顯出實力不再，也讓幕府無法干涉薩摩藩及長州藩。

譯註二：因天保大饑荒，商人囤積米糧，而大鹽平八郎向官府請願救濟平民卻遭漠視。便於天保八年（一八三七）與門人及附近農、貧民在大坂起義造反。

明治維新結束的各種學說

那麼明治維新是何時結束的呢？

這個結束時期的問題比起開始，有著更多不同的學說。雖然說沒有像培里來航那樣具有決定性的時間點也是原因之一，但由於維新的性質與明治國家成立之間關聯性的複雜程度，導致了更多不同的見解。現在簡單列舉如下：

(1)明治四年（一八七一）。這是認為藉由廢藩置縣根除幕藩體制後，新政府主導的統一國家於此年成立。

(2)明治六年（一八七三）。頒行了學制（明治五年）及徵兵令與地租改正（皆為明治六年）等等一連串的各種改革法令。並且，認為之前勉強整合步調一起推展維新變革的政治勢力，在這一年以征韓論作為契機開始分道揚鑣，進而成為一分水嶺。這同時也意味著被稱作大久保政權，所謂「有司專制」譯註三體制的成立。

(3)明治十年（一八七七）。接踵而來的士族叛亂，以及這一年的西南戰爭也大致告終，此後進入了以明治七年國會開設要求為開端的自由民權運動的嶄新階段。被稱之為維新三傑的西鄉隆盛、木戶孝允、大久保利通，也從這一年到翌年之間相繼逝世的這一點，也強化了維新告終的印象。

新史》（上野書店，一九二九）曾以此作為維新的結束。或許是由於此書日後作了自我檢討，戰後此一觀點可以說是完全遭到了忽視。不過，本書是將這一年作為明治維新的結束。這與其說是單純為了敘述上的方便，不如說是認為明治維新史不可能省略「琉球處分」不談的緣故。不用說，「琉球處分」是指沖繩的廢藩置縣，而在這結束之後日本作為近代國家的統一才正式完成。

(4)明治十二年（一八七九）。是以「琉球處分」作為其指標。過去，服部之總的《明治維

然而，此一「琉球處分」同時也包括著與中國清廷之間瓜分此地的政治交易（參見第四四六～八頁）。換句話說，即是打算透過切割、犧牲部分民族來劃定國土，確立日本的主權。沒有納入這個「琉球處分」意義的維新史，無論其意圖為何，都可能成為與當時的明治政府一樣，是種冀望割棄民族一部分的無恥維新史觀。

另一個認為「琉球處分」是維新史結束的理由是，因為這是日本近代統一國家形成過程中，舊體制與國際性條件衝突的最後交會點。在這層意義上，相對於其他的結束學說都把觀點專注於國內的因素上，這個明治十二年的觀點，可以說是呼應內外各種條件相互衝突的維新開端的結束學說。

譯註三：有司意指政府官僚，用來批評當時明治政府以藩閥官僚為中心、超然主義的政府型態。

(5)明治十四年（一八八一）。即所謂明治十四年政變譯註四的這年。將此視為結束的觀點認為之前以舊領主階級及御用商人為基礎的國家權力，大致上於此次政變之後自行修正，逐漸地脫離寄生地主及舊御用商人與特權資產階級的系統，從以往的基礎轉型成為近代產業資產階級。

(6)明治十七年（一八八四）。這一年發生了秩父事件譯註五。此學說主張秩父事件是從以往的封建領主對封建小農這種幕藩體制基本階級對立，轉變成為寄生地主及資本家對佃農及勞動者的資本主義社會基本階級對立的轉捩點。明治十七年學說的背後，有著將秩父事件當成是自由民權運動決定性轉捩點的歷史觀。

(7)明治二十二～二十三年（一八八九～一八九〇）。《大日本帝國憲法》的制定及〈教育敕語〉的頒布，也就是認為這些形成了明治天皇制的法律架構及意識形態的支柱，並召開了帝國議會，而且在此之前資本主義的地基亦大致形成。

以上各說中，(5)(6)(7)的學說都將自由民權運動納入維新史之中。明治維新史是否應該包含這個民權運動，或者是維新期與民權期應當當成個別的主題來處理，這也和明治維新性質的定義有所關聯並具有重大的意義，而成為此後的課題。此外，即便是(7)的學說，若是能將視野放大至與日清戰爭（甲午戰爭，明治二十七～二十八年）之間的關聯性的話，並且正因為這個戰爭的意義重大，所以筆者也認為囊括其「戰後經營」的時代區分是可行的。

無論是哪一派，這些學說都在論述明治維新與近代天皇制國家（日本資本主義，乃至日本帝國主義）之間的關聯性。但無論是哪一派的學說，在將日本近代國家成立的出發點定於明治維新，以及正是這個維新過程，決定了此後明治國家及近代天皇制性質及構造的這一點上，看法是相同的。

本書的觀點

基於以上各說研究的共同成果，本書從以下的觀點來進行論述。

第一點是對於民眾來說明治維新究竟是什麼？筆者想重新審視這個問題。明治天皇制確實是藉由明治維新建構而成的，但維新還蘊含著許多的可能性。包含這些可能性在內，筆者想試著從民眾的觀點來進行探討。在這層意義上，筆者會留意並活用戰後地方史的研究成果。然而，雖然概略說是民眾，但是這個民眾卻呈現出複雜的運動軌跡及想法，所以絕對不能用一般的方法來處理。筆者想盡可能地照亮其褶皺深處。

譯註四：明治十四年（一八八一）由於自由民權運動的高漲，憲法的制定上出現應採行德國憲法還是英國憲法的爭論。最後是由支持前者的伊藤博文及井上毅將後者的大隈重信等人逐出政府。

譯註五：明治十七年（一八八四）十月三十一日到十一月九日間，琦玉縣秩父郡的農民苦於增稅及負債，在自由民權運動人士的影響下組成「困民黨」群起暴動。

第二點想瞭解的是，對於這樣的民眾，權力是如何來應對並架構出怎樣的支配體制。會將重點放在統一國家的形成過程及當中的天皇角色，或是支配思想及政治構造的特徵也是因此而來。而任何相關書籍皆有的通史部分將扼要地提及，或者也有割愛不提之處，希望讀者諒解。

第三點要觀察明治維新領導者們，是怎樣地看待當時的歐美及亞洲，並且想要如何地來應對。這與其說是定義明治維新的世界史地位，不如說是在追尋維新的領導者們，是如何克服十九世紀後半葉歐美的挑戰，以及透過此一過程，他們又是如何在亞洲中定位自己。

本書根據以上的觀點，不一定將明治維新侷限於絕對君主制的成立，或是資產階級革命，這種支配戰後維新史研究的二選一思維之中。這並不是在維新的性格及本質上搞曖昧，而只是認為在十九世紀後半葉，也就是帝國主義轉移前夕的世界史階段中，我們面臨著要透過如實刻畫出亞洲中維新變革的內容，回過頭來再一次地掌握上述世界史階段中的「革命」性格及本質定義的時候。

第一章

是「救世」還是「王政復古」？

一、「救世」與「這不挺好嗎」

江戶小石川的捨訴

慶應二年（一八六六）八月，江戶小石川有一封認為是捨訴的投書。捨訴亦被稱為「捨文」（すてぶみ），是指江戶時代時，在幕府的衙門或是重要官員的宅邸前，偷偷地留下訴狀。無庸置疑，這種行為是遭到嚴格禁止的，可是到了幕末，與把訴狀貼在門戶之類上面的「張訴」等，都成了一種盛行的申訴形式。

這封小石川的投書也不知道是要寄往何處的。但捨訴的寄件人使用了「六十六州安民大都督．大河邊主稅、同副翼．竹田秋雲齋」的頭銜及名諱。或許是哪裡的儒者或浪人也說不定。從頭銜來看，應該是盼望日本全國民眾能安穩度日的人沒有錯。信中稱幕府軍為「官軍」，並從提到「長防之賊徒」等字樣來看，是親幕人士的樣子。從這樣的立場出發，對於第二次征長之役中，長州藩下至底層尋常百姓都能上下一心地來戰鬥，這個人毫不留情地質疑幕府方面辦得到嗎。還提及「若今江戶臨事，城下百姓能與政府（幕府）共赴危難者安在乎」。而且甚至畏懼現在的政治情況會使天下大亂，終令日本歸於「夷人之有」。

信中提到，在這樣的危機感之下，現今正是集結多年來悲嘆萬民困苦的「同志數千人」，大舉「仁義之兵」之時。然後他將會擊破以薩長為首的大名們，承擔撫育天下萬民之任，大行

「仁政」。

捨訴的口號

那麼，所謂的「仁政」是什麼？這封捨訴以十二條的口號來說明。其內容是令四民各安其業，使貧者、乞丐、盜賊、流民等都消失無蹤，降低以稻米為首的各項物價。還要設立病院、盲啞學校、養老院、幼兒所等設施，而那些身無分文、拋鄉棄土、不得不自縊結束性命的人，則是無論花費多少財物都要挽救。此外，造惡業者也須先行告誡，惡行不改才施以責罰，若非殺人者則死罪不加其身。而有才能的人無論身分貴賤皆與高官厚祿。依照其希望在佛寺內及鎮上設立學校來講述孝悌忠信之道教化人民之類的訴求，如此強調孝、忠（並非是對天皇盡忠之意，而是指對一般的「上位者」）的封建倫理來看，仍離不開儒教的思維。不過，這起碼留意到當時與生活持續奮戰的一般平民的立場，並且想從中吸收有能力的人才及能量，可以說是出色的民眾性指導綱領。

然後，這封捨訴最後是以下面的內容來結尾的。

根據上述揭示的「仁政」，則萬民皆享安樂，夜不閉戶，路不拾遺，耕者讓畔，行者讓路。這樣一來，「行道法自然之善政，且盛行外國通商，富國強兵，日本國將為世界第一之強國，此乃吾等之夙願」。

烏托邦與日本國家

首先提及這封捨訴是因為著眼於其內容，以及這是慶應二年（一八六六）八月的事情。江戶時代的百姓一揆及暴動的質與量，都在這一年達到高峰，其中尤以該年五月到八月為關鍵期。（參見次頁的表1及第一一五頁的圖8）

上述的捨訴是於這種幕末重大轉捩點上提出「救世」（世直し），高喊「平均財富」（世均し）的這些一揆、暴動的目標，可以說是種烏托邦思想的表現。

這裡還有一點要注意的是，這封捨訴一方面體認到日本的政治現況與外來壓力密切相關，再這樣下去實質上會淪為外國所有的危機感。另一方面又提到想要發起同志組成的仁義之兵，施行仁政來成為「世界第一的善國」。這裡還使用了「日本國」的詞彙，這是意識到了「世界」並與之比較的結果。必須注意的是，相對於「世界」，「日本」這個統一獨立國家的樣貌，與在民眾或相近立場上提出的捨訴中的「救世」烏托邦形象，是互相重疊在一起的。

若是想起幕末東北的岩代國（福島縣）伊達郡金原田村的農民菅野八郎（一八一〇～八八。名下土地的稻米年產量約二十餘石，當過佃農，其父曾做過名主[譯註一]）以及南部藩上閉伊郡栗林村的肝煎三浦命助（一八二〇～六四）的例子的話，就可以得知這封捨訴出現的背景，是因為民眾的這種意識於開國之後急速蔓延開來。

事實上，即使現在出發到農村來調查，也常常於荒山野嶺的偏僻村落裡頭，發現當地名主、

表1　慶應2年各月一揆、暴動件數

月	百姓一揆	都市騷擾	村方騷擾	計		備註
1	2	0	4	6		薩長同盟結成
2	3	1	1	5		
3	3	1	3	7		
4	2	1	4	7		薩，拒絕第二次征長出兵 簽署改稅約書
5	21	17	3	41		米價暴漲，此後持續
6	9	3	3	15		第二次征長開戰
7	7	2	2	11	85（46%）	將軍家茂歿
8	12	4	2	18		征長停戰
9	2	1	2	5		征長軍解散
10	8	0	1	9		凶作，允許外米輸入販賣
11	13	1	2	16		
12	10	1	4	15		德川慶喜第15代將軍。孝明天皇崩
不明	14	3	13	30		
計	106	35	44	185		

（註）依青木虹二《百姓一揆総合年表》作成。但書中標示春、秋者，入5月、11月。表中的「都市騷擾」，指在町區以都市民為中心所發生者，即所謂的暴動；村方騷動是指未達到一揆規模的村落內部紛爭、小作騷動。

庄屋文書中，詳細記錄著培里來航以後的條約與其他相關資訊，以及圍繞京都、江戶政局動向的史料。其意義就正如明治二十四～二十五年（一八九一～九二）發行的竹越與三郎（號三叉）的名著《新日本史》中提到的，「美艦一朝入浦賀，驚嘆恐懼之餘，有如同舟共濟所云，緣自對夷敵的敵愾之情，列藩間猜忌敵視之念俄然消失，覺察三百列藩已為兄弟，千百萬人民已成一國之民，日本國家的思想自此油然而生」，令人首肯心折。

第二次征長（幕長戰爭）中，雖然幕府傾注全力，但最後連長州一藩都無法擊潰，反而加速了自身的坍塌，正是違反這股歷史潮流之故。從遙遠的異鄉之地才反而能洞燭一切。偷渡出日本，當年虛歲二十五的新島襄從美國麻薩諸塞州的阿默斯特（Amherst）大學寄給弟弟雙六

譯註一：「石」是體積的單位。一石為十斗，約一百八十公升。二十石約為三千六百公升。／名主（庄屋、肝煎）、組頭（年寄）及百姓代是江戶時代村吏名稱。一般而言，名主為村落代表，類似村長。西日本多稱庄屋、東日本多稱名主，東北、北陸及九州則稱肝煎。組頭負責輔佐名主。百姓代掌監察。

的信中寫到，「承聞皇國形勢丕變，此乃開化之兆也。而政府（幕府）數萬之兵，竟對區區長州無可奈何，實在是貽笑大方。」（陽曆一八六七年十二月二十四日）

「這不挺好嗎」

可是這股「救世」的潮流於慶應三年（一八六七）時把人們捲進了「這不挺好嗎」（ええじゃないか）的狂潮之中。

「這不挺好嗎」是約從慶應三年八月開始，沿著東海道、名古屋，然後往京都、大坂方面蔓延開來，從江戶到廣島周邊為止的群眾，都被捲入這個漩渦之中，是一種民眾的集團亂舞。

以從天而降的伊勢神宮護符為契機，民眾身著猩紅色、青色或紫色皺綢而成的衣物，隊伍中還混雜著男扮女裝或女扮男裝的人們，演奏著太鼓、笛子及三味線等樂器，邊跳邊唱著「不是很好嗎？這不挺好嗎？壞東西就把它貼上符紙唷，破掉了再貼上就好嚕，不是很好嗎？這不是挺好的嗎？」「日本國的救世（世直し）這不挺好嗎？豐年舞真不賴，去御蔭參拜譯註二不也不錯嗎？啊哈，這樣不是挺好的嗎？」

他們集體性地邊跳著舞邊闖進平日感到不滿的地主及商人的家中，「這個給我不是很好嗎，那個給我也不錯啊，這些拿走也可以吧，穿著的衣服脫掉也不賴呀，吊起你的頭不也挺好的嗎，通姦不也是挺好的嗎。」夾雜著這類粗俗低賤的歌詞，在熱鬧的慶典氣氛之中，放浪形骸地幹些強盜、破壞及淫穢之事。

先前於慶應二年看到的一揆、暴動熱潮，為何到第二年就轉變成為「這不挺好嗎」的模樣？這時恰好是幕府崩壞的決定性瞬間，代表的意義相當重大。這裡列舉各家學說。

「這不挺好嗎」各派學說

(1)將「這不挺好嗎」的外在表現與昭和初年流行的「Erotic Grotesque Nonsense」譯註三相比較的看法。但認為實質上這是「一種政治運動現象」。（土屋喬雄《日本社會經濟史的諸問題》）

(2)傳統「御蔭參拜」的變形，或者是要與其本質一致化的一種民眾能量的宗教性昇華作用。

(3)是討幕派所為，想要利用在倒幕運動上。

(4)「御蔭參拜」有著封建制度下民眾的解放運動，或者是民族形成運動的另一面；「這不挺好嗎」則是利用此一傳統在政治層面上掀起的大眾混亂。

(5)與十四、五世紀、歐洲中世紀的亨丁頓舞蹈症做比較。而把這種群眾歇斯底里（Mass

譯註二：御蔭參拜於江戶時代興起，是前往伊勢神宮的集團性參拜活動。由於許多人都是瞞著老闆、家人或村吏而偷跑出去參拜，因拿不到旅行許可證，故亦稱「無照參拜（抜け参り）」。

譯註三：エロ・グロ・ナンセンス，和製英語。意指色情、獵奇且無意義的事物，用來指稱昭和初期頹廢的社會風潮。

hysteria）解讀為「社會不安的前兆，或者是種『模擬』性的叛亂，民眾抵抗專制權力的一種錯亂」。（E. Herbert Norman *"The shrine of Clio. etc"*）

(6)「這不挺好嗎」之中能看到傳統民眾的「救世神」——彌勒信仰。

(7)從社會心理學的角度來看，被當成是社會性解放慾望中「真實感」的表現形態。

(8)以御鍬祭百年祭（伊勢神宮的別宮，東海地方農民信仰集散地的伊雜宮的祭典）為其開端的說法……等等。

這些學說由於實際上有幾派是相重複的，因此必須承認「這不挺好嗎」的性質是極其複雜的。假定是六十年週期的「御蔭參拜」變形說，那也無法解釋為何不符合週期規律的慶應三年會發生這樣的現象。討幕派所為利用說中，的確這個「這不挺好嗎」是大約從慶應三年八月持續到第二年的明治元年（一八六八）四月左右為止，因此想要推展倒幕運動的倒幕派將此當成煙霧彈，並完全利用在政治運動上是不可否認的事實。但是單就他們的作為來看，是不太可能引起這樣大範圍的群眾亂舞，它的產生必定有其社會基礎在。

談到與前一年的一揆、暴動之間的關聯性，可分成認為慶應二年時正處高峰期的民眾「革命能量」，由於這波「這不挺好嗎」的風潮產生混亂並散佚的論點（遠山茂樹《明治維新》）；以及承認「這不挺好嗎」的放蕩及無政府性的同時，認為其癱瘓封建秩序這層的效果遠比前一年的一揆、暴動來得更為顯著的論點（井上清《日本現代史Ⅰ明治維新》），這兩派評價完全相反的觀點。

「救世」與「這不挺好嗎」

現在考慮到慶應二年「救世」一揆的高漲，及來年「這不挺好嗎」之間關係的情況，值得關注的是這個時間點的政治現狀。即一方面幕府權威崩壞，另一方面人們在「救世」的背後有著對烏托邦的期待。改朝換代的預感及掙脫束縛的願望交織著隨之而來的不安感。這樣的狀態下，若碰上天降護符這種宗教上的契機，被壓抑的大眾能量就有可能以不正常的形式一口氣噴發出來。再者，「御蔭參拜」及「御蔭之舞」（おかげ踊り）的傳統深植人心，若再加上彌勒信仰的「彌勒佛之世」＝「救世」到來的幻想的話，就更有那麼一回事了。

這邊提到的彌勒信仰，是一種將近世民眾之間私下流傳的彌勒佛視作「救世神」的信仰。民眾之間認為古時末世之後的新世界，將是個洋溢著稻米豐饒般幸福的彌勒佛之世，而這個彌勒信仰與幕末民眾「救世」的切實希望相重疊（宮田登《彌勒信仰之研究》）。在這層意義上，慶應二年的一揆、暴動熱潮與第二年的「這不挺好嗎」風潮是密不可分的。

關於這場「這不挺好嗎」風潮，活用史料發掘及戰後地方史研究的成果整理而成的西垣晴次著《這不挺好嗎》提供了諸多事實。作者注意到「這不挺好嗎」的歌詞裡頭，大部分是「世代交替」（世直り）而非「救世」（世直し），並在該書中提到：

> 民眾自己站起來，藉由自己的雙手來達到訴求的百姓一揆，才讓人感受到救世的思想。以天降神符為契機而開始的白吃白喝及節慶氣氛狀態的延續，並非是民眾自覺而

產生的救世，這是從遠離民眾之處而來，外力的世代交替。民眾的生活面對著光憑自身努力也難以撼動的高牆。正因為前一年發生了江戶時代最大浪潮的百姓一揆、暴動後，情況仍然未有絲毫改變，於是他們轉而殷切盼望能有他們之外的力量來促成世代交替的到來。（原文傍點）

自然而然的理論

確實是相當有趣的著眼點，那麼究竟這個解釋是否恰當呢？

西垣先生解讀「救世」具有主體性，而「世代交替」具有他動性的性質，但這裡的「世代交替」，實際上說是與「救世」的主體性相比的他動性，不如說是順著時代潮流走向發展，即所謂的「自然而然的理論」（なる）或是「自發性」的表現（板坂元《日本人的論理構造》）。也就是說，為求「救世」而奮起的民眾，當他們見到經過兩個半世紀、宛如自然現象般存在的德川家的天下發出龜裂的聲響，並在他們眼前逐漸凋零後，就好像是自覺到世間的時代趨勢正在改變，就在這自然而然的狀態下高歌歡唱「這不挺好嗎」。「世代交替」這句詞彙，與「這不挺好嗎」結尾時，吆喝合音的肯定語氣有關也是此一緣故。

這也可說是日本思想史家丸山真男所提過的：「透過歷史的進展，從作為固定低音（basso

ostinato）而持續迴盪的思維模式之中，解離出三個基本原則範疇。」並片語化，歸納成所謂「接連不斷演變下去的時代趨勢」的日本人歷史意識「古層」，並與其中的一個範疇「演變」互相連結在一起（丸山真男 編《歷史思想集》）。民眾並不是「盼望著他們以外的力量促成世代交替的到來」，反而是將「這不挺好嗎」理解成連他們本身都應當包含在內，作為時間洪流的演變趨勢來改變社會。

此外還想提到的另一點是，並非所有的「救世」一揆都轉化成「這不挺好嗎」的這件事實。雖說是前一年慶應二年的半數以下，但這一年的也列舉得出多達八十件的一揆、暴動。

表 2　慶應 3 年的一揆、暴動

地方	國名	百姓一揆	都市騷擾	村方騷動
東北 (13)	陸中	2		
	羽後			1
	羽前		1	1
	岩代	4		1
	磐城			3
關東 (20)	武藏	4	1	6
	上野	1		
	下野	2	1	2
	上総			1
	下総	1		1
北陸 (1)	加賀	1		
東海中部 (19)	駿河			3
	遠江	1		
	三河	1		
	美濃	1		4
	甲斐	1		1
	信濃	3		4
畿內近畿 (11)	摂津			1
	河內			2
	和泉			1
	近江		2	
	伊勢	1		
	播磨			2
	紀伊		1	1
中國 (6)	備中	1		
	備後	2		
	安芸	2	1	
四國 (5)	讃岐	1		
	土佐			1
	伊予	1		2
九州 (5)	筑後	1		
	肥後			1
	日向	2		
	對馬	1		
計	80	34	7	39

（註）依《百姓一揆総合年表》作成。地方欄括弧中的數字，為該地方的總計。

前頁表2中可以看到這八十件的全國性分布狀態。根據此表，在「這不挺好嗎」風潮席捲過的關東、東海、近畿、中國一帶，一揆及暴動的件數雖然有減少的趨勢，但仍然持續發生。所以也就是說，「救世」的能量仍不斷地在一揆及暴動上宣洩，但另一方面，在幕府崩壞的最後關頭，則轉變成為「世代交替」＝「這不挺好嗎」。

這個「救世」持續的宣洩與「世代交替」＝「這不挺好嗎」的並存及交錯——在這裡看得出明治維新與民眾的微妙關係。這與在之後會處理到的「御一新」的表現也有所關聯（參見第九六頁以下）。

二、從「大正奉還」到「王政復古」

德川慶喜的意圖

慶應三年（一八六七）十月十四日，第十五代將軍德川慶喜（一八三七～一九一三）向朝廷提出「大政奉還」。這是指後藤象二郎、福岡藤次（孝弟）在諮詢過位於二条城的老中譯註四板倉勝靜後，提出由土佐藩主山內豐信（一八二七～七二，容堂）署名的〈大政奉還建白書〉，而慶喜也予以接納一事。

縱使暫且不論戰時的國定教科書是以「慶喜素厚有尊王之志，又能洞悉時勢，故依循豐信的勸諫，將其意旨上奏朝廷後，天皇採納之」（《小學國史》下卷，一九四一刊行。順帶一提，傍點部分是從第五期的國定歷史教科書開始添加的）的尊王論觀點加以解釋的，但列侯會議的權力核心是土佐藩，對於慶喜及其側近而言，為了要打擊當時層出不窮的倒幕陰謀，也只有接受源自該藩公議政體論的「大政奉還」，才是最佳的決策判斷。

大正四年（一九一五），僅發行二十五部的私家限定版，還只分發給編撰德川慶喜傳記相關人士的德川慶喜回憶錄、由澁澤榮一所編的《昔夢會筆記》，在拜讀之後，發現書中有以下的對話。

井野邊（茂雄。編撰員，日後的維新史家。）：

這個時候山內容堂等人的計畫是，打算設置議政府的機構，並從大名、旗本、藩士當中拔擢俊材，以會議制度來施行政治。容堂的本意是希望閣下能就任議政府的議長，果然還是計畫著德川家能處於政治中心的地位來主導政局。關於這樣的事情……

譯註四：江戶幕府職務名，為征夷大將軍的直屬官員，負責統領全國政務。定員四至五名，採取月番制，輪流管理不同事務。由兩萬五千石以上的譜代大名出任。

公（德川慶喜）：

雖然不知道發生何事，但這是容堂那邊的問題，而不是我的。一切奉還朝廷之後，奉朝廷之命行事，就只是秉持這種精神而已，別無他意。雖然還發生了其他許多事情，但那是他們的問題，和我毫無關係。

慶喜激動地否認「大政奉還」有任何政治上的野心。但是早在慶應三年六月，慶喜的側近，也就是老中板倉及若年寄格譯註五永井尚志等人當中，就已經在謀議要將慶喜拱為朝廷政府的攝政。這件事在《昔夢會筆記》中，也被慶喜以「沒聽過」、「完全不知道」來否認。負責校訂此書的歷史家大久保利謙也斷言，這可以看成是謀取朝廷的「可怕計畫」，慶喜是不可能知悉的（同上〈解說〉）。叔公是末代將軍德川慶喜的水戶德川家第十三代當主德川圀順（戰敗時的貴族院議長），也站在大政奉還時，慶喜對朝廷絕無絲毫政治意圖的角度說：「即使奉還後，還是心存著有天能從朝廷重新得到天皇委以職務的打算。」（金澤誠等 編《華族》）慶喜越是激動否認，他的政治野心反而是欲蓋彌彰。

德川統一政權的構想

事實上，慶喜周邊完全陷入德川統一政權的構想之中。譬如老中格大給乘謨（恒）的計畫，以及津田真道的〈日本國總制度〉草案（序文日期是慶應三年九月），或是留荷歸國後於幕府開成所（之前的蕃書調所）就任教職的西周（一八二九～九七。當時名為周助）的〈議題草案〉（序文日期為同年十一月）等，都是如此。

這裡將〈議題草案〉的政權構想，作成下頁的圖1。這是慶應三年十一月當時，身處京都的西周在「大政奉還」後薩長討幕派開始反擊的政治漩渦中所提出的，反映了以慶喜為首幕府方面的整體氛圍。

這個構想是模仿歐洲政治形態，大致採用三權分立的形式，並維持原本的大名領地的現狀，而各自領國內的政治則以議政院立法權的權限來加以認可。軍權雖然當下是交由大名管理，但數年後將統一由中央政府管轄。

即便到了這個時候，百人以上的百姓一揆及大名家中黨爭的裁決，仍委由議政院及公府的會議處理，因此可以認為，實際的處分權仍握在中央政府手中。置於大坂的公府首長是德川家的當主，也就是德川慶喜，被稱作為「大君」。而公府以下各事務府的人事權則由「大君」控管。這些政府機關的編制與之前幕府的編制之間的關聯性來看，是極為實際的方案。

身為行政府首長的「大君」還具有上院議長的身分，並有下院的解散權。兩院若產生齟齬，

譯註五：若年寄為江戶幕府職務名，直屬於將軍，地位僅次於老中。負責管理直屬於將軍的旗本及御家人，定額三至五員。而若年寄格是指由一萬石以下者破格拔擢為若年寄者。

也規定「大君」擁有獨自的裁量權。西周是將此等「大君」比作為外國的國王，或者是蘇丹、沙皇（都是皇帝的意思）。相對而言，天皇政治上的權限實際上是被否定的。天皇雖然有法律的欽定權，但卻沒有否決權。此外還擁有年號、度量衡（這個到頭來還是議政院所掌握）、敘爵及宗教上的權限。

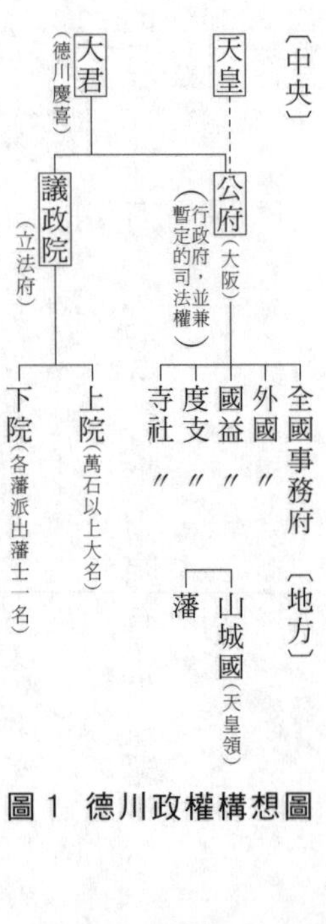

圖1　德川政權構想圖

這樣看來，這個明顯是德川統一政權的構想。在將大名會議等也列入其中的公議政體論裝飾之下，活用先前持續推動的慶應幕政改革的精髓，在嶄新的官僚體制下，德川慶喜擁有極大的權限並企圖創造出統一權力。若是這個方案唯一的希望是寄託在法國的借款之上的話，被說成是賣國的「德川絕對主義」也是理所當然的。（參見石井孝《增訂明治維新的國際環境》）

眾所皆知地，由於以這個構想為背景的「大政奉還」（十月十五日敕許）的出現，十月十四日收到〈討幕密詔〉的討幕派是空歡喜一場。

由於情勢混亂、臆測四起，許多大名都決定觀望形勢。「大政奉還」之後馬上響應徵召令，於十一月中旬上京的除了薩摩、藝州、尾張、越前四大藩外，只有近畿的小大名十幾藩而已，到了十二月也只有土佐藩與數得出來的其他幾藩。約兩百個上下的其他各藩不是辭退徵召令就是以延後上京為理由，沒有表明姿態。

在這種情勢之下，老中格兼陸軍總裁大給乘謨率領旗下的幕府步、騎、砲三軍進京，旗本也接連不斷地離開江戶在京都集結。在京都，會津、桑名藩的藩士高嚷著應當報答德川家世代的高恩厚愛。另一方面，薩摩、長州、藝州三藩亦以大坂為據點，在京都四周開始加強防衛。

坂本龍馬的官制案

雖然屬於推動「大政奉還」的土佐藩，但坂本龍馬（一八三五～六七）整體上來說還是親討幕派的，而後藤象二郎（一八三八～九七）則是站在德川家這邊來構思新政權。但坂本龍馬在實現「大政奉還」後，認為已經沒必要以武力來討伐幕府，便轉而提倡「不戰」。他與中島作太郎（信行）及三條家家士的戶田雅樂（日後的尾崎三良）等人共思新的官制方案，並透過後藤象二郎向岩倉具視提出。

此案中，首先設置「輔弼天皇，綜理萬機，總裁大政」的關白及輔佐關白的內大臣各一人，內定前者由公卿的三條實美，後者由當時的內大臣德川慶喜出任。在此之下設置議奏若干名，以及「參與大政，兼分掌諸官之次」的參議若干名，各個官職的擬定人選如次頁的表3所示。

正如所見，這是討幕派與公議政體派的聯合政權，以當時來看就是與現實妥協的政權。

此時，坂本與中岡慎太郎不知道被何人所暗殺。坂本享年三十三歲，中岡是三十歲。這是慶應三年十一月十五日的事情。通說是幕府見迴組譯註六所下的毒手，但仍舊眾說紛紜，誰是兇手到現在還是充滿謎團（平尾道雄《龍馬總說》）。促成薩摩、長州兩個雄藩和好，並透過聯合討幕及公議政體兩派來推展符合實際狀況的方案的這兩人，他們的驟逝意味著瞬息萬變的政局中少了一個重要的齒輪。

「玉」與「戲劇」

十一月下旬，後藤與松平慶永（春岳）等人召開在京諸侯會議，依照在簾前的誓約，試圖鞏固新統一政權的基礎。或許是擔心事態再這樣演變下去，取代德川家並擁立天皇成為權力主體的討幕派企圖，將會土崩瓦解。

木戶孝允於十一月二十二日寫給品川弥二郎的信中，描述到當時情勢的嚴重情形：

要搶在政局進展下去之前，好好地將「玉」拉攏到我們這邊來，這比起任何事情都來得重要。如果

表 3　坂本龍馬的官制案

職名	人數	氏名
關白	1人	（三條實美）
內大臣	1人	（德川慶喜）
議奏	若干名	宮方　有栖川宮、仁和寺宮、山階宮 諸侯　島津、毛利、越前〔松平〕春岳、山內容堂、鍋島閑叟、德川慶盛、伊達宗城 公卿　正親町三條〔嵯峨〕、中山、中御門等
參議	若干名	岩倉、東久世、大原、長岡良之助、西鄉、小松、大久保、木戶、廣澤、橫井、三岡〔由利〕、後藤、福岡、坂木等
六官		神祇官、內國官、外國官、會計官、刑部官、軍務官

（註）依《維新史》第5卷作成。氏名欄中的（ ）內，皆有「暗……擬」。

萬一被對方搶到手的話，那麼無論做出何等覺悟，實際上四萬志士的內心都會焦躁不安，「戲」也會垮台了。薩長藝三藩的滅亡則是更不用說了，最終「皇國」會為「德賊」所有，形勢將再也無法挽回，此事可比明鏡。

這種有趣的表現方式，其意義匪淺。對討幕派而言，為了避諱而用「玉」來稱呼天皇。不清楚「玉」究竟是讀作「Gyoku（ギョク）」還是念成「Tama（タマ）」，但可以說這個「玉」結合了「Gyoku」的絕對性以及「Tama」的政治利用性質譯註七。並且他們現在想要貫徹的是上台表演所必須的「戲」。對於這齣「戲」來說，「玉」正是不可或缺的。

過去大久保利通曾在慶應元年（一八六五）九月寫給西鄉隆盛（一八二七～七七）的信中，提到「得至當之大道且奉『天下萬人之同意』才為敕命，而不義之敕並非敕命，不奉之亦無妨。」這包含著對容忍第二次征長的朝廷的批判，但這句「不義之敕並非敕命」的命題背後，是要在其他地方尋求敕命其本身的絕對性。雖然幕末時期的尊攘派是從天皇及尊攘本身之中尋求絕對唯一的根據，但天皇意志（敕命）的更動（文九三年八月十八日的政變譯註八）及尊攘運動的瓦解這種重大歷史體驗，使得討幕派產生了這樣的想法。

譯註六：於元治元年（一八六四）設立，由幕臣組成，與新選組一樣負責維持京都治安。

譯註七：玉分為音讀的「ギョク」或訓讀的「タマ」。「ギョク」較偏重於呈現「玉」的尊貴性、獨一無二性；「タマ」則偏重指稱「玉」本身的價值。

譯註八：文九三年（一八六三）八月十八日，德川慶喜及薩摩藩、會津藩等公武政體派將尊皇攘夷派的長州藩驅逐出京都的政變事件。

剛提到的別的價值基準，也就是天下萬人的同意（日後的公議輿論），這實際上意味著討幕派的判斷依據，天下人心也是他們意志的另一種呈現。這樣一來，敕命現在已經與天下人心連結在一起，這樣可以一方面維持敕命的絕對象徵，另一方面也成了可供操作的符號。這才稱得上是「玉」。討幕派在將「玉」據為己有的「戲」之中還迷迷糊糊的。

但是，事態有轉變成為「玉」被促成「大政奉還」的公議政體派奪走的可能性。討幕派面臨危機，而克服此一危機的方法只有一個，就是毅然實行以軍事力量為背景的政變。

「王政復古」軍事政變

如此一來，決定在十二月九日實行「王政復古」軍事政變。薩摩、土佐、安藝等藩的藩兵佔據宮門，岩倉具視等人手握朝廷實權、頒布〈王政復古的大號令〉。取消攝政及關白，廢除將軍一職，國事御用掛、議奏、武家傳奏、京都守護職、所司代等舊體制的政治中樞一個接著一個被撤除。

取而代之的是，在天皇之下設置總裁（皇族）、議定（公卿、諸侯）及參與（廷臣、藩士、平民）三職。這是以先前坂本龍馬的官制案為基礎，巧妙地加上親討幕派的改革。關白、議奏的舊體制稱謂被替換成總裁及議定，參議也被特地改成參與。正因為成員沒有多大的改變，所以最起碼要在名稱上改成討幕派的風格。

但是問題在於德川慶喜的處置。即便廢除了將軍一職，但現在慶喜仍是內大臣。雖然「王政復古的大號令」是取經於文久三年（一八六三）八月十八日的軍事政變，但終究是與公議政體派妥協下的產物。因此，發動政變的前幾天，相關計畫的情報已經從後藤象二郎流入松平慶永，乃至於德川慶喜的耳中。九日的日期，也是相對於岩倉及大久保要在前一天八日發動的主張，後藤象二郎堅持決定於這一天行動。

這樣一來，就不得不承認這個計畫交錯著兩派人馬的想法。不過討幕派已經做好背水一戰的覺悟，動員軍事力量佔據宮門，九日晚上於小御所會議上強行決定了德川慶喜的辭官納地（辭退內大臣及奉還領地），使這個計畫成了討幕派的軍事政變。

小御所會議

新政權決定德川慶喜實質上的流放，而這正是小御所會議中，討幕派無可退讓的最後防線。正因為這樣，小御所會議上兩派攻防異常激烈。

山內豐信提及德川慶喜大政奉還的偉大功績，「然而有兩三公卿要挾年幼的天子行陰險之舉，令慶喜之功化為虛無又是何故」，完全踩到想要透過操作「玉」的象徵來貫徹其政治野心的討幕派的痛腳。因此，岩倉具視正色反駁：「今日之舉一切出於聖斷，請宜深慎言語。」

松平慶永則更進一步要為慶喜辯駁，而岩倉則予以駁斥。

慶喜若果有反省自責之念，當立即辭退官職，還納土地人民，以翼贊王政維新的鴻猷（偉大的謀略）。然而事不出此，今只奉還政權之空名，至於土地人民之實權，則擁之自重，而毫無奉還之貌。其心術難以苟同。

大久保利通對此表示贊同，更加上「若不奉旨辭退官位、還納土地人民則討伐之」的意見，而後藤象二郎則對此反駁並贊同豐信、慶永的論述，一步也沒有退讓。

會議暫作休息。此時，雖然西鄉隆盛因為負責軍隊指揮之故而未能出席，但一聽到小御所會議的薩土衝突後，拿出短刀說「唯此而已」。（淺野長勳〈維新前後〉）

這個時候舞台後的工作仍如火如荼地進行著。後藤無論如何都想說動大久保，但無論是大久保還是岩倉，都已經吃了秤砣鐵了心。到了這般田地，後藤也宣告放棄，因此接下來的會議上決定了慶喜的辭官納地一事，此時夜已深，已經大約是半夜一點了。（以上發言引用自宮內廳編《明治天皇紀》第一）

我們見到從「王政復古」軍事政變到小御所會議所施展的權謀術數，它們的行動樣式都是強硬地斷然推行，表現出討幕派的一種型態。這與之後看到的循序漸進的行動樣式持續地相互補強，並由維新官僚所繼承。

然而，起碼在一連串環繞「王政復古」的謀略之中，長州藩主毛利敬親父子及被幽禁的公卿全都被赦免，岩倉能公然地進行政治活動也是因為這樣。

「王政復古」大號令的思想

歷史學家遠山茂樹指出，〈王政復古的大號令〉中有「諸事源自神武創業之始」的復古思想，竭盡「至當之公議」的公議政體思想，然後還看得到民眾的反封建意識以僅限於反幕府的相關形式作為代表的思想。復古思想及公議政體思想的混合從以上的經過可以瞭解。但民眾的反封建意識又是以怎樣的形式反映的呢？

的確討幕派自身在有了克服幕末動盪期的經歷後，對於支配的危機狀況，特別是民眾「救世」的希望，變得更加敏感。在這層意義上，對於近年來無可挽救的物價飆升，使得富者愈富、貧者愈貧，而這些畢竟是對於政治上的「不正」提出的指謫，所以大號令有一節提倡「民為王者之大寶」，或許可以看成是其中的一種表現形式。

但是在這之後，這個現狀的矛盾與欲以「百事御一新」治理的天皇內心糾結在一起，而無論「何人」皆徵詢「智謀遠識」、救弊方策又意味著什麼呢？這不是貼近民心，而是反過來從支配的角度來重新掌握民心，並應當審視其中作為權力者的政治現實主義或馬基維利主義（Machiavellism）的一種表現。唯有這樣才能理解持續呼應著「救世」的願望，但卻又極力排斥它的討幕派樣貌。

第二章

戊辰的內亂

一、鳥羽伏見之戰與五箇條的誓文

赫本博士的信件

這個國家的政治情勢動亂不安，正值一段轉變期，其結果如何尚不清楚。現在的大君宣布大政奉還，要將從數世紀之前爭奪到的權力奉還至皇帝手上。

這是因為大君受到有力大名激烈反對而導致的。這些大名對於大君經由與外國通商並與外國人接觸而使得權力大增一事感到忌妒，甚至到了要與大君宣戰的地步。大君為了避免一戰，放棄將軍的地位並把一切的責任讓與這些大名。因為皇帝只不過是這些大名的傀儡罷了。大阪與兵庫的開港是大君排除這些大名的反對而裁定的政策。開港的期限定於一八六八年一月一日（陽曆），已經快到了。

當地的外國代表們主張依據條約開港，因此若是這些大名拒絕開港的話就以武力解決，換句話說會有與英法開戰的可能性。由於這些大名想各自開港，所以也有人認為撤廢大君是必要。但是到底會怎樣還難以預料。（高谷道男編譯《赫本書翰集》）

這是以赫本式羅馬字聞名，也是第一位來日美人傳教士醫生的赫本博士（James C. Hepburn,

1815~1911），於一八六七年十二月四日寄給美國友人之子羅利博士（John C. Lowrie）信中的一段。發信日期換算成陰曆是慶應三年十一月九日。而十一月九日正好是「大政奉還」提出、〈王政復古的大號令〉頒布的一個月之前。信中把反對「大君」＝將軍的大名們及其對立的背景，還有作為這些大名傀儡的皇帝（天皇），甚至連牽涉其中的英法外國勢力關係都清楚地描繪出來。赫本深切地感受到這個時候的日本政治情勢，正面臨一段轉變時期。

若將視野擴大的話，先前看到的「救世」到「這不挺好嗎」的浪潮，京都及大坂不用說，還席捲了從東海道到瀨戶內海一帶，人們被期待、不安及焦躁等情緒所淹沒。

公議政體派的反擊

此時，根據「王政復古」軍事政變及小御所會議的決定，幕府被撤廢而德川慶喜被迫辭官納地。但是這並不意味著討幕派的主導權就馬上建立了起來。倒不如說是在軍事政變後的這段政權空白時期，暴露出了討幕派的弱點。原因在於沒有獨自的政權具體方案，而現實上十分仰賴公議政體論的討幕派，無法反對公議政體派相繼提出召開列侯會議的要求。比起被當成討幕派的弱點，應該說能夠整合幕藩體制下全體領主階層意見來克服危機的列侯會議本身，是當下想得到的唯一具體方案，所以階級性格相同的討幕派對此才無可置喙也說不定。

就因為這樣，討幕派在公議政體派的反擊下無可奈何地步步後退。這在慶應三年十二月二十三～二十四日的小御所上的朝議中表露無遺。兩派的對立點環繞在納地＝「歸還領地」上面。討幕派始終堅持納地，而公議政體派則是主張納地的不合理，反駁說一開始將軍職與領地本來就是不同的東西。

而且再怎麼主張普天之下莫非王土，身為王者也不能任意沒收領地，用實際論來對抗名分論。於是，大久保起草的諭書草案中，「以天下之公論歸還」這最重要的一句話被修訂成「以天下之公論而定」。如果歸還領地這個討幕派想要的結論是交由「天下之公論」也就是列侯會議來決定的話，公議政體派評估是可以從中反擊的。

事態的嚴重性，可以用明治元年（一八六八）一月三日木戶孝允給品川弥二郎的信來說明。信中提到現今確實錯失了「三大事」，顯然「皇國」將要土崩瓦解，改革也將化作泡沫幻影。

錯失的三大事是什麼呢？第一件事是十二月九日的小御所會議以後，德川家的處置沒能以武力解決，並在尾張、越前兩藩的斡旋下對公議政體派的方案讓步；第二件事是，慶喜移行大坂城並且周邊有舊幕府軍防守，然後慶喜還對外國使節們發出通告說會負起履行條約的責任，宛如政權仍握在德川家手中一般；第三件事是慶喜的上朝、就任議定的問題。這三大事無論是哪一件來看，都是象徵著討幕派主導權被奪走的嚴重事件。

鳥羽伏見之戰

在木戶這封信件寄出去的當天，京都郊外以薩摩、長州為中心的討幕軍與舊幕府軍之間的衝突引爆了鳥羽伏見之戰。戊辰戰爭就此展開。而直到導火線引爆的前一刻，以藩邸為據點的薩摩藩仍派出手下浪士在江戶市內及關東一帶製造動亂來挑釁舊幕府派。

忍無可忍的舊幕府派於十二月二十五日，以負責江戶治安的庄內藩士兵為主力，襲擊了薩摩藩邸及其支藩的佐土原藩邸（參見第九二～三頁），最後於來年的明治元年一月一日，發出討薩表文。舊幕府派發動戰爭的名分是要清君側，剷除要挾天子，恣意妄為的奸佞。這次的軍事衝突實際上是討幕派的陰謀，企圖藉由軍事力量來打破低迷的情勢。

沒有絲毫耽擱，薩長新政府軍就發動了攻擊並於首戰取得勝利。舊幕府軍約一萬五千人，數量上是薩長的三倍之多，即使如此，舊幕府軍還是戰敗了。

理由有很多。雖然舊幕府軍統有步、騎、砲三軍的軍事力量，但由於都是傭兵，使得命令無法順利下達，也無法激勵士氣。以士氣來說，相較於這三軍，戰爭勝敗與藩國命運直接相關的會津、桑名藩士兵的士氣還比較高昂。而且舊幕府軍的裝備遠遠不及薩長軍的近代化裝備及編成。研究戊辰戰爭中槍砲作用的歷史學家洞富雄先生，引用《橫濱新報藻鹽草（横浜新報もしほ草）》指出，使用美製史賓賽後膛槍的薩長軍，與使用舊式凱貝爾滑膛槍的舊幕府軍相比，射擊速度是十比一。而兩軍勝敗的決定性因素就在於槍械的等級差別（《種子島銃》）。除此之外，薩長軍是按照實力而非身分來任命指揮官，故能維持指揮的統一性。相較於數量，軍事力的質量才是決定勝敗的原因。

再加上手中握有天皇錦旗的薩長軍隊揮舞著這面旗幟，揭示了這場戰爭的目的。根據戰局的變化，民眾也以一揆來回應兩軍的某一方，至少不能否定的是，這些民眾對於「救世」的期待，使得比較多的人加入以打倒舊體制為目標的討幕軍。

首戰的勝利成為事情的轉機。觀望形勢的大名們，特別是近畿以西的各藩站到了薩長這邊，原本對兩邊陣營都分別提供協助的三井這群三都譯註一特權商人，也開始見風轉舵地投向這次戰爭的勝利者。對外，討幕派於戊辰戰爭開始後不久，便向世界各國宣告開國親善的方針，並且通知各國會確實履行舊幕府所締結的條約。這是薩長方面的天皇政府，想要藉由在國際上明確宣示主權及方針，來取得列強的支持。

以有栖川宮熾仁親王為大總督的新政府軍，從東海、東山、北陸三道朝江戶進軍，決定於明治元年三月十五日對江戶城發動總攻擊。

大阪遷都論

在指揮討幕軍的新政府領袖腦海中，吸收各大名土地人民的方案開始逐漸萌芽。木戶孝允於明治元年二月曾說：「為一變七百年之積弊，三百諸侯需畢舉其土地人民歸還之。」而大久保利通提出的第一步就是遷都大阪（明治元年後開始記作大阪，引文則依原文記載）。

大久保的遷都論不是單純將首都由京都遷往大阪，他還想以此次的遷都來打開目前渾沌的局勢。為此必須洞察宇內的大勢，一掃因循之腐臭。這樣一來「國內同心合體，一天之主（天皇）臻於至敬，天下蒼生（人民）亦格外可恃。」上下一心則天下萬人必定感激涕零。

至今被公卿深藏於「簾後」的天皇，將要以「萬民父母」的身分被推到前台。而另一面，大久保一語道破地說，如果確立了天皇一旦發號施令，天下便為之顫慄的體制的話，皇威將光披四海，萬國無法與之抗衡。如此一來，他主張為了「外國交際之道，富國強兵之術，取攻守之大權，起海陸之軍等。」的目的，將首都遷往地形恰當的大阪乃是燃眉之急。

這個遷都論遭到具有公卿身分的議定及松平慶永等人的猛烈反對。慶永等人反對的背景，是在於對推動武力討幕的討幕派感到反感，所以表明公議政體論的立場，認為遷都之類的問題須等到列侯會議來決定。

循序漸進的行動樣式

理解此一情勢的岩倉與三條實美共議，將大阪遷都改作大阪行幸。一邊採取遷都改為行幸

譯註一：指京都、江戶、大阪。

的方式表示對反對派讓步的姿態，一邊在大阪行幸後讓天皇暫時逗留該地，企圖根據關東形勢的變化來向東海道推進。比起遷都的形式，這樣更能達成討幕派的目的。但是日期一延再延，終於在三月十五日（〈五箇條的誓文〉的隔天）下令於二十一日大阪親征（行幸）並且看到其實現（還幸是閏四月八日）。

從這個時候開始，這次換成了江戶遷都論，一樣也是反對聲浪四起，最後是透過第一次還有第二次的東京行幸後，天皇移居東京城（皇城，日後的宮城），慢慢地實現了東京奠都。

在這個實現奠都的過程之中所看到的循序漸進的行為模式，呈現出在相互對抗的各種政治勢力中，未能保有決定性有利地位的討幕派，他們一邊擁立作為操作象徵的天皇，一邊逐步地奪取領導地位時的形態。此一模式也貫徹於接下來的〈五箇條的誓文〉。

五箇條的誓文及宸翰

一、廣興會議，決萬機於公議。

一、上下一心，盛行經綸。

一、官武一途乃至於庶民皆各遂其志，人心不倦。

一、破除舊有陋習，基於天地之公道。

一、求知識於世界，大振皇基。

為達成我國未曾有之變革，朕躬先表率臣民，向天地神明立誓，大定本國國是，立於保全萬民之道。臣民亦將基於此旨協心努力。

公布這個〈誓文〉的明治元年三月十四日，是預定發動江戶城總攻擊的前一天。當天，明治天皇於京都御所內的紫宸殿上，召集公卿、諸侯及文武百官向天地神明立誓。同時，也頒布所謂〈宣揚國威之宸翰〉（木戶孝允起草）。很明顯地，這是想要安撫因天皇親征而處於萬國對峙狀態中的萬民，並向四方宣示國威。

〈宸翰〉亦在強調天皇並非深居九重，而是與一國之命運有直接關聯。主張為了要開創命運，上下一心、打破陋習、開國進取、富國強兵都是必要的課題。〈誓文〉與〈宸翰〉是一體的。不，不如說在當時〈宸翰〉還比較重要（順帶一提，在北九州小倉藩的豪商中原嘉左右的日記中，慶應四年，即明治元年四月八日的標題下，作為町方役所的宣傳文件，〈誓文〉是記載在〈宸翰〉的抄本之後。也能了解當時訊息的傳遞速度）。

天皇率領群臣向神明立誓的誓文形式，不僅表明天皇為權力的主體，也是粉飾天皇神權的第一步。但在米澤藩士宮島誠一郎的眼中，已經看穿這是討幕派演出的一場戲，並在日記中寫說這「全是出於薩長之姦謀。」（判沢弘〈宮島誠一郎與雲井龍雄〉）

這個〈誓文〉的草案，一開始是明治元年一月時，由利公正（一八二九～一九〇九。舊名三岡八郎）執筆作為議事所規則的「議事之體大意」，後來土佐藩士福岡孝弟（一八三五～一九一九。通稱藤次）為了作為諸侯會盟（列侯會議）的誓約書，在更改其宗旨之後就這樣地擱置了。直到進入三月，身為長州藩士亦為徵士及總裁局顧問的木戶孝允再加以刪改，最後大概連岩倉具視及三條實美也有加入修訂的行列。直到十四日的最後一刻，才作為稍早提及的大阪親征的前提而大功告成。每經一次修正刪改，原案的具體詞彙就被替換成抽象性的文字。

誓文的政治性

其中最具代表性的部分是，從福岡草案開始出現的「興列侯會議」，被改成「廣興會議」。目前為止的通說是依循原案來解釋，因此「廣興會議」的會議就是「列侯會議」。但這樣一來，就無法說明為什麼到最後階段要特地換成「廣興」？

從〈五箇條的誓文〉與大阪親征密切相關這點，就可以知道討幕派當時如何處心積慮地想要掌握新政府的主導權。若將原案「列侯會議」的字樣留下來，就難預料公議政體派何時會以此作為依據來反擊。還有，圍繞在天皇身旁傳統的公卿勢力也有提出異議的可能性。此外，稍後馬上就會提到的對外事件處理問題也與此緊密結合。萬一弄得不好，新政權說不定會因為內外情勢而垮台。

如同先前提過的，天下的人心也就是公議，對討幕派而言是天皇象徵的操縱桿。在這一點上，木戶等人看清此一現實而用「廣興會議」來模糊「列侯會議」，藉此一方面賦予尊重公議的印象，尚未選邊站的各方勢力也將聚集在「廣興會議」的新政權之下；另一方面則是清楚地否定列侯會議（大久保利謙〈對五箇條的誓文之一考察〉）。

上述的〈宸翰〉提到要體會天皇之志，「去私見，採公議」。高喊公議（有將公議解讀為公義，並認為是指宇內道理的說法）的名號，並透過採行公議的方式，來否定「私」的存在。在否定的同時，這個權力基礎尚未穩固的政權，還企圖解體並吸收割據的傳統各藩或政治勢力。在「廣興會議」寥寥四字的詞彙背後，反映著當時這樣的政治情勢，秘藏著敏銳且巧妙的政治性。

隱含此等意圖的〈誓文〉會用極為開明的文字來修飾的原因之一，是當時接連發生神戶事件（一月十一日，岡山藩兵在神戶與外國士兵發生衝突）、堺事件（二月十五日，土佐藩兵與法國士兵在堺的衝突），以及英國公使巴夏禮（Sir Harry Smith Parkes）遭襲擊事件（二月三十日）等外國人傷害事件。接二連三的事件擺在眼前，若不強調新政權的開明性，就會得不到先進列強的支持。如果失去列強外交團的支持，戊辰戰爭也就沒辦法繼續下去。

〈誓文〉宣示的隔日，五榜的揭示再一次地被公布出來。從「永世之法」的第一告示牌到第三告示牌，是在提倡儒教道德的五倫並戒惡行；禁止徒黨、強訴、逃散；嚴禁天主教教派。而「一時的揭示」的第四、第五告示牌，則是宣告《萬國公法》的履行及嚴禁傷害外國人，以及禁止脫籍浪人化。如果〈宸翰〉與〈誓文〉是因為意識到內外政治勢力及情勢，則這個揭示就是新政府對民眾直接表明它的基本態度。兩者並無矛盾之處，而是一體之兩面。

被遺忘的誓文

後面章節會詳細檢視的岩倉使節團的其中一人、參議木戶孝允，於明治五年（一八七二）四月到五月之間在美國負責《美國憲法》的翻譯，參與此次翻譯的久米邦武（一八三九～一九三一。日後為歷史學者），某天向木戶說：

「因為現今日本正值要完成世界性的大改革之時，一時覺得好的事物在施行後才發現不可為亦不足為奇。或許是不得不朝令夕改，但再怎麼樣尚未定型的政令也不能違背天皇向神明立誓時提出的內容。萬一發生改變誓言的事情，天皇不就欺瞞了祖宗神明，雖為皇室亦不能保證不會有危險。這方面的變更定要小心謹慎。」

木戶一聽到這些話大感驚訝，反問：

「天皇向天地神明發誓是指什麼事情？」

「就是五箇條的御誓文」

我這樣回答。木戶忽然地拍了下雙手，「原來還有這件事啊。那誓文內容現在還記得嗎？」因為被這樣問到，所以我就從行李中把誓文抄本拿了出來，重新抄了一遍給木戶。

《久米博士九十年回顧錄》（下卷）中這樣記載著。

起草〈誓文〉的當事者木戶，僅僅數年就完全忘記此事的故事，到底是在表達什麼呢？如同先前提過的那樣，〈誓文〉是心繫當時內外情勢的傑出政治文書。那絕非新國家亙古不變之大方針。正因為〈誓文〉是這樣的東西，所以在情勢演變後的數年間，起草當事者就已忘得一乾二淨。木戶在被久米提點後的隔天，說「昨晚在反覆細讀那篇〈御誓文〉後，發現實在是寫得很好。〈誓文〉的主旨斷不能變更，在我有生之年拼死也要捍衛這篇〈誓文〉。」

誓文的第一步

然而很諷刺的是，用民主主義來解釋具有這種性格的〈誓文〉的，是後來的自由民權運動推動者。民權論者認為「維新的精神是人民平等及自由的擴大，〈五箇條的誓文〉也是在闡揚這種精神，故可以透過國會開設將其一條一條地實現。並且宣稱這篇〈誓文〉正被現在的藩閥專制政府所踐踏，而我們才是它的正統繼承者。」將自身的運動與這篇〈誓文〉結合在一起，企圖賦予運動正當性。在這裡賦予了與〈誓文〉原本涵義完全不同的意義。

之後，這篇〈誓文〉被宣傳成日本民主主義的出發點，成為太平洋戰爭戰敗後重新出發的起點（昭和二十一年一月一日〈有關新日本建設之詔書〉〔天皇人間宣言〕）。這是與原本〈誓文〉意義不同的誓文的第一步。其詞彙是開明而抽象性的現代化解釋，可以說反而已經看不到〈誓文〉最初所具有的歷史性質。

二、上野戰爭、奧羽越列藩同盟

環伺的國際勢力

接下來，為了把德川慶喜趕出大阪，新政府於一月七日頒布了〈慶喜追討令〉。另外剝奪了慶喜及輔佐幕府的藩主、幕臣共二十六人的官位，還發出舊幕府的領地全納入朝廷管轄的布告。有栖川宮熾仁親王就任東征大總督，並陸續派任東海、東山、北陸各道先鋒總督，以及山陰、大和、九州的鎮撫總督等職，令各藩分屬之。二月，設置最高軍司令部的大總督府，各道的總督在其指揮下朝江戶進軍，兵力約五萬。這個新政府軍在前頭揮舞著天皇錦旗，並將在鳥羽伏見之戰中採取敵對行為的各藩，區分成一到五級的「朝敵」。

第一級就是德川慶喜，還點明第二級是會津、桑名兩藩，第三級是伊予松山、姬路、備中松山等藩。以是否對「官軍」開砲、與慶喜一同行動，或「輔佐慶喜逆意」等理由來決定罪行輕重。第三級以上的罪行重大，開城後城池及領地須交付託管，等待關東平定後再行定奪。第四、五級中雖看得到宮津、大垣、高松各藩的名字，但卻沒有受到多大重視。事實上，第三級以上的各藩被處以開城、幽禁，但其他的各藩則依其恭順舉止的好壞來加以寬恕，即所謂恩威並施。這樣一來，關西以西的各藩在天皇錦旗之前都軟弱地立刻屈服了。

德川慶喜返回江戶後，在抵抗與恭順之間搖擺不定地度過了一個月。於是周圍也陷入主戰論與恭順論的泥沼，環伺在旁的國際勢力也在彼此抗衡。法國公使羅許（Michel Jules Marie Léon Roches, 1809~1901）及書記官卡桑（Eugène-Emmanuel Mermet-Cachon,1828~89）以獨佔貿易經濟利益作為交換條件，對舊幕府軍進行軍事援助後，英國公使巴夏禮一邊指責法國的行為，一邊期待著新政府主導的全國統一。對於日本分成舊幕府＝「大君」政府及天皇＝新政府兩股勢力，列強最後是在一月二十五日（陽曆二月十八日）宣布保持局外中立。這只是因為各國把東西兩個政府看成是對等的交戰團體，所以對雙方都保持嚴正中立而已。

但是，這個舉動對至今與列強締結條約的「大君」政府而言，意味著被降格成交戰團體；對新政府而言，則是代表列強在國際上是認同與舊幕府的對等地位。

圖 2　東征軍進擊路線圖

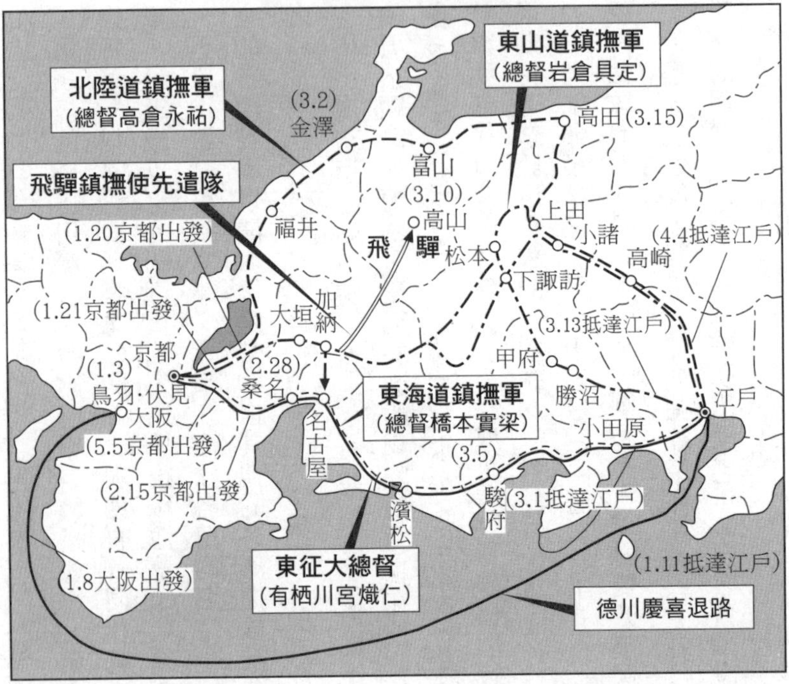

由於這個局外中立宣言，各國代表阻止舊幕府向美國訂購的甲鐵艦石牆號（CSS Stonewall，日後的東艦），以及新政府各大名希望從英國取得的軍艦等交付到雙方手上。

各國也想要避免因內亂持續而搗亂市場交易的情況。特別是石牆號的戰力過於強大，所以拒絕交艦一事的影響十分重大。局外中立宣言實際上是對新政府有利的。

眼見事態不利的慶喜，過了二月後逐漸堅定其恭順的態度，離開江戶城到上野寬永寺大慈院內隱居。在這種情況下，預定發動江戶城總攻擊的三月十五日迫在眉睫之時，舊幕府的勝海舟與新政府軍大總督府參謀的西鄉隆盛進行了會晤。

勝、西鄉會談的內幕

勝海舟對於執慶應幕政改革牛耳的小栗忠順（一八二七～六八）及栗本鯤（一八二二～九七，號鋤雲）等人提倡聯合法國的主戰論，進行猛烈的批判。他認為幕末時期，「尊王攘夷」已成「損王攘夷」，這是一條成為中國、印度那樣的半殖民地、殖民地的道路，但現在亦非顧慮天下大勢的時候，他也反對託結法國來企圖「大舉併吞國內」的主戰派做法。海舟因為敏銳地察覺到幕藩體制與開國之間的矛盾，所以瞭解到要能對應全新的國際關係，超越以往封建割據主義的統一國家型態是必要的。因此，他主張幕府要作出「先打倒自己，削小自己而無悔」的覺悟來舉用人才，誠心誠意地採行無愧於天下的立場，這樣才能成事。

具體地來說，是在與公議政體論相近的政權構想下，與列強締結國際關係並透過軍事、商業、科學、產業、金融等各方面的改革，來鞏固統一權力的基礎。而勝海舟經歷過從軍艦奉行、同海軍奉行，到陸軍總裁等職務，現在也是負責統轄軍事。取代過去的小栗、栗本，他與大久保忠寬（一翁）才是舊幕府內的核心人物，特別是位居能左右舊幕府軍動向的地位。

三月十三日、十四日的勝、西鄉會談上，決定了慶喜的待遇及舊幕府軍的處置等七條協商內容。並且眾所皆知地，事前的談判交涉是透過山岡鐵太郎來處理的。

勝海舟的日記（以下的日記引用是取自勁草書房版《勝海舟全集》）裡頭提到，勝對西鄉表示，踏上印度與中國的後塵，在作為「皇國的首府」及「天下的首府」的江戶一戰，引發殺戮「國民」的情勢並非德川家為了「一己」所為，慶喜本身也絕無此等想法。因此希望請務必以公平的處置，令「皇國化育的正當性」能廣澤全國及海外。如此一來，「國信一洗，和信益固」。

對此西鄉則回應，「這些並非我一人所能決定，而我明天會動身前往總督府拜訪，因此我會發布延後明天十五日江戶城總攻擊的命令」（大意）。可是請不要忘記日記的後頭，勝還加上了「薩藩一二小臣挾天子令諸藩，出師迅速，類猛虎驅群羊，可以成此奸雄哉」這句話。可以瞭解世人謳歌為維新英雄的勝、西鄉會談，在他們的心中交錯著政治的火花。

之前提過戰前的久米邦武《回憶錄》中，提過這樣的傳聞：「西鄉參謀遣人向英公使巴夏禮提出請求，但巴夏禮正言不諱地說『吾耳聞是德川公意欲恭順，而與之開戰所為何事？足下雖是依朝命云為，但今日本乃無政府之狀態，何來朝命，忘卻外國人居留地之保護而四起戰端，無禮之至』語畢便氣憤離席，西鄉聽到此言甚為沮喪，遂停止進擊，接受勝安芳之懇願。」

戰後，維新史家石井孝先生證明了這並非單純的傳聞（《明治維新的舞台下》）。巴夏禮最擔心的是江戶成為戰場後，會影響橫濱貿易。大概是知道巴夏禮反對的理由，西鄉內心早已秘密地決定中止江戶城的攻擊後，才與勝海舟會晤。另一方面，勝海舟比西鄉更早捕捉到巴夏禮的意向。不，就是因為已經知道，所以才會利用巴夏禮的影響力，來遏止新政府軍的強硬方針。況且握有舊政府海軍力量的勝海舟，還對西鄉施加壓力，說會擾亂海軍力量貧弱的新政府軍大後方。

不僅於此。這次勝、西鄉會談的背後，還有二月中旬後關東及其周邊發生的百姓一揆、暴動熱潮。勝與西鄉都極為畏懼江戶的戰亂，會進一步激化這股熱潮。新政府這邊，若沒有不顧這波一揆、暴動熱潮和英國的反對，也要發動江戶城總攻擊的自信，那麼可以說總攻擊的中止及對德川家從寬處置也是理所當然的。在被傳為美談的故事背後，有著不能忽略的嚴峻歷史現實。

上野戰爭與東京

如此一來，江戶城於四月十一日被新政府軍接收，慶喜回到自己的出生地、原本御三家之一的水戶藩。

正當此時，之前提到的赫本又寫到，名義上是天皇，但實質上是有力大名在支配國家。不過，「大君仍然是日本中最有力的支配者，如果致力於反本復始的話，應該也能夠取回失去的權力吧。」（致羅利博士信，一八六八年四月二十四日＝陰曆四月二日）

不知道是不是這個緣故，江戶開城的當天，對舊幕府軍艦被接收感到不滿的海軍副總裁榎本武揚，率領旗艦開陽以下的富士山、蟠龍等船艦，從品川海上朝房州館山疾馳，而步兵奉行大鳥圭介等人則離開下總，最後總數兩千多人在常野（常陸、下野）據地反抗。撤兵頭福田八郎右衛門也率領一千五百餘名的步卒盤據於木更津。譜代、家門譯註二的各藩藩士也參一腳，農民的不安及不滿更是與之結合在一起。關東周邊化作游擊戰區域。軍防事務局判事大村益次郎（一八二五～六九，諱永敏）拜見岩倉具視，稟告房總一帶「藩士恐怖，民心如麻」，而且「每聞兩野（上野、下野）之進展，更覺如履薄冰，瓦解指日可待。」

看到這種狀況，當時的大久保利通更難掩將慶喜幽禁在水戶，是否是「縱虎歸山」的擔憂之情。

這等情勢之中，江戶內外秘密地串通一氣，上野彰義隊及寬永寺執當覺王院義觀等人共同抵抗新政府軍，因此大村益次郎很清楚將彰義隊一舉殲滅的重要性。他到江戶親自坐鎮指揮後，五月十五日，彰義隊僅一日就潰滅殆盡。

從鳥羽伏見之戰到這次上野戰爭的勝利，令薩長討幕派能徹底消除德川統一政權的最後可能性，同時，新政府軍實質上也找到能將江戶當成根據地的立足點。

上野戰爭勝利四天後的五月十九日，設置了江戶鎮台，旗下設立社寺、市政、民政三裁判所（關於裁判所請參見第一三七～八頁）。之後於七月十七日將鎮台改為鎮將府，並將駿河以東的關東一帶，以及包含陸奧、出羽在內的十三國置於其管轄之下。同一天，江戶改名為東京（當時稱為東京〔Toukei〕），這是相對於西京（京都）的稱呼。

然後，天皇宣言要至此地「親臨以視其政」。其詔書中寫到「江戶為東國第一大鎮，四方輻輳之地」，而接下來強調「朕海內一家，東西同視之故」的這句話意義重大。當時東北戰爭仍在最激烈的時候，但維新政權已經以此表明了對「東西」整合後統一權力的願望及自信。這不外乎是對戊辰戰爭爆發當初，外國人所擔憂的日本二分危機，預料實際上能夠克服的自信表現。

奧羽越列藩同盟

彰義隊潰滅前約一個月的明治元年閏四月十一日，以仙台、米澤兩藩為首的奧羽各藩的重臣們在白石會盟，抗議新政府對會津、庄內二藩的不當處置及強硬的討伐命令。但要替會津藩的冤罪辯解、並且企圖暗地彈劾薩長二藩的請願書被奧羽鎮撫總督府退回。仙台藩士得知是參謀世良修藏（長州藩士）等人的主導後，便襲擊世良並將之暗殺。此外，奧羽諸藩也以一揆蜂起為口實，撤回要征討會津、庄內的兵力。於是出現連官修的《維新史》（第五卷）都不得不留下「鎮撫總督府威信全失」這樣的敘述。

以此等情勢為背景，五月三日，奧羽二十五藩，也就是仙台、米澤、盛岡、二本松、守山、棚倉、中村、三春、山形、福島、上之山、龜田、一之關、矢島、秋田、弘前、新庄、八戶、平、

譯註二：譜代大名是指關原之戰前就臣服於德川家的大名，多被德川幕府委以重任。家門是指將軍親族之中，除了御三家、御三卿以外的大名，如會津藩。

松山、本庄、泉、湯長谷、下手渡、天童等藩結成同盟（奧羽同盟成立日期有不同說法），後來還有北越的新發田、長岡、村上、村松、三根山、黑川等六藩加盟，至此「奧羽越列藩同盟」成立。

盟主推舉由仙台藩主伊達慶邦接任，核心機關的公議府置於白石城。馬上就到了七月，輪王寺宮入道公現親王（日後的北白川宮）也加入同盟，親王對仙台藩主及米澤藩主（上杉齊

圖 3 奧羽越列藩同盟關係圖

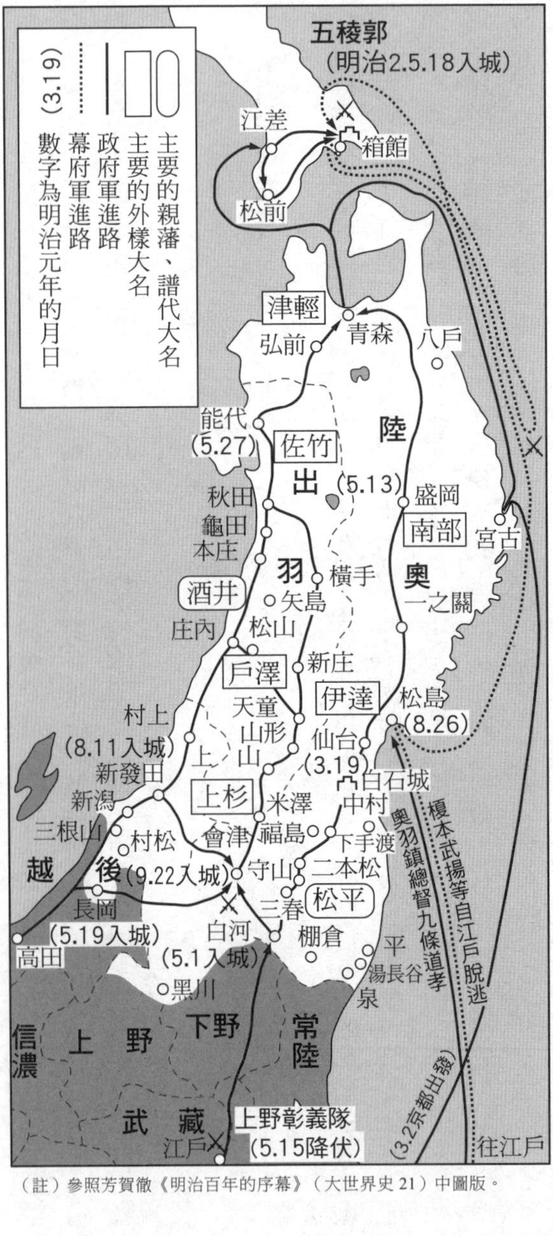

（註）參照芳賀徹《明治百年的序幕》（大世界史 21）中圖版。

憲）下達討薩令旨，同盟則共推親王為軍事總督。並且，舊幕府首腦的小笠原長行、板倉勝靜等人也參與策劃。

這個同盟要打倒的目標實際上不是朝廷，而是君側奸佞的薩長。並且同盟肯定「王政復古」為既成事實。所以為了討伐身為「奸賊」的薩長，同盟擁立親王來獲得大義名分，標榜公議政體論的同時，讓敗退的原幕閣參與策劃並組成軍事同盟軍。

兩枚的文書

可是，《前賢故實》的作者菊池容齋筆錄的史料中，有本在兩枚半紙譯註三上以毛筆寫成的線裝書，書中記載著後述的內容，這部分武者小路穰也介紹過（〈戊辰役的一資料〉）。

根據書中內容，慶應四年（明治元年）六月十六日，在奥州的年號是「大政元年」，上野宮（輪王寺宮）即位為「東武皇帝」。皇后是仙台藩主的養女，但實際上是一條關白之女。然後以奧羽鎮撫總督九條道孝為關白、太政大臣，副總督澤為量為大納言，參謀醍醐忠敬為左大臣。仙台藩主為權征夷大將軍，會津藩主為副將軍兼總裁，出羽探題兼守衛、奧羽蝦夷海陸兼守衛、出羽探題守衛、越後口奸賊防禦等官職責分別與秋田、津輕、盛岡、米澤等藩藩主連在

譯註三：日本紙的一種規格，長約二十五公分、寬約三十五公分。

一起。這是單純的傳言？還是實際上是同盟內部討論過的方案？現在完全不得而知。但是奧羽越列藩同盟正處於類似這種提案的氛圍之中，是無庸置疑的。

這裡看到的是為了對抗薩長中心的「王政復古」，自己的政權也只能照著複製成「王政復古」的山寨版。這樣一來不就只是成了「第二次的喜劇」譯註四。這打從一開始就無法超越討幕派的理論，不如說就只有急著建立、聚集而成反討幕派戰線的陣營，才會以這個框架將自己正當化。因此，戰鬥在白河口、平潟口、越後口、秋田口等地不斷地上演，不是隨著情勢推演而趨於不利，就是各藩內部分裂而缺乏一貫性，脫離同盟的事情也相繼發生。於是在米澤、仙台藩屈服後，明治元年九月二十二日，會津若松城也開城投降了。

在這個期間，會津困守城池已達三十天。城內有藩兵約三千人，老幼婦女約兩千人。彈盡糧絕並且陸續出現死傷者，城內的白木棉都拿來當成繃帶使用。開城當天的白旗還是用剩下的白色碎布拼接起來的，也留下婦女持針之手不住地顫抖，而白布則是被眼淚浸溼的悲慘故事。藩內少年組成的白虎隊的飯盛山集體自殺悲劇，也是這個時候的事情。

河井繼之助與北越戰爭

北越方面，河井繼之助（一八二七～六八）等人指揮以長岡藩為主的軍隊，與參謀山縣有朋（一八三八～一九二二）、黑田清隆（一八四〇～一九〇〇），以及西園寺公望等人率領的新政府軍交戰。當時的河井位居長岡藩上席家老。他在遊歷江戶、四國、九州等地，決定從備中國松山（高粱市）東歸之時，於萬延元年（一八六〇）三月，寫了封給義兄梛野嘉兵衛的信件。信中他認為天下形勢早晚會有無可避免的大變動，「言及時勢，斷無更為可怖者。」（略去部分文字），早已看透歷史潮流的巨大力量。

因此，在河井眼中，攘夷的愚昧自不待言，而與外國的交流是必然的。對他而言，當務之急是不拘泥於朝廷或幕府任一方，但求「政道御一新，上下一統，富國強兵」，告誡自己不要懷抱著政治形態會永世不變的淺薄想法。縱使注意到這點，但看到薩長之徒介入朝廷幕府之間，並企圖離間雙方的舉動，仍感到遺憾。他衷心希望幕府不要採取輕率的態度來應對。

在那之後過了八年，身處時代激流之中，四十二歲的河井面臨與薩長新政府之間的對決。他提出長岡藩武裝中立的立場來向新政府交涉，試圖迴避戰爭。這樣下去只會令民心動搖，產生禍害，這並非為了單一領國、一藩才這樣說，而是為了令日本國內上下同心協力，成為能在世界上昂首闊步的強國──這是河井的主張。但是，在小千谷慈眼寺與他相峙的新政府軍的二十三歲軍監岩村精一郎（高俊。土佐藩士，岩村通俊、林有造的弟弟，且為日後的貴族院議

譯註四：源出於馬克思的《路易．波拿巴的霧月十八日》，原文為：「黑格爾在某個地方說過，一切偉大的世界歷史事變和人物，可以說都出現兩次，他忘記補充一點：第一次是作為悲劇出現，第二次是作為笑劇出現。」這邊的笑劇（喜劇）較類似於「鬧劇」。

員）根本對此不屑一顧。日後，岩村回想起當時因為年輕氣盛之故，僅把河井當成一般尋常門閥的愚蠢家老，所以才連交涉都不願意，導致會談決裂。對於即便如此還是不停地懇求的河井，岩村覺得：「或許說不定果真毫無戰意，但當時之氣勢令人難以置信。」

請願被一蹴置之的河井回到根岸宅邸。明治元年五月三日晚上八點的時候，對時值十三歲的根岸練次郎（昭和十九年以八十九歲高齡逝世）來說，暗地裡將決心告訴父母的叔父河井繼之助的模樣，已深深烙印在腦海，帶給他很大的震撼。

然後，會談的決裂使得戰端開啟，緊接著的是環繞榎峠及長岡城的攻防戰。在互有攻防、對峙三個月後，河井在會津的鹽澤村（福島縣南會津郡只見町鹽澤）逝世，主因是槍傷。在給義兄椚野的絕筆信中寫到「生死已非吾可定奪」。（今泉鐸次郎《河井繼之助傳》／安藤英男校注《塵壺》，並參見同作者《河井繼之助》）

北越戰爭的背後，牽扯著環繞新潟開港（日期定為一八六八年四月一日＝陰曆三月九日。後來延期）的國際利害關係。同盟事實上開放新潟港，並以此作為武器運補港口。荷蘭商人史奈爾（John H. Schnell，日本名是平松武兵衛）等人以「死亡商人」的身分活躍著。當地的佐藤三郎所著的《酒田的本間家》中有提到，酒田的大地主本間家等作為武器補給的資金來源。為了阻斷這條補給路線，新政府軍從海陸兩方面對新潟展開攻擊並攻陷該地。

東北戰爭與民眾

勝海舟在他日記的慶應四年（明治元年）閏四月二十七日的條目下提到，雖說是「王政維新」，但其做法與幕府是五十步笑百步。並在後面寫到：「特別令人悲嘆的乃是其不顧人心之背離及困弊，東國近半皆厭其政。大政衰弊之日可卜而知之。」同時，東山道總督岩倉具定、副總督岩倉具經寄給父親具視的〈上書〉（明治元年閏四月）中提到，現在的狀況是「官軍之微勢且偷安怠惰，政道皆不相立。」民眾對新政府軍「大生輕侮之心，乃至兒童、走卒，見官軍皆交相唾罵之。」

不只是新政府軍的動向，有位當地的農民也以雪亮的眼睛注視著東北各藩的狀況。他就是菅野八郎（一八一〇～八八，參見第二八頁）。

在記錄明治元年四月中旬到六月朔日，帶有日記風格的《八老獨年代記》（中卷）中，十人之中就有八到九人認為會津、仙台兩藩會取得勝利，在這一面倒的談論中，他卻不是這麼想。這是由於他認為此二藩「無論何者都已失民心，而為求大志得成，定會搭上土船遠渡重洋而去的」，已經洞察出藩主不得民心了。

很明顯地這是從民眾的角度，以雪亮眼睛看到的東北戰爭觀。然後，在信達兩郡成為戰場後，正如這個八郎預料到農民會「遭遇到怎樣悲慘的事情」一般，戰線擴大到東北、北越，使得民眾的犧牲徒增，而農民一揆接連而起也是理所當然的。這完全是基於農民自身利益的行動。

一揆指導階層的立場也是依照當時的狀況，讓一揆在結果上對新政府軍，或是同盟產生有利的作用。

失敗者的怨恨

這次的東北戰爭中，還加上了失敗者對薩長的怨恨。

會津藩出身的陸軍大將暨軍事參議官柴五郎（一八五九～一九四五。八十七歲逝世）是小說《佳人之奇遇》的作者東海散士、本名柴四朗（一八五二～一九二二）的弟弟。在可以說充滿著他對薩長憤怒，作為遺書的手札內這樣寫到：

> 後世的史家之中，會流傳會津藩乃是擁護封建制度的元兇，讚頌惟獨薩長才是救世之軍，訴說著會津戰爭時，會津的百姓、村民夾道歡迎薩長軍的到來並且予以協助，但這些都是錯認史實這種極其嚴重的事情。加之於百姓、鎮民身上的暴虐之舉，遍及全東北都留下眾多的記錄，而這種想將之刻意抹煞掉的行為，令人難掩心中憤怒。（石光真人 編著《一個明治人的記錄》）

的確，新政府軍以征服者之姿恣意地掠奪、施加暴行。特別是在會津一地，屠殺男女老少、公然地強暴，還將財物掠奪得一乾二盡。但是，文久元年（一八六一），以英國公使館附屬醫師身分來日的威廉・威利斯（William Willis, 1837~94。明治二年為副領事，同年就職於鹿兒島醫學校兼病院），被派遣負責治療東北戰爭的傷兵。也在當地的新發田向巴夏禮寄出報告說，敗走後的會津士兵也是「在往自己國家撤退時，成為毫無規範的無賴集團，在逃亡的路上盜取財物，還殺人強取錢財。」（陽曆一八六八年十一月十八日，以下日期皆為陽曆）

然後還提到「會津士兵在往越後撤退途中，強姦婦女，至民家中偷盜，遇到反抗的人就格殺勿論。另一方面，也聽過會津國內，帝（天皇）的軍隊在各地掠奪，甚至連百姓的生活用品都搶走的傳聞」（於江戶，一八六九年一月二十三日）。這是身處戰爭這種緊張狀態下，完全喪失倫理價值觀念的征服者及被征服者、支配者及被支配者的人類樣貌。新政府軍與同盟軍幾無差別。

嗅出差別的民眾

問題在於在這樣的局面中，因為政變而交戰的雙方陣營，究竟哪邊能保障人們生活及事態的改善，關於這點民眾已經嗅出端倪。在威利斯寄給巴夏禮的報告書（於高田寄出，一八六八年十月十七日）中，關於這點以「僅限於我的調查所及」為開頭，提到帶有以下意義的內容。

也就是，人民認為最近的政變會使得將來變得更加美好，特別是旗本領地的農民或許是由於之前的旗本都是高壓統治的領主，所以對新政府抱持著期待。他們一丁點都沒有對舊體制的同情心。但是，大領主底下的農民則對政變毫不關心，與旗本領地的農民有很大的不同。新政府的權威在各處都被承認，反而對抗戰中的東北同盟軍完全沒有共鳴感。就傳到我耳邊的消息來說，這正是因為「大君」政府被撤廢，舊體制已不可能再復活的緣故。（關於威利斯的報告是參照中須賀哲朗 譯《英国公使館員的維新戰爭見聞記》，及石井孝《維新的內亂》）

接到這封報告的英國公使巴夏禮，也承認新政府的課稅比目前為止的領主重稅都來得輕，所以能夠吸引農民。新政府在戊辰戰爭爆發十天後的明治元年一月十二日，頒布了原本的幕府領地本年度年貢減半的〈年貢減半令〉。而且，在這之後奧羽、北越地方也逐漸開始公告這項減半令。但這是為了拉攏敵方農民的策略，這項減半令真正代表的意義是什麼？將在之後談到。

三、內亂終結與「御一新」

海舟的切齒扼腕

東北戰爭激戰之中，明治元年（一八六八）八月十九日的晚上，舊幕府的軍艦開陽、回天、蟠龍、千代田形、長鯨、神速、美賀保、咸臨等八艘船艦，利用當時的皎潔月光，從品川海上起錨出航。這是舊幕府海軍的逃亡行動。指揮這次行動的是海軍副總裁榎本釜次郎（一八三六～一九〇八。武揚）、同陸軍奉行松平太郎（正親）、前若年寄永井尚志（玄蕃）等人，法國陸軍教官布留內（Jules Brunet, 1838~1911）、卡斯奴布（Andre Cazeneuve, ?~1874）等人也有參與，總計兩千多名士官兵。

榎本在五月德川家減封及移封駿府發布之時，就在策劃將困窮不滿的幕臣移住蝦夷地方，並以開拓之名暗地裡謀求幕權的恢復。戰火擴及東北，奥羽越列藩同盟對榎本指揮下的海軍力量抱持著期待，這令榎本舉兵起事的決心更為穩固。而在舊幕府艦隊逃亡的謠言傳開時，勝海舟於八月曾要求榎本潔身自愛。

但在榎本的回信的其中一節寫到「一寸之蟲亦有五分之魂啊」。海舟或許是沒能讀出榎本的言下之意，在他日記的八月七日下面寫到：「收到榎本四日的回信。行文穩健絲毫沒有世上謠傳的逃亡之意。」因此在接到榎本逃亡的消息時，海舟這樣寫到：「嗚呼士官此輩，我之號令不行。」他對自己的看走眼感到切齒扼腕。

武士的「共和國」

就這樣，榎本等人在經歷過暴風雨及宮古海戰的途中曲折後，最後抵達了蝦夷地方。然後，佔據函館（當時稱為箱館）以及五稜郭（箱館奉行所，武田斐三郎設計）並平定周邊一帶。時值十二月十五日，一百零一發的空砲響徹雲霄來慶祝榎本政權的建立。

這件事在格林菲斯（William E. Griffis, 1843~1928）所著的《天皇》（*"The Mikado, Institution and Person"*, 1915）是這樣描述的——格林菲斯是明治三年底，從美國被聘請到福井藩，日後在東京大學前身的南校執掌教鞭的人物。

> 在佔領蝦夷幾處的村鎮後，他（榎本）們宣布成立共和國。還效法美國的例子及習慣，用投票來選定官吏。這個新生國家在函館的旁邊，於龜田砲台的砲聲祝福下成立。然後宣布以「普通選舉」來作為憲法的根本。但是就只有武士才有投票權。

表 4　榎本政權主要役職、氏名、得票數

總　　裁	榎本武揚（156 票）	
副 總 裁	松平太郎（120 票）	
海軍奉行	荒井郁之助	
陸軍奉行	大島圭介（86 票）	
同　　並	土方歲三（73 票）	
會計奉行	榎本對馬	
同	川村錄四郎	
開拓奉行	澤 太郎左衛門	
箱館奉行	永井玄蕃（116 票）	
同　　並	中島三郎助	
江差奉行	松岡四郎次郎（82 票）	
松前奉行	人見勝太郎	
海陸軍裁判役頭取	竹中春山	
軍 船 頭	甲賀源吾	……（以下略）
〔舊幕府重職參加者〕		
小笠原長行（壱岐守）	原老中、唐津藩之子	
板倉勝靜（伊賀守）	原老中、備中松前山藩主	
板倉勝全	勝靜之子	
松平定敬（越中守）	原所司代、桑名藩主	

（註）《新北海道史》第 3 卷 通說 2。按同書，表中（ ）內的數字為《秋田家文書》得票數（總數 856 票）。與下方表 5 有異。

表 5　榎本政權的役職、票數、氏名

役職	入札票數、氏名	
總裁	155 榎本釜次郎	14 松平太郎
	4 永井玄蕃	1 大鳥圭介
副總裁	126 松平太郎	18 榎本釜次郎
	7 大鳥圭介	5 永井玄蕃
	4 荒井郁之助	2 土方歲三
	1 柴　誠一	
海軍奉行	73 荒井郁之助	14 澤太郎左衛門
	13 柴　誠一	9 甲賀源吾
	2 松岡盤吉	1 古屋佐久左衛門
陸軍奉行	89 大鳥圭介	11 松平太郎
	8 土方歲三	6 松岡四郎次郎
	1 伊庭八郎	1 町田　肇

（註）引自內藤清孝《蝦夷事情乘風日誌》。阿拉伯數字為入札（投票）票數。

這次的投票只有士官以上能參與。根據投票結果的主要官職及名單如右表（表4）所列。而幕府船艦神速號上的船員內藤清孝的《蝦夷事情乘風日誌》（哈佛大學燕京圖書館藏）的備忘錄，記載了投票結果中一部分的得票數，列出供各位參考（表5）。

這裡提到的「共和國」被列強稱為是「事實上的政權」，但歸根究柢，只是在此找到戊辰戰爭的最後據點，並以舊幕臣為中心、「僅限武士」的「共和國」。實際上這個政權如同〈榎本武揚等嘆願書〉所言，承認「王政復古」的天皇政府，「一則為皇國，二則為德川」，是照顧舊幕臣及負責北門警戒的政權。

這樣一來，那這個寄託舊幕臣夢想的「共和國」與以民眾為基礎的「共和國」，大體上是風馬牛不相及的存在。（拙著《北海道與明治維新》）

龍蛇混雜的蝦夷地方開拓

儘管如此，榎本政權的成立，使得蝦夷地方並立著兩個政權。

與榎本政權並立的另一個政權，當然就是新政府的箱館裁判所（明治元年四月十二日設置，閏四月二十四日改稱箱館府。亦有「箱館府裁判所」這類稱呼的說法）。雖然蝦夷地方朝著明治二年七月設立開拓使的方向推展，但仍以這個箱館裁判所明治元年閏四月的布告為代表。

也就是，這塊土地在強調從德川家變成是天皇直轄支配的維新意義上，與本州各地的布告是一樣的。但在這裡，在「天子大人」底下負責蝦夷地方行政的「總督大人」的高貴恩典，就宛如是天皇在本州被歌頌的程度。被委以負責此地一切政治舉措的總督，就正是一位「蝦夷地方的天皇」。這還影響到後來的開拓長官。之後的嚴格取締官員賄賂，便是反映了之前這塊土地的實際情形。

新政府打從維新一開始就很重視這片蝦夷地方的開拓。明治元年三月，天皇臨幸太政官代理（二条城），諮詢蝦夷地方開拓的得失，此外，明治二年二月，岩倉具視對於是否應該將該地的開拓與外交及財政一同交付朝議一事，提出意見。然後，該年五月，天皇敕問皇道興隆、知藩事新置、蝦夷地開拓三事。

上面提到的岩倉的意見是，開拓此地以為「富有之地」，在此作「一個小日本國」，好斷俄羅斯的「垂涎之念」，並從此地向海外宣揚「皇國之威勢」。可是必須留意的是在這個場合，他的想法背後隱含著下面這樣的看法。

這是在明治元年十月的〈岩倉意見書〉上看到的，提到「奧羽降伏之各藩及其他脫籍人等皆免其死罪，終身禁錮者、流刑者、還有如穢多譯註五此般一生難與其他人民交流者等全移住此地，令其從事開拓。」另外也分別對「良民」進行「說諭」，把他們從「內地」移居過來，替漁業及農業注入生產力，這樣一來就能獲取天然物產，若再投入機械生產，「他年定能開拓成為一大繁昌之地」。利用這群維新的失敗者、罪犯，還有社會上不受法律保障的人們來進行開拓，日後再將「良民」移居此地的這種想法，才是此後北海道開拓工程的一貫作風，而且這塊土地與沖繩一起，在底層支撐近代天皇制的支配及日本資本主義的構造。必須注意的是，這個想法打從維新一開始，就已經這樣地明白地宣布了。

依循岩倉的這個意見，明治二年七月設置開拓使，來年八月十五日，蝦夷地方更名為北海道。但是與這個新政權的駐外單位，不，「北海道的天皇」對峙的榎本政權又變得怎樣了呢？

死者也適用的差別待遇

明治元年（一八六八）十二月二十七日（陽曆一八六九年二月八日），列國代表會議上，全場一致決定中止局外中立的立場（隔天公布），新政府軍則是取得了石牆號，這加速了榎本政權的崩壞。另外，這個中止局外中立的決定也意味著內亂的終結，也就是列強在國際上公認新政府的統一全國。事到如今「事實上的政權」的看法已經不復存在，剩下的是國際上不被承認的叛亂軍及其軍事上的潰滅而已。在潰滅的瞬間，新政府軍的參謀黑田清隆（當時名為了介。

譯註五：江戶時代的賤民階級，與「非人」一樣是社會階層中的最下層。明治四年（一八七一）後廢除「穢多」、「非人」的稱呼，改稱為新平民，但歧視仍然存在。

薩摩出身），透過箱館醫院的醫師高松凌雲向五稜郭及弁天崎砲台送出使者，勸告叛亂軍投降。此時，榎本堅決拒絕，但於回信附上他於荷蘭留學途中取得的法國國際法學者奧多蘭（Joseph Louis Elzéar Ortolan）的《海律全書》兩冊，並託付給黑田，而黑田也回贈五桶酒給榎本陣營的故事十分有名。就這樣，「只有武士的共和國」就此滅亡，當時是明治二年五月十八日。

被關進大牢的榎本到頭來還是出獄了，並在黑田開拓次官（日後扶正為長官）的麾下出任四等開拓使，負責巡檢北海道的礦山。這是明治五年三月的事情。

但是，跟著這樣的線索，我最先拜訪的卻是現在北海道檜山郡江差町江差文化中心某處稍高的山丘，面向波濤洶湧的日本海，好像是想要埋在雜草叢中一般，山丘上並列著箱館戰爭死者的墳墓。仔細觀察被風雨侵蝕的墓碑名稱，發現那是新政府軍戰死者的墳墓，而榎本軍的墳墓一個也沒有。

在流傳的故事中，即使箱館戰爭結束，但因為畏懼新政府軍，所以沒有人敢替榎本軍收拾遺骸。而在該地擁有六百位手下、擔任消防組長的柳川熊吉（新門辰五郎麾下，木場的仙三的部下。安政地震時從江戶調派到箱館來），與木工師傅大岡助右衛門（後來建造了札幌的豐平橋及豐平館）一起將遺骸收集起來，在實行寺（現在的富岡町附近）替他們建墓立碑。一名暴跳如雷的新政府將官命令屬下搗毀墓碑，逮捕熊吉將之「切耳」、「削鼻」。但熊吉毫不在乎地回答說：「砍我的頭吧。」一欽佩此等勇氣的軍監田島圭藏（永山盛繁）就把他給放了。而這個熊吉在明治四年左右購入函館山腰的土地，並作為實行寺的附屬地將遺骨改葬於此。然後明治六年，大鳥圭介在巡視北海道途中注意到此事，在取得當時的俄羅斯公使榎本的贊成後，於明治八年建起碧血碑直到現在（元木省吾《函館鄉土史話》）。

日本各地都有戊辰戰爭及西南戰爭的「官軍墓地」。但反政府軍的戰死者就只能以碧血碑故事的形式來接受奉祀。只有「官軍」能受到奉祀的最大的象徵，是之後也會觸及的靖國神社。差別待遇的支配結構到死者身上，也依然通用。

戊辰戰爭論

從鳥羽伏見之戰、上野戰爭，更經歷過東北戰爭後到箱館戰爭，這個將日本分為東西兩邊的內亂，被稱為戊辰戰爭。相較於日後的士族叛亂僅限於西日本的一部分，此次戰爭將東日本，特別是東北地方及北海道南端都化為戰場。絕非是像之前提過的伊藤博文舊金山演講所說，未發一彈、未滴寸血就廢除了幕藩體制。而正因如此，這次的戊辰戰爭在明治維新中要賦予怎樣的地位？並且怎樣來看待？這與維新史整體的評價有關。

遠山茂樹的《明治維新》是從慶應三年（一八六七）決定性一刻中「下層革命勢力的慘痛挫敗」的角度出發，認為幕府的崩壞是「社會變革之中根基不穩的政權移交」，對必然的戊辰戰爭的意義評價很低。在他之後所出版的《明治維新與現代》當中，也表達出這次戰爭是「局部且一時的內戰」的意見。

相較於此，井上清的《日本現代史Ⅰ明治維新》則稱戊辰戰爭是「大內亂」，正因為徹底擊敗了掀起這次戰爭的舊幕府勢力，才得以將「日本從半殖民地化的危機中」拯救出來，繼而「日本民族在此之後，才能開始確立起成為當時東洋唯一獨立國家的方向。」可以得知戊辰戰爭的評價，事實上與維新史整體的解讀方式有關。

二戰前，服部之總認為戊辰戰爭是國民資產階級與封建諸侯的對立，而戰後的修正說則定義成邁向絕對主義道路的兩個陣營的對立。原口清的《戊辰戰爭》（一九六三）是戰後首次從這個戰爭的真正樣貌來分析的書籍，原口先生對井上說表示贊同，並認為戊辰戰爭是絕對主義權力（新政府側＝否定個別領地所有權，並朝天皇統合）與列藩同盟權力（舊幕府側＝個別領地所有權的聯合組織）之間的對立，還對其他學說提出批判。

對此，承繼服部修正說的石井孝的《維新的內亂》中，對原口說提出反駁。本書基本上也是與服部修正說相近的立場，但沒有像石井說一樣，認為奧羽越列藩同盟是種單純「被時代淘汰的封建領主的鬆散聯合體」。如同已經提過的，這個同盟是以「王政復古」的山寨版為目標。

因此，可以認為戊辰戰爭的決定性階段，依然在於鳥羽伏見之戰到江戶開城為止的局勢之中。然後，到底這次戰爭對封建領主制的廢除帶來多麼深遠廣泛的影響，而又是怎樣準備迅速地邁向萬國對峙的統一國家形成之路呢？便如以下章節所見。

「明治」與「維新」

那麼，幕末的尊攘、倒幕運動到「王政復古」的政治過程，戊辰戰爭，乃至於之後形成統一國家的進程，我們一般稱之為「明治維新」（請參考序章〈近代日本的開端〉）。

這個「明治」的詞彙是出自於《易經》的「聖人南面而聽天下。嚮明而治。」吩咐議定松平慶永讓儒者選定幾個年號候補，在明治元年（實際上是改元前的慶應四年）九月七日晚上，睦仁天皇在賢所抽籤選到的是明治這個年號。然後隔天八日，頒布了「自今以後，革易舊制，一世一元，以為永式」的改元之詔。至今為止，以吉凶及天災異變等為由而頻繁更迭的年號，此後規定為天皇一代一個年號（一世一元之制）。

還有，「維新」這個詞彙在「周雖舊邦，其命維新」（《詩經》）及「舊染汙俗，咸與惟新」（《書經》）等都有使用，意思是百事一新。然後，明治三年（一八七〇）一月三日〈大教宣布〉詔書中的「百度維新，宣明治教，以宣揚惟神之道也」，用神道教思想體系使「明治」與「維新」巧妙地連結起來。以上的文章一定能夠說明「明治維新」的語源由來。

從「一新」到「御一新」

然而，我們都知道維新在當時一般都被稱作「御一新」。那麼，這個「御一新」是什麼意思呢？我們先從幕末時期「一新」的使用例子來看。

幕末時期的長州藩，不管有志者的身分是武士還是平民，都組織成奇兵隊及以下各隊，還建立了許多由農民及市民所構成的平民軍隊一事為人熟知。而在這股軍事力量中，也有幾支由飽受社會歧視的人們所組成的隊伍。取代「穢多」的不雅稱號，被編成的這些隊伍被稱作「一新組」或是「維新組」。這些被歧視的人們，作為贏得自己階級解放的第一步，積極地參與軍隊，並在第二次征長之役中英勇奮戰。這樣看來，可以認為隊名中看到的「一新」及「維新」等詞彙，包含著這些由於社會階級之外的身分而長期遭受歧視、折磨的人們，他們對解放的迫切渴望。

但是，這個「一新」之上還多了個「御」字。這是因為經歷過下面提到的過程的緣故。

明治元年三月，長崎裁判所（參見第一四九～一五〇頁）頒布的〈御諭書〉中提到：

首先，所謂的御一新雖然是指任何事物都要煥然一新沒有錯，但是因為老百姓們對此好像有些誤解，所以就仔細地說給你們聽。給我好好聽好了。那麼，說到一新，稍微想想，那就好像轉手之間，又或者是像漆黑的夜晚忽然變成白天那樣，還真是不好解釋說明其中道理。

這樣說來，這個布告說「御一新」就像剛好拂曉那樣，慢慢地愈來愈明亮的樣子。後面繼續說到，如果，「老百姓們能像想的那樣，看成像是轉手之間或是夜晚轉白晝就好了。會驚慌失措成什麼樣子呢？譬如三更半夜的時候，不為人知偷偷地靠近，然後忽然大喊太陽大人出來了，這還受得了嗎？或是焦躁地在太陽拂曉期間，趕緊泡茶打掃。搞不好還能當成生意來賣呢。」

真是不錯的說服力。此外，這篇布告把令拂曉前的幽暗逐漸明亮的「太陽大人」與「天子大人」重疊在一起了。而且肯定地說等同太陽大人的天子大人才是「日本的主人」。

當時的人們，一般來說都知道「公方大人」，也就是將軍的存在，但卻幾乎沒人知道天皇。由於不知道的緣故，布告三番五次地說明天皇尊貴的由來。〈奧羽人民告諭〉（明治二年二月）是在說明天皇是天照皇大神宮的子孫，乃日本之主，而正一位稻荷大明神的位階也是天皇賜予的。如果拿民眾熟悉的稻荷信仰作為例子的話，也能清楚瞭解居於神明之上的天皇的崇高程度。接下來還寫到「一尺之地、一人之民，皆為天子大人之物，天子大人乃是日本國之父母」，歌頌著王土王民思想。

而且，剛剛的〈御諭書〉中，還用勸善懲惡思想及儒教的家族理論，來解釋天皇的恩典，強調對天皇的忠誠。歸根究柢就是在要人們「無論何事皆向天皇祈求，皆依天皇命令行事。」至此，「一新」與天皇聯繫在一起，成了「御一新」。

這樣看來的話，「一新」及「維新」詞彙的背後，包含著受壓迫的人們對解放的願望，也就是對「救世」的期待。但這個「救世」＝「一新」＝「拂曉」是巧妙地與「太陽大人」＝天皇連結起來，並且透過連結轉換成對天皇祈求，對天皇盡忠的「御一新」。

「御一新」這種當時廣泛流傳的稱呼背景之中，潛藏著一邊捕捉這股「從下而上」要求解放的能量，一邊又巧妙地將這股能量注入進「從上而下」通道的「明治維新」理論。

第三章

民心的去向

一、「偽官軍」事件與隱岐騷動

草莽——相樂總三

明治元年（慶應四年，一八六八）八月，在京都出現署名小洲處士的《復古論》小冊子，書中寫說這次的復古與建武中興不同，因為「勤王」之論是由「草莽」而起的，縱使天皇的內心有怎樣的變化，大名們是怎樣考慮的，都絕不可能再現建武中興。換句話說是在主張維新的原動力來自草莽。

這個草莽讀作「Kusamura（くさむら）」，也就是「在野」之意。或許是將所謂的「志士」看成富農豪商，也或許是認為有很多偏僻村落的農民參與其間吧，這與明治維新的觀點完全不同。這裡再舉出幾個具體例子，來追溯其動向及下落。

其中之一是相樂總三的赤報隊。以此而聞名的是作家長谷川伸的《相樂總三及其同志》，而維新史研究者高木俊輔的《維新史的再發掘》及《明治維新草莽運動史》，則是透過細心地製作名冊及追尋「志士」們的面貌，將事實呈現出來。以下就透過這些書籍來探討赤報隊。

相樂總三（本名為小島四郎左衛門將滿，通稱四郎。相樂總三是假名）在天保十年（一八三九）出生於江戶。小島家是鄉士，原為下總國相馬郡椚木新田村（茨城縣北相馬郡藤代町梱木）的富農、名門望族。文久元年（一八六一），二十三歲的相樂以尊王攘夷志士投身於運動時，從父親兵馬那裡拿到五千兩的大筆錢財，可以得知其富有程度。

相樂認識薩摩藩的伊牟田尚平及益滿修之助等人，因為他們的介紹，而與薩摩藩有力人士西鄉隆盛及大久保利通（一藏）有所來往。之後成為以薩摩藩邸為根據地的浪士隊總裁。此時只剩一個多月就要進入慶應三年。想必他擁有的資金起了很大的作用。

這批浪士隊是由鄉士、富農豪商、脫藩藩士及農民所組成，總計五百人，嘗試在關東附近進行游擊戰，並且依照薩摩藩的意思，在江戶市內從事擾亂工作。受到挑釁的幕府，命令庄內藩以下羽州上之山、越前鯖江、武州岩槻等四藩出兵征討，在幕府聘僱的法人布留內的砲擊指導下，於十二月二十五日，對薩摩藩邸進行火攻。勝海舟在該日的日記中是這樣說的：「包圍了薩邸。此時，估計有兩百名浪士聚集於此，一到深夜即以強盜為業，也曾聽聞此輩出入近郊收取錢財之事。起火後大抵散去。」就這樣，隔天明治元年一月三日，掀起了戊辰戰爭。

赤報隊與「偽官軍」

離開江戶進入京都的相樂等人成為東征軍的先鋒部隊，並且組成一支以公卿綾小路俊實、滋野井公壽為盟主的隊伍，在一月十日被命名為赤報隊，隊員約兩百人至三百人。隊伍成立當時的成員與後來的差異相當大。二月，進入諏訪時的相樂隊成員，是以鄉士出身的相樂為總裁，

圖 4 薩邸脫出後的赤報隊進軍路線

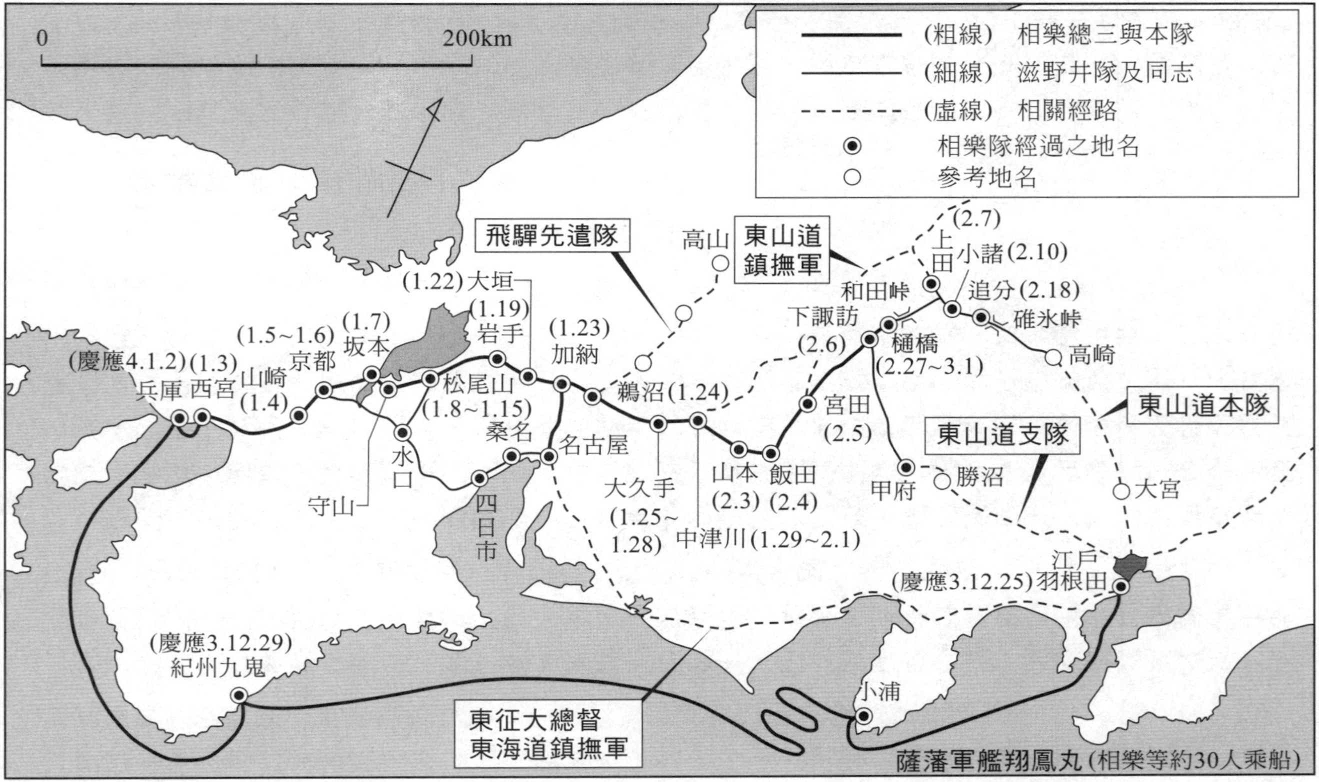

(註)引自高木俊輔《維新史的再發掘》。

表6　明治初年的主要草莽諸隊

關東、東山地方	利鎌隊（下野．壬生藩，神職）　誠心隊（足利藩）　赤報隊（參照本文）　高松隊（盟主高松實村，與赤報隊同，從諏防往甲府方面移動時，因「偽敕使」而解散）　護國隊（甲州鄉士）　斷金隊（甲州，農民）　松代隊（松代藩，因長谷川昭道獻言）　伏水隊（筑摩地方）等。
東海地方	遠州報國隊　駿州赤心隊　伊州伊吹隊（以上三隊以神職為中心）　磅礴隊（豪農、浮浪）　集義隊（博徒）　草薙隊（農兵，以上三隊尾張藩）等。
北越地方	居之隊（方義隊）　金革隊　北辰隊（以上三隊於越後結成。以地主、豪農階層為中心，明治三年，三隊改編為第三遊軍隊）　戊辰隊（越後，農兵隊）等。
近畿、山陰地方	山國隊（丹波，神主、農民）　弓箭隊（丹波，鄉士）　高野山鷲尾隊（盟主鷲尾隆聚）　正義黨（隱岐，參照本文）等。
山陽地方	神機隊（廣島藩，農兵，其他十五隊）　長州諸隊（參照本文）。
四國、九州地方	迅衝隊（土佐藩，鄉士、庄屋、地下浪人等）　勇敢隊（筑前、福岡藩，博徒、山伏、神官等）　花山院隊（盟主花山院家理。受薩長彈壓）等。

（註）參照高木前揭二書，及栗原隆一《幕末諸隊始末》，同作者《幕末諸隊100選》。

幹部主要是關東、東北地方的脫藩藩士及富農豪商。

一月十二日，相樂等人向新政府首腦提出年貢減半的建言書，接納建言的新政府隨即於當日向舊幕府領地發布〈年貢減半令〉（前一年未繳納部分亦同）。然後下令赤報隊接受東海道鎮撫使的指揮。

赤報隊以年貢減半為口號，在一月中旬到下旬的期間，從布滿積雪的近江路往美濃路，更進一步地朝東山道前進。二月六日，相樂等人抵達下諏訪。此時，相樂隊分出滋野井隊、綾小路隊，總計三隊繼續前進。

但是在這些部隊的背後，陰謀的黑幕正逼近他們。是什麼陰謀呢？就是把相樂等人貼上「偽官軍」的標籤。會這樣說，是因為新政府軍在一月下旬，取消了〈年貢減半令〉。

財政上不可能放行的這項減半令，在各藩的詢問下口頭上予以取消了。

所以，相樂等人也就無從得知取消的決定。他們越是以〈減半令〉來攏絡民心，相樂隊就越是被當成不受總督府管轄的「強盜無賴之徒」，非法囤積武器的「偽官軍」。對新政府而言，這是因為憂心大肆宣揚〈年貢減半令〉的他們，也許會使「救世」的浪潮益發激烈並且與之交結。

相樂的辯解未能得到接納，被捕之後便處以死刑。時值三月三日，信州下起冰冷的傾盆大雨。

這次對赤報隊的鎮壓，象徵《復古論》的草莽維新史觀被抹殺。因此，上頁表6的草莽各隊，大都踏上和赤報隊同出一轍的命運。

隱岐的文武館設置運動

隱岐島是由島前及島後所組成的。該島是幕末海防要務的一部分，文久三年（一八六三），島上組織了總計四百八十人的農民兵，由各村庄屋來負責指揮。但是慶應元年（一八六五），島上發生百姓一揆，襲擊了米商並盯上負責控管稻米價格的村吏、批發商以及收取賄賂的代官所官員，但不清楚農民兵與這次一揆的關係。不過一揆後的第二年，松江藩組成了新農民兵，這支部隊挑選了出身可靠的三十名青年，由藩給予俸祿並置於藩士的管轄之下。然後，再下一年的

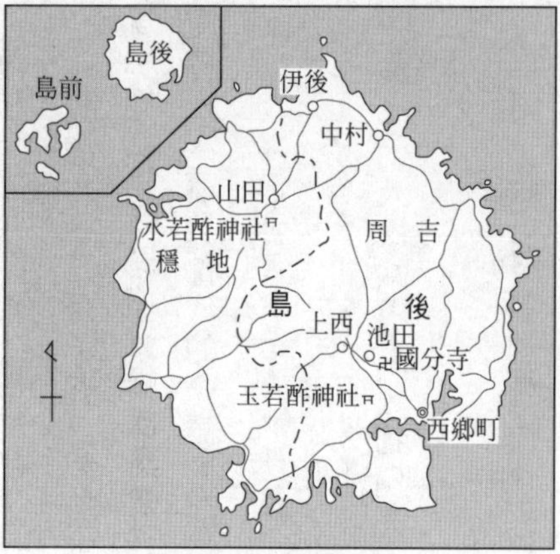

圖 5　隱岐島要圖

慶應三年五月，該藩禁止對一般農民進行武藝訓練。

該藩的這種做法引起了農民的反彈，不安的氛圍瀰漫島上。此時，請求設立文武館的請願書被提了出來。文中強烈地意識到「當今天下大變革之形勢」、「孤島迫切之事情」等內外情勢。並且提到因為外國的危機也正在逼近這個遠海孤島，所以為了能讓島民致力於學習文武，希望允許設立文武館。而負責推動此事的是當地鄉學的負責人中西毅男（山田村）等人。

毅男是中西淡齋（鈴木恕平的門下，在水若酢神社境內開設膺懲館，教育鄉間子弟）之子，在京都認識了中沼了三（號葵園，日後為明治天皇侍講），親眼見到十津川鄉士們拜中沼為師，並設置文武館之舉。便藏著想要讓隱岐朝廷直轄化的想法回到故鄉，在島上提倡設置文武館。署名響應請願書的有七十三人（穩地郡三十六人、周吉郡三十七人），島後四十九村中有三十個村子參加，其中清楚身分的有庄屋二十人、年寄三人、神官十二人，這些人是隱岐騷動的核心。就地域性來看，比起城鎮，鄉間的比重較重。

見到請願書的郡代，以格式不合極其失禮，加之對農民毫無緣由地習武感到不安為理由置之不理。而當請願書第二次、第三次被提出，郡代卻只是重複地恫嚇與拉攏農民。

事件。

島民集結與放逐郡代

最後，幕府被推翻，而且到了下一年。領導設置文武館的中西毅男及橫地官三郎（上西村庄屋）等十一人，秘密地離開島上，與佔領石州的長州軍隊接觸。而在知悉天下情勢驟變之後的他們又回到了島上。恰巧這個時候，發生了松江藩擅自打開山陰道鎮撫使給島民代表信件的事件。

山陰道鎮撫使西園寺公望在松江下鄉途中，寄給隱岐庄屋官吏的信件中提到，由於隱岐國已經歸朝廷直轄，所以請島民代表攜帶記錄當時土地實際狀況的鄉帳到鎮撫使這邊報到。而松江藩私自將其開封，使得島上一片譁然。

明治元年三月十五日，池田村國分寺召開了島後的庄屋大會。會上群情激憤，分成兩派意見。一派是徹底追究松江藩責任，並以放逐隱岐國郡代為第一步的強硬派，以及反對這派意見，支持松江藩及郡代的一派。前者自稱為正義黨，並稱反對派為出雲黨。出雲黨是沒有參與文武館設置聯署運動的西鄉町及鄰近鄉村庄屋的人士，很多是握有海上交通特權的批發商人。

正義黨聚集在上西村的庄屋橫地家中，以先前離開島上的十二人為領導。他們在十八日，呼籲島上人民站出來，到隔天十九日黎明為止，聚集了約三千人，大約是島上男性的百分之三十六。

同一天，署名「憂國同志全體」的六條要求，擺在西鄉兵營的郡代面前。

島上居民匪夷所思的聚集程度以及對郡代抱持的敵意，很難單純用只是因為隱岐島變成朝廷直轄地的理由來解讀。關於這點，史料〈隱岐騷動〉（青木虹二、森嘉兵衛 編《日本庶民生活史料集成》第十三卷）的解說者（福田アジオ）注意到山陰道鎮撫使的各項命令之中，有年貢減半令，「這項〈年貢減半令〉不是直接對隱岐發布，而是間接地傳遞過去的，是在發生放逐郡代的三月十九日的前五天的十四日傳到隱岐島上。而我認為這個〈年貢減半令〉是令島上農民站起來的最主要關鍵。」

這大家口中的〈年貢減半令〉是在因州（因幡，之後的鳥取縣）發布的，但正如前面提過的，實際上〈減半令〉已經被取消了。不過〈減半令〉為什麼會夾在山陰道鎮撫使的各項命令書之中呢，還有，島民又是如何得知這項〈減半令〉，並且最後與放逐郡代一事扯上關係的呢？（剛剛提到的六條要求中，完全沒有提到這件事）關於這些現在並沒有確切的證據。可是，如果把〈減半令〉與朝廷直轄化放在一起來看的話，就能充分接受島民集結起來放逐郡代的這件事了。

碰上這麼龐大的陣仗，郡代棄營而逃，一行三十餘人連夜搭乘藩船觀音丸，於隔天二十日離開島上。此時，正義黨接著收到了郡代寄給「憂國同志眾全體」的屈服確認書。

正義黨在隱岐國內發出檄文。文中訴諸身為「皇國之民」的名分論以及「精勵文武，以攘夷之御布告相待也。」他們還派遣兩名代表到島前尋求幫助。但是島前的庄屋們未改以往的消極態度。

島內「自治」的體制

放逐郡代後，兵營充當為會議所，採行正義黨長老格四人的合議制度，並設立作為執行機構的總會所。這個總會所以周旋方、文事及軍事方、擊劍及武具方、兵糧方等負責人為首，還配置了算用調方、迴船方、記錄方、質用掛、警衛方、三町壯士附添及目付役等職務，構成一人乃至於數人（最大七人）的公文交替制度。

從此時起，庄屋的稱呼全部改為公文這種古稱。這或許表現出透過「復古」來否定舊制度（Ancien régime）的島民想法。此外還設立戍兵、義勇、揮刀三局，以壯丁四、五十人輪流負責巡視城鎮及村落。

就這樣，島內的「自治」體制大抵完備。

但是，出雲黨還潛伏著，而松江藩也不知道何時會來報復。於是正義黨一方面向京都的西園寺鎮撫使官廳派出使者，同時另一方面向佔領石州的長州軍聯繫，乞求援助。

然而，四月十三日，新政府（太政官）一改方針，命令松江藩嚴格取締島民。可以說松江藩這邊的策略發揮了功效。島上的出雲黨抬頭，藩兵開始登陸隱岐島。參加正義黨的農民聚集在各處的氏神底下起誓立約，並在會議所內報上姓名。事態陷入一觸即發的情勢。五月十日，松江藩兵約三百名包圍兵營，要求島民投降。對峙半日後，兵營在藩兵發砲前就被佔領，正義黨四處奔逃。已能預見會議所、總會所「自治」體制終結的模樣。

但是，在此之前從會議所派出的快馬使節，仍朝鳥取、長州、濱田各藩，甚至是京都飛奔而去。長州軍與薩摩的軍艦一起，派遣丁卯艦至隱岐，並與鳥取藩聯合起來對松江藩施壓，最終逼迫松江藩兵從島上撤出。太政官也派出監察使，而松江藩又再一次地喪失隱岐的主權，這次是揭發出雲黨人的行為變得毫不留情。在宇屋町的例子中，製成了分為大奸、中奸、小奸共計三十九人的黑名單，這些人一個接著一個被舉發。其中有些人因而逃亡到島前去。

看到當時被舉發者的調查書發現，他們每一個人都被控訴在不停散播會津軍重整態勢還驅逐了薩長軍，又再次是德川的天下的情報。由此可以看出這個時候，情勢的不安定與人心動搖的一端。

會議所的合議制度再次復活，總會所的體制也回歸當初。但是，該年十一月，隱岐國的管轄權從松江藩移交到鳥取藩，接著的下一年明治二年（一八六九）二月，設置了隱岐縣並歸中央政府管轄。知縣事任命由真木直人（真木和泉守之弟）擔任，不久，會議所及總會所也遭到解散。在這段期間，還經歷過排佛毀釋的陰暗過程（參見二一〇～四頁），最後隱岐被完全地整合進新政府的結構之中。

而後，明治四年十一月，過去的正義黨領袖們受到邢部省的調查後，被科以刑責（橫地時年二十七歲，有期徒刑一年半；中西時年三十二歲，責杖一百等）。不過刑罰的執行僅僅是形式上的。

「日本經驗的縮圖」

以上的事實及史料的引用，主要是來自戰前的《隱岐島誌》（一九三三）以及當地史家永海一正的遺著《近世隱岐島史的研究》，還有《新修島根縣史》。很清楚地，新政府在這裡巧妙地操控藩權力與在地的抵抗勢力，結局是後者勢力被連根拔除。對新政府而言，正義黨也好出雲黨也好，到頭來都只是反抗的民眾勢力罷了。

令人注意的是，這股民眾勢力雖說是短期間，但也建立起「自治」機構，在島內施行「自治」的體制。但同時也不能忽視這個「自治」體制的領袖，是一群高喊尊王攘夷的國學者及神官、庄屋階層。他們的「自治」態度是傾向朝廷，並且展現出國學的攘夷的「自治」體制。

換句話說，這個「自治」顯現出對「上」及對「外」的志向，與原本應該扎根於「下」及「內」的自治相去甚遠。可以說正是這種「自治」的性格，才是在權力鎮壓的同時，令這個體制短期間內崩潰的主要因素。

過去，加拿大的歷史學家諾曼先生（Edgerton H. Norman）在他寫的《日本的兵士與農民》（*"Soldier and Peasant in Japan"*）中提到：「一般來說，隱岐島事件是維新後數年間，日本經驗的縮圖。」的確，在這裡看得到外來壓力與舊體制的崩壞，天朝支配與藩權力間的關係，與此抵抗的民眾創造出的「自治」與民眾內部的分裂，然後是新政府支配的確立等等的諸要素。為了再一次地踏進這個「縮圖」之中，要將目光轉移到新政府首腦腳下發生的各隊叛亂上面。

二、諸隊叛亂與民眾

「隊伍大人」

現在的山口市市郊，從一個通稱恒富的地方，沿著遍布碎石的山路朝鑄錢司爬約三十分鐘，會抵達鎧峠。過去好像到處都是旱田與水田的樣子，因為在附近雜草叢生的地方還看得到幾處石垣。我是在昭和四十八年（一九七三）四月初探訪此處的，嚮導是當地史家石川卓美及廣田暢久兩位先生。在過度砍伐的峽谷對面是一片生意盎然的綠林，當中有株快要盛開的櫻花美麗得令人炫目。在這株櫻花樹下，有一座被三棵楊桐樹環繞的墓碑，碑上刻著「藤山佐熊源正道神靈」，兩旁是「振武隊阿武郡賀年」、「明治二歲次庚午二月九日戰死」。這是當地人口中的「隊伍大人（隊中さま）」之墓。

這個「隊伍大人」，也就是墓碑供奉的神明，是振武隊員藤山佐熊。他是出身於阿武郡嘉年村（阿東町）的農民，明治二年（一八六九）年尾到翌年所謂的脫隊騷動中，身為叛亂諸隊的一人而戰死，享年二十二歲。

諸隊叛亂

那麼，這次的脫隊騷動，即諸隊叛亂是什麼呢？

幕末時期，長州藩所組成的部隊中，除了奇兵隊、遊擊隊（亦稱遊擊軍）之外的部隊，於慶應三年（一八六七）被改編、合併（參見一〇六頁表9）。而後，這些部隊於戊辰戰爭中轉戰各地。從現在的山口縣文書館毛利家文庫的《諸隊万控》中，整理出這些部隊在各地區的出兵數及傷亡數，製成旁邊的兩張表格（參見表7、表8）。在合計四千六百三十六人的出兵數中，死傷者共計九百零二人（戰死者三百一十人、負傷者五百九十二人），約為出兵數的兩成，可以得知各部隊都被投入於第一線的戰場之上。

表7　諸隊的地域別出兵數

地方	出兵數
山陽道	1,245人
伏見	663
奥羽	650
北越	1,520
箱館	558
計	4,636人

表8　諸隊死傷者一覽

隊名	戰死	戰傷	小計
奇兵隊	74人	121人	195人
干城隊	73	89	162
第一大隊	47	94	141
振武隊	32	80	112
第四大隊	24	53	77
整武隊	23	75	98
鋭武隊	16	22	38
遊擊隊	8	17	25
第二奇兵隊	3	22	25
毛利出雲一手	3	12	15
第一砲隊	4	3	7
膺懲隊	1	4	5
第二砲隊	2	0	2
計	310人	592人	902人

（註）與表7皆依《諸隊万控》（山口縣文書館藏）作成。

明治元年十月，東北平定後不久，當時的兵庫縣知事伊藤博文建言：「趁此良機，東北凱旋之兵，改以為朝廷之常備軍隊。」軍事改革後「朝廷可親率之」。這正是一個可以把漸漸轉為「尾大之弊」（此為木戶孝允等人之言）的這股軍事力，重新編成納入成為新政府直轄軍事力量的同時，又可向海外宣耀武威的一石二鳥之策。

特別是西南雄藩的軍事力量，是這個「尾大之弊」中最大的一股勢力。長州（山口藩）的各部隊也不在話下。

明治二年九月四日，發生了當時推動兵制改革的核心人物——大村益次郎遭到暗殺的事件（於十一月五日宣告不治）。這也是脫隊騷動暴發的前兆。十月，長州藩請求點交常備兵兩千人來充作親兵譯註一，因此十一月二十七日頒布了〈諸隊改編令〉。換言之，廢除了原本的隊號，改編為第一、第二、第三、第四大隊。這是脫隊騷動的導火線。此時的〈闔藩人民告諭書〉提到這次部隊改編的真意是在於「精選」。「既稱之為精選，勢不可能無除隊者。亦不能不嚴從規則法律」。

藩方早就料到此次的「精選」可能會造成諸隊的反彈。理由是因為十一月十四日，這些部隊中的一支遊擊隊已經以「整頓（嚮導中）」為名，從士兵的立場彈劾隊上長官及幹部，提出了多達十四條的告發書。

譯註一：即禁軍，後改名為近衛兵。

表 9　慶應 3 年諸隊合併表

隊名	合併隊名	陣營
御楯隊 鴻城隊	整武隊	三田尻
八幡隊 集義隊	銳武隊	小郡
南園隊 荻野隊 （義昌隊）	振武隊	石州鄉田村
膺懲隊 南奇兵隊 （第二奇兵隊）	健武隊	岩城山

（註）依天野御民稿《諸隊編製》（山口縣文書館藏）及其他資料作成。

表 10　諸隊人員與脫隊人數

隊名	隊員數	脫隊人數
奇兵隊	556 人	255(+3) 人
整武隊	572	274(+1)
遊擊隊	346	185(+18)
振武隊	435	202
銳武隊	359	171
健武隊	261	109(+5)
計	2,529 人	1,196(+27) 人

（註）依《諸隊万控》及《脫隊人名控》（皆山口縣文書館藏）作成。其中脫隊人數中的（ ）為按《脫隊人名控》所追加。

「長官與士兵的分裂」

彈劾內容具體地提出賞罰不公、隊上長官幹部徇私舞弊並搗亂軍中秩序、部隊營運方針無視戰死者及士兵立場等等項目。木戶認為這是「長官與士兵的分裂」所導致的。

收到這份告發書的藩軍事局，根本對此不屑一顧，然後把遊擊隊全員排除在外，試圖從其他部隊中進行常備軍的精選及改編。

最初此脫隊兵之騷動，因藩廳處置失宜及各隊長駕御不當，終失其道。為此而令眾多無知之輩，遭逢如此悲慘的境遇，實乃於心不忍也。爾來幾春秋間，終始胸中往來不已，更難忘卻。

晚年，號觀樹將軍的三浦梧樓（一八四六～一九二六。陸軍中將，樞密顧問官）在《觀樹將軍回顧錄》中是這樣說的。三浦當時隸屬於奇兵隊，與其他負責官員一起成為眾矢之的。「耽於私利，仗勢欺人，偏袒不公的行徑不在少數。強迫有功負傷的老兵退伍返鄉而不顧其饑渴，實在是荒唐至極，其不義之本心實乃天理難容」（大意）。

明治二年十二月之後，奇兵、整武、遊擊、振武、銳武、建武各隊隊員，如表10有半數脫隊並發起叛亂，從山口往瀨戶內海側的三田尻、宮市逃散。「脫隊兇徒之者，總計凡千八百餘人。」是在說當時這群大部分為農商出身的士兵。「逃往三田尻者皆僅為兵卒並無長官」。

的確，叛亂各隊的要求之中，除了上述理由外，還參雜著反對西洋式兵制改革及披髮脫刀、家祿削減等保守的各項要求。在這一點上，意味這次脫隊騷動也能在另一面瞥見之後士族叛亂的開端。可是儘管如此，也無法否認在其深處藏著從普通士兵立場出發、出色的「民主性」要求。這一點與對倒幕之後掌握權力，隨即暴露出反人民性格的藩政府（維新政府）的批判是有所關聯的。

如果藩政府及維新政府的目光焦點是在「王政復古」的延伸上的話，那麼縱使這些叛亂部隊士兵們的要求參雜了士族、保守的要素，也還是與「救世」一揆的深層思想是互通的。在倒幕的過程中，這兩者有著互相重複之處，最起碼在民眾的眼中是這樣子的。

但是，倒幕一旦實現，討幕派出身的維新官僚開始察覺到自己的目標與民眾之間，有著極大的差距。

諸隊叛亂與一揆

天保以後，日本處於全國性的一揆高潮之中，但長州藩卻幾乎未曾發生帶有一揆特質的民眾暴動（含岩國領地在內共四件）。因為民眾的能量被討幕派轉為討幕的力量。但是，明治二年即將結束到第二年的時候，以歉收與米價飆漲為開端，長州藩也接二連三地爆發一揆。

明治二年十二月十八日深夜開始，美禰郡岩水村的農民起而暴動，同日，山口藩管轄下的豐前國企救郡也爆發反對庄屋不公的一揆。快到十二月晦日的時候，前大津的涉木村也處於一揆一觸即發的狀態，雖然因為代官的鎮壓而防範於未然，但周邊已經彌漫著不安的氣息。緊接著第二年的三年正月，吉田、船木的農民蜂起，而且十二日熊毛郡岩田村也跟著暴發農民一揆，還有隔天十三日，與山口藩為鄰的大森縣濱田也有一揆產生。

這些一揆站出來提出的主要訴求為減輕貢租、村吏階層的更替及廢除永役制度等。特別值得注意的是村吏階層中，各個村落的庄屋以及畔頭（位於庄屋之下，負責管轄內的年貢繳納、

圖 6　長州諸隊叛亂關係圖

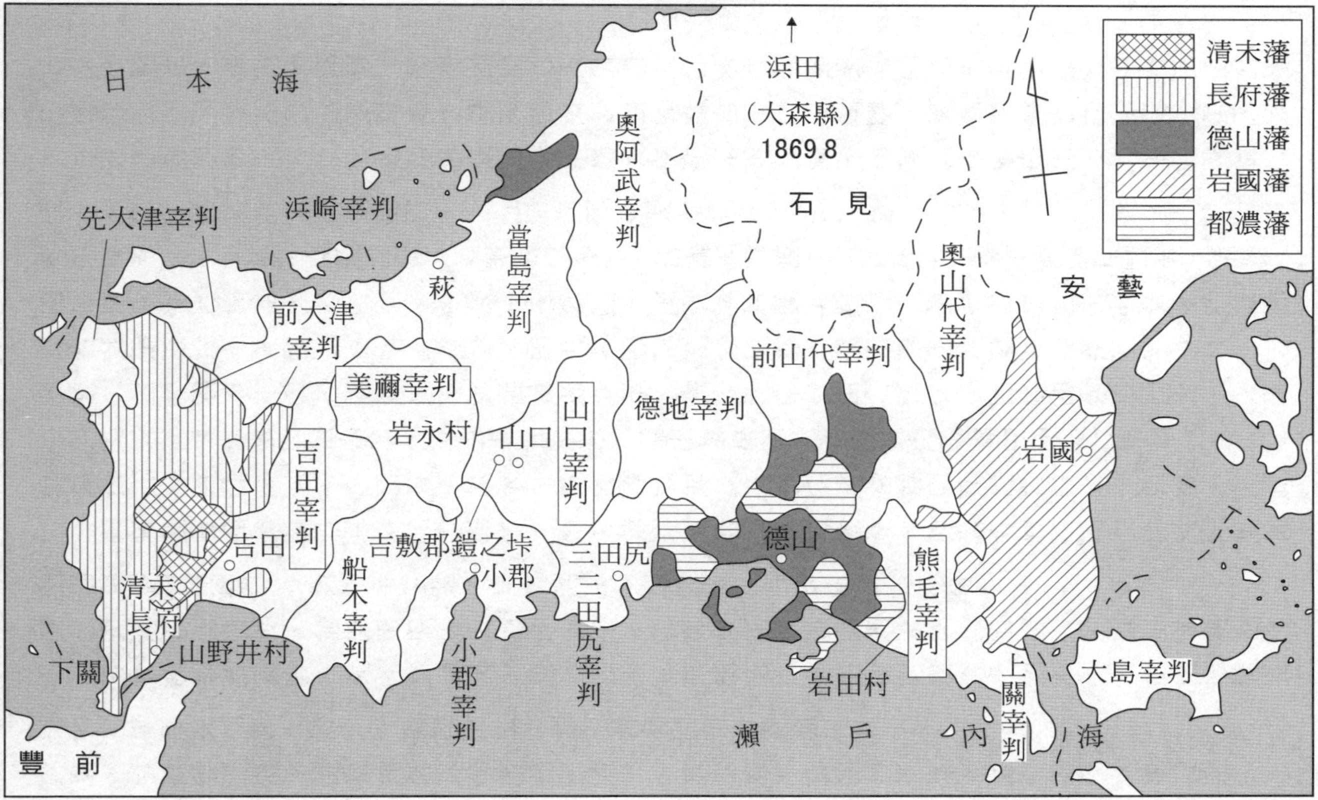

檢見、戶籍等工作。相當於幕府領地的組頭），幾乎在所有的村子都成為一揆的攻擊對象。一揆的主導權與該藩天保大一揆時相比，往下轉移到了下層農民身上。

正當諸隊叛亂與一揆的高峰期，急忙返鄉為鎮壓藩內一揆而四處奔走的木戶，遞出建議更換已失眾望的村吏，並起用熟悉民政的老手，讓農民不要遭受饑荒的建言書。這正是極度憂心諸隊叛亂會與農民一揆聯手之故。但實際上兩股勢力正在慢慢結合起來。

剛剛提到的美禰郡一揆的主導者之中，就有以前的各隊成員，而大森縣濱田的情況則是脫隊成員在「煽動指揮」。而且，加入一揆的各隊成員還打開糧倉並廉價出售稻米。或是，認為一揆農民的要求是理所當然，在主謀者還未討論出結果前，就已經由各隊中的成員來承接負責。此外，遊擊隊以下的各隊成員，說諭村政改革，提倡營業自由，對於有困難的人以一天一人米五合及銀票六十匁譯註二來作為交換。因此各個村落的民心都歸依叛亂各隊。明治三年正月，吉田宰判（宰判與郡大致相同。參見一三八頁）山野幸村的「百姓全體」的場合，涉及十四條的各項要求不是向藩，而是對奇兵隊所提出的。「常備軍騷動，山椒發芽了，不久四月鯛魚（諸隊）到。」譯註三的打油歌開始流行，人心都向著叛亂各隊。

叛亂各隊發出宣言要改革村政，一揆農民的要求不是向藩而是向各隊提出，其中的經緯是怎麼形成的呢？這是叛亂軍事力量與農民一揆的結合，是反藩廳、反政府權力的出現，是人民自立的權力。抵抗新政府、藩廳的這股人民自立的權力若能確立的話，那在這之中會誕生比隱岐的情況更為強固、擁有軍事力量的自治體制。而且，這個地方是維新官僚的出身地。

對內亂的危機感

眼見如此可怕的事態，打從維新一開始就主導該藩改革，由新政府民部大輔升遷為參議的廣澤真臣（一八三三～七一），於明治三年（一八七〇）正月，寫了一封信給人在當地的木戶，信中提到如果繼續這樣下去，防長兩國必然「終成暴動諸隊之所有」，此外，還極其憂慮會「由防長農商之動搖擴及神州一統」。這也是身處事件漩渦中的木戶的實際感覺。木戶還提到人心動搖，誠乃重大之事態，說不定會令至今的「百日之說法」化為泡影。

岩倉具視也再次寫信給大久保利通說，從防長二分之勢，難以預料會否成為「再次天下一亂之端」。建構維新政權的過程中，或許會以這次山口藩的叛亂及一揆為契機，演變成全國性的內亂，使得至今的努力完全化為烏有，對此新政府領導者們的危機感是非常深刻的。

正因為如此，所以在二月於東京、京都及以大阪為首的西日本一帶，發布了戒嚴令，並以

譯註二：一合約為零點一八公升，五合約為零點九公升。一匁約為三點七五克，十匁為一兩，一千匁為一貫。六十匁為二百二十五克。

譯註三：「鯛」與「隊」日文發音同為「tai（たい）」。

大納言德大寺實則為宣撫使派遣至當地，強制地施行徹底的鎮壓行動。

這次處刑者的情況如下方圖7所示，處刑者總計二百二十一人，特徵是其中佔百分之四十的九十人是農民。

抵抗思想的伏流

叛亂各隊及一揆就這樣子被鎮壓下來。但權力是沒辦法連民眾的內心都壓抑下去的。人們厚葬因鎮壓而死的各隊成員，對其墳墓的信仰開始散播開來。也就是所謂的「隊伍大人」。

「近來，有至吉敷郡鎧鞍部處之某墓，祈求幸福之事。初僅只三、四人也，漸至遠近皆群集於聞傳之處。這乃何事耶。」明治五年十月，縣政府發出了這樣的通告。而後，這件通告變得急躁，試著否定「隊伍大人」的信仰。

原本此墓之下所埋之物，乃是前年春天，違背國法而身受天罰報應，於此倒下之罪

圖7　諸隊叛亂處刑者

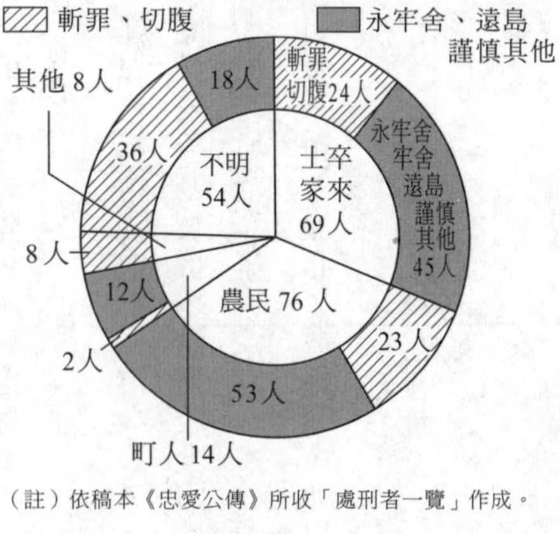

（註）依稿本《忠愛公傳》所收「處刑者一覽」作成。

人。周遭慾念深厚，心術不正者，為計得利，託言此墓，使其無垠奇怪之事巧為廣知，無智之徒承述傳說，一昧以此為真，於困惑之中，卻全然無聞有靈驗奇異。豈可如此糊塗哉。百姓宜善辨此理，勿信此等淫邪之浮言。

這個通告還說，現在已是文明開化之世，故被此等淫祠所惑，「就文明之國而言，豈有此等奇恥大辱哉」。

不經意地讀下來，還不小心誤認這是針對民間迷信，明治政府開明的啟蒙政策呢。不過，通告越是以啟蒙的言辭來對「隊伍大人」的民間信仰加以否定，就越能理解支配者對這背後潛藏的民眾抵抗思想，感受到多大的威脅感。

無視於這個縣政府通告，「隊伍大人」的信仰持續地散播開來。石川卓美的《平川文化散步》中提到：「本來這個山道不僅人潮眾多，還充塞著各地前來參拜的人們，所以道路兩旁林立著許多茶店。茶店還會印製『奉寄進 藤山佐熊元正道』的小紙旗發送給來參拜的人們，而印刷的木版被在地的小出部落傳承下來。紙旗會插在樹木的樹枝上面，據說布滿了鎧峠登山步道的左右兩側及墓前。而且，認為是發送給參拜人們的護身符的印刷木版，也在當地流傳下來。」我也在當地看到了這些東西。乍看之下是毫不特別的紙旗及護身符，但卻能在當中感受到民眾抵抗的伏流所激起的波浪。

三、民心的去向

民心的起伏與特徵

到這裡為止我們看到的「偽官軍」事件及隱岐騷動，還有諸隊叛亂等等，確實是某些地區特定條件中發生的各種事件。但是在它們的背後不可忽略的是，從倒幕過程到維新政權樹立期的這段時間內，只要時機成熟，無論何地都會捲起民心的巨大浪潮。事實上，從慶應期到明治初年的農民一揆動向，就說明了一切。

正如圖8所示，一揆數量的最大高峰是在慶應二年（一八六六），接著是明治二年（一八六九），最後是明治元年。

慶應二年的一揆浪潮與第二年的「這不挺好嗎」已經於前文討論過了。而明治元年、二年的高峰透露出政權轉換期內，民眾對「救世」的要求劇烈地撼動了權力的根基。話雖如此，但明治二年的一揆高峰代表的意義卻更為重要。

參考以土屋喬雄、小野道雄編《明治初年農民騷擾錄》（一九三一）為首，青木虹二的《明治農民騷擾的年次研究》，還有佐佐木潤之介編的《村方騷動與救世》、安丸良夫的《日本的近代化與民眾思想》等書的研究後，試著整理出明治二年前後的一揆發生狀況、訴求內容及其特質等等，大致可以發現以下的特徵。

　第一點，這個時期的一揆並非單純集中於某些特定區域發生的。雖然多少有些分散，但是是從東北遠至九州為止的全國性暴發。並且由於開港導致的經濟影響年年加劇，矛盾也比慶應時期來得更為龐大。

圖8　慶應、明治初年農民一揆件數

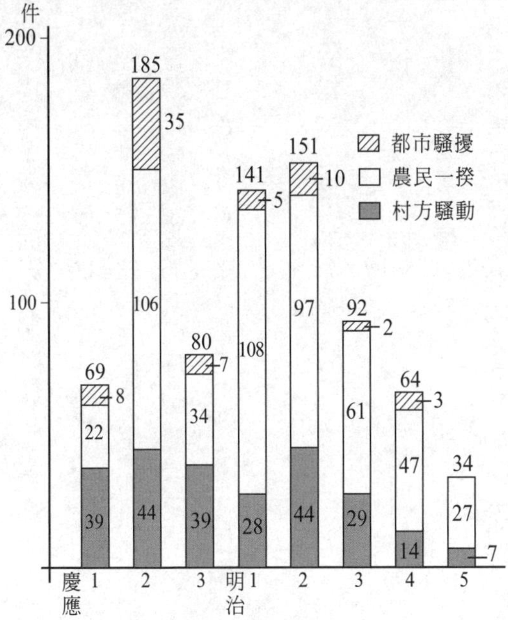

（註）依青木虹二《百姓一揆総合年表》作成。

　然後在這裡可以發現下述的第二特徵。

　換言之，當中會發現反對包含貢租減免等在內的掠奪，還有當下歉收、米價飆漲等所導致的生活窮困，這些經濟上的訴求；以及，伴隨政權更替而來政治上的混亂缺口，從中爆發出人們出色的政治訴求。一揆提出的訴求內容就是揉合了這兩個層面。

　規範這些「救世」一揆的基本矛盾，仍深植於幕藩領主階層與農民階層之間。因此，單就對抗權力的情況就像隱岐騷動那樣，是村吏（庄屋）階層與一般農民一起站出來反抗。不過，儘管如此，這個時間點上的一揆還是與下面第三個特徵互相重合。

也就是說，這個時期一揆的主體在農村的是貧農，以及那些不得不離開土地的人們，在都市及其周邊的是社會下層的貧民階層。所以村吏階層及富商才會遭到嚴苛的攻擊。不，明治四年廢藩置縣不久後發生的武一騷動（廣島縣）之中，一揆還高喊著「聽說庄屋等人全是太政官爪牙」。由於衍生出來的矛盾的蔓延，被支配階層內部的對立也在持續激化之中。

支持率三成的新政府

之後，出現了第四個，對維新政權而言是決定的特徵。這個特徵是人們現在已經開始察覺「御一新」到底是什麼了。

過去舊幕府軍在鳥羽伏見之戰中敗退的時候，親眼見到此等光景的畿內大阪近郊的農民們，馬上就背棄了領主。當時，河內國古市郡新町村（大阪府羽曳野市廣瀨）地區的代官鹽野兵太夫對這轉眼間的世態炎涼，扼腕地說：「誠乃薄情寡義之徒。」但在此過後僅僅一年有餘的明治二年十二月的時候，民心再次發生巨變。

「洞察近來之事，天下之人望與前迴異，雖為路旁浮言，但一聽聞王政不及幕政，薩長劣於德川家等等，誠乃憤懣之至。」這是各部隊呈給山口藩的建言書中的一節，但可以得知在比較王政及幕政、薩長及德川家後，民眾對新政權的嚴厲批判。「路旁浮言」，也就是說，正因這是於道路兩旁的竊竊私語，才道出了民心的真實面。人們已經開始背離新政府了。

明治三年六月的某個調查文件中，彷彿在佐證地報告說：「現在的政治情勢讓人深覺政府的治理是靠不住的，連貧民們的生活都過不下去。現在覺得舊幕府政績比較好的有七成，剩下的三成只是認為御一新的施政方針不錯而已。（大意）」新政府的支持率僅有百分之三十而已。

宇和島藩在明治三年春天，於宇和郡奧野鄉（舊野村、山奧兩組）一帶暴發了約一萬五千人的農民野村騷動，而這裡的農民尖酸刻薄地用「日本三天下，一橋（德川慶喜）重出之天下，太政官辭職的天下，薩長撤退的天下。」一來諷刺維新政府。

島崎藤村的《天亮之前（夜明け前）》第二部的明治六年五月十三日一節中，主人公青山半藏回想起明治元年初，新政府軍由西進入東山道朝木曾街道前進的事情。青山對於當時高喊尊重民意的新政府，與現在新政府之間態度落差之大的情形，有著發起牢騷說「御一新就是在說這種狀況嗎」的場景。島崎用半藏的這一句話，總括了天亮之後的黑暗。

青山半藏是在木曾馬龍兼任本陣**譯註四**、批發商、庄屋三個職務的富農豪商，即村落支配者的其中一人。連這個半藏都表明對新政府的絕望感。這樣看來，對更下層的農民們而言，維新就更加黑暗了。

譯註四：江戶時代的旅館之中被指定為大名、旗本、幕府官員、敕使等人士使用的投宿場所稱為本陣。

百姓五郎作的下場

接著來看以明治二年飛驒的高山一揆（梅村騷動）為主題的江馬修的著作《山之民》的結尾。

身為該地一揆領導者而活躍的百姓五郎作是村落中的紅人，不論老少都敬愛的豪俠。過去的他有感於新政府的〈年貢減半令〉及減稅政策，興奮莫名地讚頌天朝，認為難得的好日子終於到來，百姓一揆及唐丸籠（一種戴在罪犯頭上的竹籠）等人也可以和過去一樣地閒話家常了。然而，在當他被逮捕的時候仍說：「洒家這種身無分文的困苦農民，就像是臭蟲一樣，那些不得不對天朝大人隱瞞的事情，還有什麼違背天地良心的勾當都嘛幹過。所以啊，不管到了多麼偉大的大人面前，一見到膽子就大了。那麼，洒家就好生好樣地去嚕。」這位百姓五郎作的結局，小說中以下面的描寫來完結。

在那之後就沒了五郎作的消息。雖然也有好像被關在東京的牢房裡頭的傳聞，但實際上怎樣卻不清楚。兩年即將過去，秋天某日，廣瀨村的弥助那裡（現在他也結婚了）收到了高山衙門來的傳票。所以依照慣例弥助與村吏一同急忙趕往衙門去，到了那馬上就被帶進評定所。然後從一名官員拿到說是五郎作的遺物，一件已經完全皺巴巴的手織木棉袷衣，到處都是補丁的股引譯註五，還有簡直就像細繩的細腰帶總共三件。這些的確是在押解配送時，五郎作身上穿的東西。好像說是在東京過世的，但詳細情形不清楚。但是，因為沒聽說有被處刑，所以大概是死於獄中吧。

這樣說來，火方的安右衛門也是死於獄中。同樣地增造、宮田村房吉也是死於獄中。死於獄中多半是他們共同的命運。（文中括號內為原文。北溟社版）

可以說五郎作的這種命運，是難以留名於維新史上的庶民所踏上，不，是被迫踏上的道路。而以這種「救世」層面的志向為基礎，在此之上重層地供應反政府能量的是這批「脫籍浮浪之徒」。

脫籍浮浪之徒

那麼「脫籍浮浪之徒」是什麼呢？明治元年（一八六八）八月四日的布告是這樣說的：

近年有志之輩，由天下形勢不可已之處，每每脫離藩籍，周流四方，唱義殉難，一變數百年偷惰之風，大大地維持國家之命脈，今日，際會朝廷御復古之運，自資其唱首之力而不鮮。

譯註五：「袷」是指縫有內裏的衣著。「股引」是從腰一直延伸至腳踝，稍微有點貼身的長褲。

換言之，他們是一群正值維新的動盪期，脫藩後奔走天下提倡大義，以身殉難維持國家命脈，為實現「王政復古」灌注不少力量的人物。就因為這樣，現在正面臨該如何統御他們，將其能量維繫在新政府手中的棘手難題。新政權極度警戒他們與日趨憤懣的民心連手，開始領導這股「救世」一揆的能量。

對他們的嚴格取締命令早已於明治元年三月四日頒布。不，在這前一天，草莽浪士的相樂總三已經被處決了。

而在剛剛的〈取締令〉可以看到浮浪之徒脫籍的原因，總之就是塞言路及政令之不行。從這個取締令算起剛好十天後，〈五箇條的誓文〉中第一條就是在提倡「廣興會議，萬機決於公論」。除了先前談到這條誓文時提過的理由外，不能漏掉當中還潛藏著對這批「脫籍浮浪之徒」深刻的政治考量（同時，五榜揭示當中有禁止脫籍浮浪化）。

正是現在必須以「朝政一新，萬機 御親裁」之名，讓他們各自回歸舊籍。脫籍及浮浪化可是具有「大大地相背於御政體」的理由。而復籍令是剛剛引用的八月四日的布告。關於這點藤田省三在其著作《天皇制國家的支配原理》中指出：「倒幕能量的組織化是透過回歸舊籍來達成，關於這點表現出維新的非革命性質。（傍點原文）」若不這樣做，就沒辦法迴避這些「脫籍浮浪之徒」新醞釀的危機了。

當時，岩倉具視在其〈御沙汰書草案〉（明治二年）中提到「脫籍浮浪之徒」自以為尊，四處高談議論，「假公濟私」地妨礙朝政，煽動人心，「或受會津賊殘黨等之勸誘乃成浮浪之徒，而天下落魄者亦如此哉之狀，此乃誤解之至。」

否定「王政復古」的理念

岩倉的這股憂慮，並非單純的杞人憂天。岩倉在剛剛的〈草案〉中寫到該年四月，有人以「報國義烈士」之名，朝江戶小石川地區發出「經王政復古後，未見維新之美政」的檄文。檄文中有下面這樣的一節：

當今王政，非出真英傑之人主而行王政，唯強藩之好士，為利己身而設之故也。今夫欲天下治平，更不可不一變天下，因我輩起治世安民之大舉兵，剿除滿天下之奸邪，選舉賢明之士為日本君主，建公正至當之善政，四方四隅之人民無一人窮乏，一人亦無苦無憂，欲為昇平鼓腹夜不鎖戶之世。苟與我等同意之諸君子，乃可否合同商議義舉之大事者也。（藤井甚太郎、森谷秀亮《綜合日本史大系第十二卷明治時代史》所引）

這裡連新政府正當化的原理「王政復古」都予以否定，很清楚地主張「治世安民之大舉兵」，並以選舉決定「日本之君主」來實現共和制的理想。

然後，要據此實現無一貧民的萬民和平之世，還提到參加、協議此等「義舉」。會令人想起那封慶應二年（一八六六）八月，同樣是在小石川的捨訴（參見第二六～八頁）。

第二年明治三年九月筋違橋的投書，也是以「日本國仁者」之名，批判「在朝之賊史」及「暴政」使得士民受塗炭之苦一事是「不屆至極」。並要舉「義兵」來「掃除」東京城及諸府藩縣，施行全新的「仁政」（同上）。

現實上，這樣的造反並未發生。但是最起碼由於「脫籍浮浪之徒」與一揆連手，近似武裝造反的攻擊矛頭朝向了新政府是事實。明治五年（一八七二）四月，以徵收信濃川溝渠建設費用為開端的新潟縣蒲原郡的一揆，主謀者認定是舊會津藩士渡邊悌助（史料亦能見到貞助、悌輔之名），一揆的領袖們也多半攜帶刀槍。

他們揮舞著左方圖片那樣的旗幟，聚集了多達三萬人的農民。在此打著天照皇大神招牌的「復古」是要恢復德川家，現在的新政府則成了阻礙此一目的的奸賊，而被當成朝敵看待。

新潟縣蒲原郡的一揆中使用的旗圖，圖版取自《新聞雜誌》

多重的危機

這樣子看下來，可以瞭解「救世」的能量在最底層，而草莽及「脫籍浮浪之徒」的政治不信任感及不滿則是堆疊在上面。新政府確實面臨這種多重的危機。而且因為他們還開始相互結合在一起，所以危機變得更為嚴重了。

然而這個時期如表11所示，各地接連地爆發「脫籍浮浪之徒」主導的政府高官暗殺行動及顛覆政府的運動。

這樣一來，危機中最為流動且指導性的部分，也就是「脫籍浮浪之徒」，政府打從一開始就十分地關注這票人物，還不停地發布取締令，必須說這是有充分理由的。新政府加緊推動戶籍編成的理由之一也在於此。不，甚至是可以當成是「說是為了『脫籍無產之徒的取締』，才開始編立明治初期的戶籍亦無不可」（山主政幸〈明治戶籍法的一機能〉）。

維新官僚要用怎樣的支配理論來克服這樣的國內危機局勢，並且如何地加速形成統一國家呢？請繼續看下一章。

表11　明治初年士族的反政府行動

明治2年1月 （1869）　春 9月 11月	參與橫井小楠遭暗殺 久留米、熊本藩士等蠢動 兵部大輔大村益次郎遭襲擊（11月死亡） 長州藩諸隊叛亂（參照本文）
明治3年4月 （1870）8月 10月	米澤藩士雲井龍雄等陰謀發覺 岡崎恭助等襲擊東京計畫 日田縣下的蠢動（大樂源太郎等）
明治4年1月 （1871）2月 3月	參議廣澤真臣遭暗殺 久留米藩大參事水野正名等蠢動 愛宕通旭事件
明治5年4月 （1872）5月	新潟縣蒲原郡一揆（參照本文） 熊本士族蠢動

第四章

統一國家的形成（一）

——支配的思想

一、維新政權

過渡期中的過渡政權

到目前為止我們把幕府崩壞後的政權，稱為新政府或是維新政權，是為了要與明治四年（一八七一）七月廢藩置縣後的明治政府作區分。

這是因為即使位於幕藩體制頂點的幕府被廢除了，但地方仍和以往一樣保持著藩體制。新政府把舊幕府的領地及其家臣的領地納為直轄地，一開始設立了鎮台（參見第一七八～九頁）、裁判所（參見第一三七～八頁及表14），接著將該地改為府、縣（府是幕府的城代、所司代、奉行的支配地，也就是除了東京、京都、大阪外，還設置於神奈川、奈良、長崎、箱館、越後、度會、甲斐等地。二年七月，除了東京以下三府，其餘皆改為縣）。此外，從戊辰戰爭中反抗的東北諸藩那裡沒收來的領地（參見次頁表12）也一併置縣。被稱為一般常說的府、藩、縣三治制。

這個三治制是新政府想透過一面引進歐美制度，一面導入中國郡縣制來嘗試中央集權化，而藩在這過程中就暫且擱置一旁。早在幕末時，幕府就企圖採用郡縣思想。根據越前藩士中根雪江的《丁卯日記》（慶應三年十一月二十七日條），德川慶喜也想效法英國，下定決心地說：

「公議之上，若非郡縣，強國難相成。」

因此，維新政權以天皇政府取代舊幕府的位置，由主導倒幕的西南雄藩出身的人（主要為討幕派）掌握實權，只能說這是邁向嶄新統一國家過渡期中的過渡政權罷了。

原本幕藩體制是以幕府為頂點的金字塔體制。體制中，幕府與藩應該是難以割裂並緊密結合在一起的。《明治維新研究史論》的作者下山三郎認為，幕府發揮了「領主權全體神經中樞」的機能（〈近代天皇制研究的意義與方法〉）。而推翻幕府的行為使得神經中樞消失後，到底會變成怎樣呢？

為了說明這個問題，必須重新審視幕末的幕藩體制構造。

表 12　東北諸藩沒收地一覽（總計 880,800 石）

藩主、藩名	舊高（石）	削封高（石）	新高（石）
伊達慶邦（仙台）	625,600	345,600	280,000
松平容保（會津）	230,000	200,000	30,000
南部利剛（盛岡）	200,000	70,000	130,000
丹羽長國（二本松）	100,700	50,700	50,000
酒井忠篤（庄內）	170,000	50,000	120,000
牧野忠訓（長岡）	74,000	50,000	24,000
阿部正靜（白河）	100,000	40,000	60,000
上杉齊憲（米澤）	180,000	40,000	140,000
久世廣文（關宿）	58,000	5,000	53,000
松平信庸（上之山）	30,000	3,000	27,000
田村邦榮（一關）	30,000	3,000	27,000
久井忠良（松山）	25,000	2,500	22,500
板倉勝尚（福島）	30,000	2,000	28,000
本多忠紀（泉）	20,000	2,000	18,000
織田信敏（天童）	20,000	2,000	18,000
岩城隆邦（龜田）	20,000	2,000	18,000
內田政養（湯長谷）	15,000	1,000	14,000
南部信民（八戶）	11,384	1,000	10,384
水野勝知（結城）	18,000	1,000	17,000
林　忠崇（請西）	10,000	10,000	

公武合體體制

近世中期以後，伴隨生產力的提升，商品化產物的流通也跨越了各藩疆界。以此為基幹，幕末的幕藩體制逐漸發生變化。特別是被稱之為開國的世界資本主義衝擊，以及被此吞噬而崩解的鎖國體制之間的矛盾，以各種不同的形式表面化。

幕藩關係的改變也是其中之一，注意到這點的大久保利謙大致上區分成到此之前的體制，與幕閣阿部正弘以後的幕末階段，並稱呼後者為「公武合體體制」。該體制具有以下三個特徵：

(1)「公武合體體制」是朝廷（公）—幕府（武）—諸雄藩（武）三方勢力權力平衡（Balance of power）的表現。所以幕末的政局是朝這種平衡的推移，乃至於質的變動過程。

(2)以往的幕藩政治是，居於幕府頂點的將軍—各大名的上下實力關係，但相較於此，幕末的體制則是三股勢力的橫向關係。

(3)因此，這個體制是藉著幕府放棄獨裁地位，並與其他勢力建立橫向聯繫，朝聯合政權的方向邁進，其手段就是合議制的政治體制。（大久保利謙〈幕末政治與政權委任問題〉）

但是在這個情況下，規範朝廷、幕府、諸雄藩三方勢力之間實力關係的條件和現實情形並不一定相同。幕府以長達兩個半世紀的支配實力及傳統為背景，不過也因為這樣，機構的僵硬化與內部產生的巨大矛盾，使得幕府呈現出逐漸衰弱的現象。相對與此，薩長為首的雄藩，以天保以來的藩政改革及克服內部黨爭為基礎，累積實力而逐漸抬頭。不過還未到能以各自的力量與幕府相抗衡的地步。趨勢上，諸雄藩只能採取「同盟」或是「盟約」的聯合形態，來試著與幕府對抗。慶應二年（一八六六）一月的薩長聯合就是典型代表。

天皇（朝廷）不管在經濟上還是政治上，都完全沒有像樣的實力。德川幕府才是完全的支配者。然而當出現了遠遠超過幕府能力所及的外來壓力時，由一部分儒者、神道家及國學家準備好，「所謂架空的委任論」便衍生出了政權歸還論。這個委任論及歸還論持續地動盪政局，並且在明治維新及其引發的近代日本國家與天皇制的問題上，「解決了相當多的疑惑」。日本近世思想史家松浦玲極力主張這點（《對日本人來說，天皇究竟為何？》）。換句話說，以外來壓力為契機來實現政權委任論。然後一旦實現，天皇就能以比幕府更古老且地位更高的傳統權威，開始發揮政治上的機能。

正因為以往是沒有力量且透明無色的存在，所以這層傳統權威的外衣，剛好能夠滿足人們對絕對性的幻想。而這身打扮的象徵，企圖對抗幕府的諸雄藩當然不可能放過。所以幕府以及諸雄藩為了要將自己的行為正當化，彼此搶著要與這個象徵結成一體。

以開國為契機而無關天皇意願的政治化至此發軔，幕末的公武合體運動就此展開。

木戶孝允於明治元年（一八六八）十月寫給同鄉的長州藩士野村素介（右仲）的信中，畫有像次頁「甲圖」那樣的圖案，信中還嘆氣地說：「各藩希望各自的山頭更為高聳的想法，讓

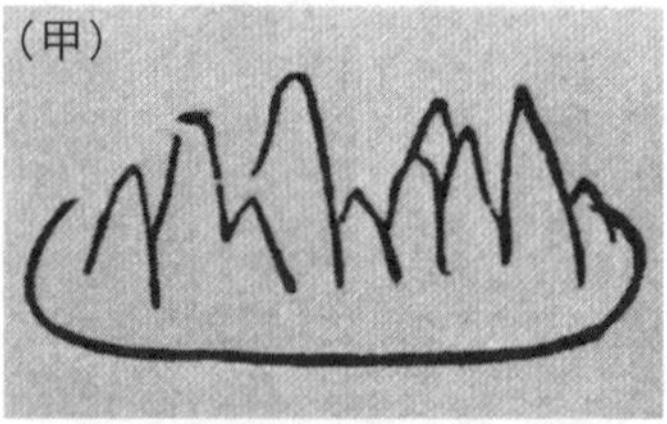

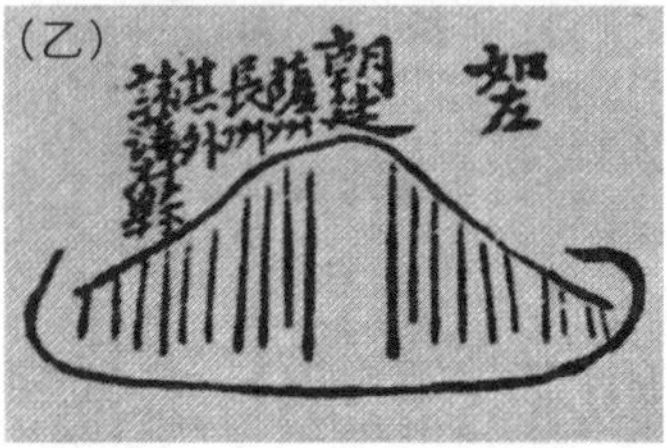

山之圖（甲、乙）出自《木戶書簡》。乙圖以朝廷為頂點，薩長、諸藩府縣形成山腰

我十分憂慮『皇國一致』這件事。」然後畫了「乙圖」，繼續說到，「皇國」能像這樣以朝廷為基本，「各自依序成為臂膀」，合為一體齊力維持國家的話，「五州強大之類，終不足懼」。

事實上這裡看到的「乙圖」，也能看成是受到之前一直提到的所謂「橫向關係」的規範，從原本金字塔轉型而成的「公武合體體制」的模樣。

朝藩體制

這樣看來，在幕末時期，幕府早已喪失幕藩體制神經中樞的機能，頂多只能說是擁有龐大天領（幕府直轄領地）的最大藩罷了。不，連這龐大的天領也因為領地的分散及入組支配譯註一，還有當地暴發的一揆及暴動等等，現實上已經沒有與其石高譯註二相符的力量了，反而是這些因素逐漸抵銷了幕府的整體力量。然後，透過「同盟」、「盟約」的聯合形式推翻幕府的西南雄藩，從他們力量的均衡狀態來看，不管是哪一個藩都不可能成為盟主，因此只好把之前當作大義名分而搬出來的天皇（朝廷），擁戴成為自己的領袖。木戶的「乙圖」就是在說這個，也就是我口中的維新政權。《地租改正》的作者福島正夫在書中將這個命名為「朝藩體制」，並以下面的內容來說明：

其政治、實質上的基礎，特別在初期，是薩長土等西南雄藩的聯合權力，他們主導體制並令其他十數藩服從體制，組成大家口中的官軍。財政的基礎，根本上來說，是繼承了幕府的資金、物資以及直轄領（天領），再加上從佐幕各藩接收而來的領地。朝藩體制就是在稱呼以天皇為核心的府藩縣三治一體的組織。為了統治以京都、江戶為首的各國舊天領，設置府縣且在當地派任地方官，並要求各藩就這樣地服從朝廷政權的全盤統轄。但對各藩的統制是逐漸地強化。雖然藩的體制一開始與原本的一模一樣，但其內部的自主性改革還是依序在進行。

這個「朝藩體制」，即所謂的維新政權，被懷有「救世」抱負的民眾激烈的一揆、暴動所揭穿，背離了民心，並且還面臨「脫籍浮浪之徒」主導的高官暗殺以及反政府運動，甚至是以雙方聯手的形式而產生的多重危機，這些我們在前面都已經知道了。

譯註一：入組支配是德川幕府將同一塊區域像旗盤式的交錯地分封給不同的大名、旗本等，藉此來弱化各藩對領地的控制力，進而增加幕府的支配力。

譯註二：表示土地的稻米公定收穫量，為租稅賦役的課徵基準，也用來表示大名及武士的俸祿額度。

維新官僚

在這種情勢之下，握有這個維新政權實權的人，我稱之為維新官僚。

那麼，所謂的維新官僚是什麼呢？

第一，他們的高層是由出身薩長土肥（西南雄藩）的人所佔據。他們實質上負責並領導維新政權。

第二，他們的一隻腳在出身藩，仍是該藩藩士；另一隻腳卻跨足天皇政府，是以朝臣的身分持續升遷的脫藩士（並非脫藩的武士）。他們在自己的名字前面加上氏及姓（譬如三條是藤原朝臣實美，岩倉是源朝臣具視，大隈是菅原朝臣重信，伊藤是越智宿禰博文等。）譯註三，但這並不是單純因「王政復古」而來的朝臣意識的表現，而是實際上想藉此打亂舊幕藩體制中的藩主—藩士階級價值秩序。

第三，這個時間點還沒有確立行政機構，所以他們自己一邊創立行政機構一邊予以領導，也就是政治家與行政官僚之間尚未分化的狀態。最後第四點，是在確立行政機構的錯誤嘗試之中，他們選拔才識過人者到中央來，並只對符合他們需求的人才來進行人為的職務安排。

現在我們來稍微看一下點出第四點的過程吧。依據慶應三年（一八六七）十二月九日的〈王政復古的大號令〉，當初的勢力安排是採取尾越藝土薩的五藩勢力與公家勢力的聯合形式，但來年明治元年一月十七日的三職七科制、二月三日的三職八局制，以及閏四月二十一日的《政體書》等令人眼花撩亂的官制改革中，以薩長土肥為中心的藩士階層的晉升特別引人注目。「無定員」的徵士以及規定大藩（四十萬石以上）三人、中藩（十萬石以上）二人、小藩（九萬石以下）一人的貢士制度，是吸收人才到中央的管道，而僅僅五個月之間三度反覆推行官制改革（參見一三四～五頁的表13）則是創立集權官僚機構時的錯誤性嘗試，同時人事更迭也是其意圖之一。因此，每當官制一更動，負責人就被替換，公卿及藩主階層漸漸地被排除在外。只有具有維新官僚能力的人被留下，最後政權的主導權就落入了這群維新官僚手中。

這不就能夠說明這個維新官僚的支配理論究竟怎麼來的了嗎。

譯註三：「氏」是指具有血緣關係的氏族，如藤原氏、菅原氏。「姓」是依照氏族的政治社會地位而賦予的位階，如朝臣、宿彌等。

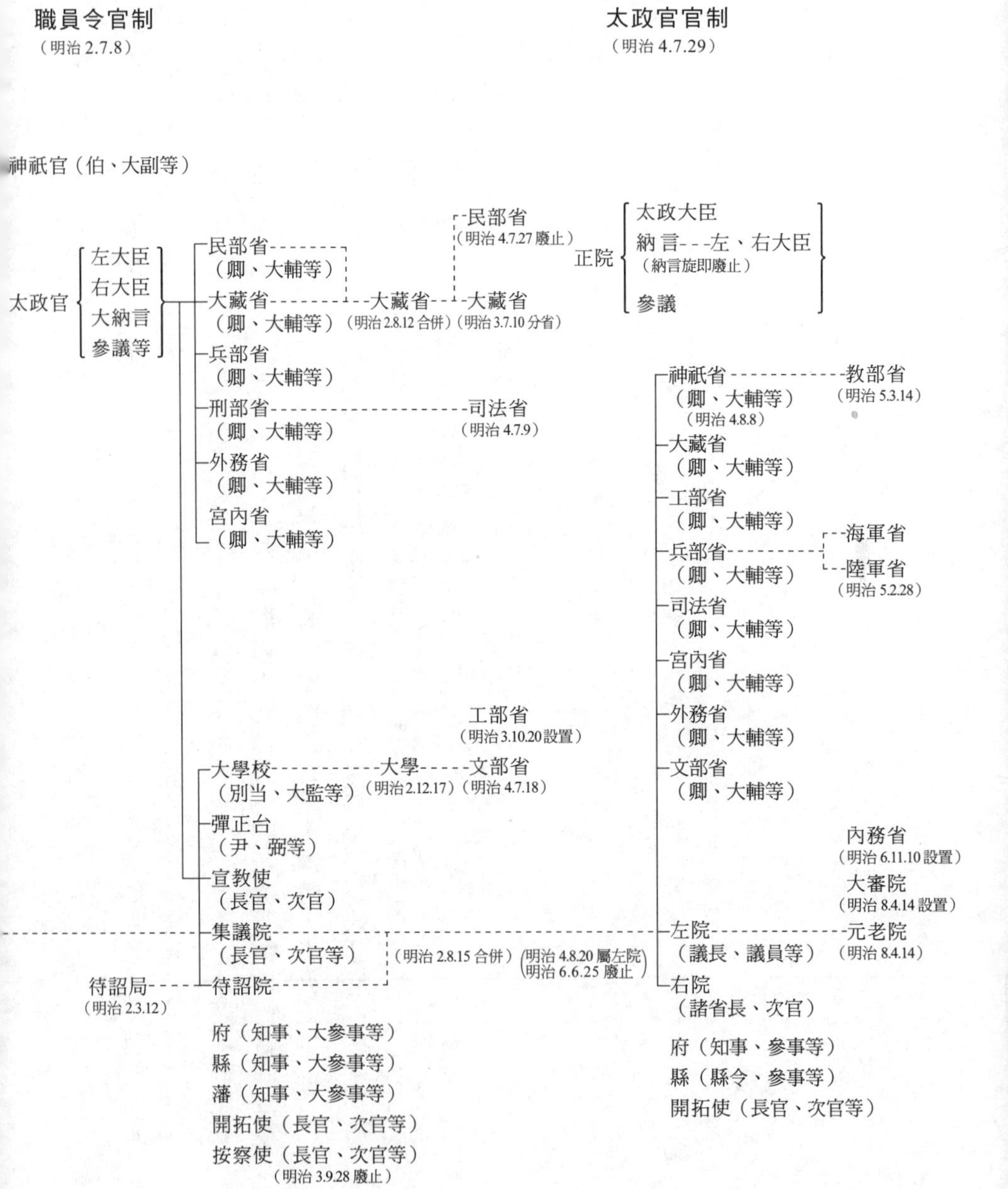
職員令官制
（明治 2.7.8）
太政官官制
（明治 4.7.29）
神祇官（伯、大副等）
太政官
左大臣
右大臣
大納言
參議等
民部省
（卿、大輔等）
大藏省
（卿、大輔等）
大藏省
（明治 2.8.12 合併）
民部省
（明治 4.7.27 廢止）
大藏省
（明治 3.7.10 分省）
兵部省
（卿、大輔等）
刑部省
（卿、大輔等）
司法省
（明治 4.7.9）
外務省
（卿、大輔等）
宮內省
（卿、大輔等）
工部省
（明治 3.10.20 設置）
大學校
（別当、大監等）
大學
（明治 2.12.17）
文部省
（明治 4.7.18）
彈正台
（尹、弼等）
宣教使
（長官、次官）
集議院
（長官、次官等）
待詔院
待詔局
（明治 2.3.12）
（明治 2.8.15 合併）
明治 4.8.20 屬左院
明治 6.6.25 廢止
府（知事、大參事等）
縣（知事、大參事等）
藩（知事、大參事等）
開拓使（長官、次官等）
按察使（長官、次官等）
（明治 3.9.28 廢止）
正院
太政大臣
納言－－－左、右大臣
（納言旋即廢止）
參議
神祇省
（卿、大輔等）
（明治 4.8.8）
教部省
（明治 5.3.14）
大藏省
（卿、大輔等）
工部省
（卿、大輔等）
兵部省
（卿、大輔等）
海軍省
陸軍省
（明治 5.2.28）
司法省
（卿、大輔等）
宮內省
（卿、大輔等）
外務省
（卿、大輔等）
文部省
（卿、大輔等）
內務省
（明治 6.11.10 設置）
大審院
（明治 8.4.14 設置）
左院
（議長、議員等）
元老院
（明治 8.4.14）
右院
（諸省長、次官）
府（知事、參事等）
縣（縣令、參事等）
開拓使（長官、次官等）

表 13　明治初年的官制變遷一覽表

三職七科制
（明治元 .1.17）

- 三職
  - 總裁
  - 議定
  - 參與
- 七科
  - 神祇事務科（事務總督、事務掛）
  - 內國事務科（事務總督、事務掛）
  - 外國事務科（事務總督、事務掛）
  - 海陸事務科（事務總督、事務掛）
  - 會計事務科（事務總督、事務掛）
  - 刑法事務科（事務總督、事務掛）
  - 制度事務科（事務總督、事務掛）

三職八局制
（明治元 .2.3）

- 三職
  - 總裁
  - 議定
  - 參與
- 八局
  - 總裁局（總裁、副總裁、輔弼、總裁局顧問、弁事）
  - 神祇事務局（督、輔、判事）
  - 內國事務局（督、輔、判事）
  - 外國事務局（督、輔、判事）
  - 軍防事務局（督、輔、判事）
  - 會計事務局（督、輔、判事）
  - 刑法事務局（督、輔、判事）
  - 制度事務局（督、輔、判事）

政體書官制
（明治元 . 閏 4.21）

- 立法—議政官
  - 上局（議定、參與）
  - 下局（議長、議員）- - - 公議所-（明治 1.12.6 設置
- 行政
  - 行政官（輔相、弁事、史官等）
  - 會計官（知官事、副知官事等）
  - 神祇官（知官事、副知官事等）
  - 軍務官（知官事、副知官事等）
  - 外國官（知官事、副知官事等）
  - 刑法官（知官事、副知官事等）
  - 民部官（知官事、副知官事等）（明治 2.4.8 設置）
- 司法—刑法官（知官事、副知官事等）

府（知府事、判府事）
縣（知縣事、判縣事）
藩（　諸　　侯　）

二、天皇與公議

長崎會議所

明治元年一月十四日，長崎奉行河津伊豆守祐邦趁著黑夜，逃亡到停泊在長崎的英國籍船隻上，這是因為幕府遭到推翻，而長崎奉行所也沒辦法繼續維持下去。據說當時他身著洋服腳踩皮靴，西裝褲上的口袋還藏有一把手槍。這是一幅幕藩體制下，也是通往世界之窗的國際都市——長崎，具有他末代奉行風格的逃亡繪畫。

隔天，長崎奉行所變更成為長崎會議所。這是在長崎的各藩代表藩士（聞役）及長崎的地役人（當地的町年寄。譯註四）的協商機構，並以會議制開始運作，置於長崎的西衙門內。奉行意圖捲款潛逃的兩萬兩被扣押，而奉行所直轄的遊擊隊（日後為振遠隊）也納入會議所管下。參加會議所的各藩有薩州、長州、土佐、藝州、大村、宇和島、對州、加賀、柳川、越前、久留米、肥後、筑前、肥前、平戶、五島共十六藩（根據史料不同會出現若干差異），並以土佐的佐佐木高行（一八三〇～一九一〇。當時名為三四郎）以及薩摩的松方正義（一八三五～一九二四）為領袖。

以下的內容，是晚年佐佐木有些自賣自誇的話。

表面上會議原本應該是要各藩士交替出勤，但事實上絕非如此。我自己如果稍為一兩次沒有每天出席的話，會議所的事情就沒辦法處理完畢了。然而，若是所有事情都能在與松方商定後就解決的話，那就太好了。汾陽（治郎右衛門，薩摩出身）、楠本（平之允，之後的正隆。大村出身）、揚井謙藏（長州）、石津（藏六，安藝出身）、井關（齋右衛門，宇和島出身）等人因為是同志，所以也會一起商量，而其他的人不特地商量也無所謂。所以只要是我缺席的情況，大家都會到我住宿的地方來。哎呀，這狀況說起來不就像是盟主的樣子嘛。（日本史籍協會 編《勤王秘史佐佐木老侯昔日談》）

會議所到市內發放米五千石及金八千兩來安撫民心。這個會議所不僅鎮撫長崎，還以接收日田、天草等九州一帶的舊幕領地為目標。另外還負責處理與在長崎的英國、美國、法國、比利時、普魯士、葡萄牙及其他各國領事的交涉。

長崎裁判所

長崎會議所在下個月二月十五日九州鎮撫總督澤宣嘉到任設置長崎裁判所前，持續運作了剛好一個月的時間。裁判所在維新剛開始時，是對地方的直轄地行政官廳的稱呼。原本長州的

譯註四：「聞役」：中國地方及九州各藩設立於長崎的官職，負責長崎奉行與本藩之間的聯繫。「地役人」：奉行、郡代、代官等於任職地聘任的官員。「町年寄」：掌管町政的首席町官員。

行政規畫是稱作宰判（也寫作裁判，為代官的管轄範圍，大致與郡相同），不過看樣子還是以新政府當初對各地直轄地行政官廳的稱呼來命名。

長崎裁判所在設置的同時也進行人才的錄用，九州鎮撫總督參謀井上馨（一八三五～一九一五。通稱聞多）成為裁判所參謀，佐佐木高行為其助理。參謀以下的官職及姓名如下表14所示，列出了會議所主要成員姓名。所以，這個長崎裁判所是「從中央派遣公卿（澤宣嘉）作為總督赴任的京都政府支廳，但實質上是以幕末維新時期的地方諸藩聯合體（核心是土佐、薩摩，加上肥前、筑前、大村藩等）為基礎的地方政權。」並且「相較於東京的鎮將府是東日本政府，九州鎮撫總督、長崎裁判所則是實質上的西日本政府。」（大久保利謙 監修《明治維新與九州》）。

五月四日，長崎裁判所改制為長崎府，此時任命大隈重信（八太郎）為長崎府判事兼外國判事。

表14　長崎裁判所役職、氏名

役職	氏名（藩）	役職	氏名（藩）
總督	澤宣嘉（公卿）	御料所取調掛	野村要助（土佐）
參謀	井上聞多（長州）	〃	長谷川範藏（筑前）
〃	町田民部（薩摩）	諸向取調御用	岡田實明
判事（參謀）	野村盛秀（〃）	御料所取調掛	加屋榮太
〃（參謀助役）	佐佐木三四郎（土佐）	御料所御用掛	古賀一平（肥前）
參謀助役	松方助左衛門（薩摩）	神社取調掛	坂田諸遠
〃	大隈八太郎（肥前）	運上所掛	中野剛太郎（肥前）
〃	揚井謙藏（長州）	御料所御用懸	中川栖山（土佐）
權判事	吉井源馬（土佐）	諸向取調掛	深澤南八郎
參謀助役	楠本平之丞（大村）	〃	菅野覺兵衛（土佐）
兵隊御用掛	石田榮吉（土佐）	學局督學教授	丸山作樂（島原）
〃	光田三郎（長州）	御料所取調掛	長岡新太郎（大村）
御料所取調掛	福田與（大村）	〃	渡邊昇（〃）

（註）依《佐賀縣史》下卷作成

公議輿論與制度

以上的過程雖然是地方層級的規模，但在幕府垮台後到新政權的過渡期內，卻是大致上表現出權力機關會採取怎樣形態的一個樣本。不對，應該也可以說是如果沒有像這樣子的諸藩代表的會議形態，就沒辦法架起創造出嶄新統一權力的橋樑。明治元年閏四月二十一日的《政體書》於開頭就提到〈五箇條的誓文〉，宣告源於天皇的「天下權力大體歸于太政官」，但形式上還是採用三權分立及議事制度並行「輿論公議」。當中強調需經「公論」這點，便充分表達出上句話的涵義。接下來，《政體書》中也規定了各項官職四年輪替、公開選舉的制度。

這個政體書是土佐藩士福岡孝悌及肥前藩士副島種臣（一八二八～一九〇五。兩者皆為參與）著手起草（特別是後者）的。該案參考了日本古籍，還有《聯邦志略》（美人治文〔Elijah C. Bridgman〕著）、《萬國公法》（美人亨利．惠頓〔Henry Wheaton〕著），以及福澤諭吉（一八三四～一九〇一）的《西洋事情》等，借用了歐美新的政治思想。但是，先前文章中提過，由於權力轉變期中的現實因素影響過大，而不得不放諸水流。

這個「公議」及「公論」是已經面臨幕末期、崩壞期的領主階級，特別是幕府及公議政體派為了重建其政權而使用的口號。

幕府被推翻後，這次是維新官僚意識到這點並搬上檯面，以〈五箇條的誓文〉為首，當時公告類的公文都不時地一再重申這點。不僅如此，制度上還以議政官的上局、下局為首，創設了徵士及貢士，還有由下局更名而成的貢士對策所、以及承續貢士系統的公務人及公議人，與後來的公議所、待詔局、集議院等公議機關。

然後，議政官上局會議中討論國是，公議所中高達二百七十四人的公議人（根據尾佐竹猛《於維新前後之立憲思想》所收錄的名冊而來。《維新史》第五卷則記載公議所開院式上的公議人為二百二十七人）則議論各項政策。此外，《政體書》中規定的官吏公選在經過明治二年（一八六九）五月的三等官以上選舉後，選出輔相、議定、參與及以下六官知事、副知事、內廷職知事等職（參見表15）。

而這不僅止於中央政府內。地方的各藩也於明治元年十月二十八日，依照〈藩治職制〉嘗試議事制度。被稱為藩議院、議事所、集議所、眾議院、議事局等的機構就是因此誕生的。議員選舉的相關規定也五花八門。譬如說，組成鳥羽藩（後來的三重縣）藩議院下院的「議民」，是從各村農民及商人中所選出的；明石藩（兵庫縣）眾議所的議員，則是從「士族以下庶人僧侶」當中公開選出；負責郡上藩（歧阜縣）議事所下局的「議事者」，則是規定要從藩內庶民、僧侶之中「公選」出「具有才智議論者」；岡山藩（岡山縣）的情況也是要透過「入箇（選舉）」來決定「鄉市議者」，也就是村鎮議員（同前書）。還有，松江藩（島根縣）在明治二年二月發布〈藩治職制〉時也制定了藩吏的服務規律，其中一條是「雖為一度

表15 官吏公選結果

輔相	三條實美	49票
議定	岩倉具視	48票
〃	德大寺實則	36票
〃	鍋島直正	39票
參與	大久保利通	49票
〃	木戶孝允	42票
〃	副島種臣	31票
〃	東久世通禧	26票
〃	後藤象二郎	23票
〃	板垣退助	21票

（註）神祇官知事以下省略。票數依各文獻有若干差異，此處依《維新史》第5卷。

制定的制度，若又有異議，則盡眾議速改正之。」（小野武夫《維新農村社會史論》）

明治二年四月開始召開的四國會議（金陵＝琴陵會議。第一回於丸龜，之後在琴平舉辦）可以說是跨越各藩疆界的四國地區的議事機關。這個由土佐藩主導的四國十三藩會議被稱為「建置金陵會議」。

敝邑意設一會議所，外內利害、彼此得失及都鄙上下之情狀，欲悉詳此而得。夫遇事，必相聞，如議之必相圖，動靜必相通知，然後協心戮力，內以奉天朝也，外以防外患也。（《土佐藩政錄》下）

會議的目的及性格如引文所述，處理內外情勢的對策全在這個金陵會議上協議，向內則遵奉天朝，對外則防止外患。會議的公議人由各藩人才充任，而公議人則駐派於琴平，擔任本藩與京都、東京之間的聯絡管道並負責搜查、報導、議事的職務。看其議事事項會發現，有浪人對應及常備兵論、廢刀及獻金，還有取締海盜等等，擴及各種議題，並且達成各式各樣的決議。耳聞這個四國會議後，作為藩政的參考而派人前來觀摩的藩，舉得出來的有盛岡、豐後府內、出雲、駿州、長州、松江、岡山、佐賀、秋田、豐後森、久留米。（福家惣衛《香川縣近代史》）

在明治二年二月〈府縣施政順序〉的府縣知事的職掌指示裡頭有一項是「立議事法之事」，當中提到「改正從前規則，又造作新法制等，皆應採擇眾議，歸於公平之論也」，並說如果還規定無違「眾庶之情」，以令民心安定的話那就更好了。

口號的真相

但是，這些並不是從人民「救世」的願望中應運而生的會議及選舉，所以直到廢藩置縣都未必能夠發揮實際的功用（四國會議於明治三年九月廢止）。公議、公論作為新政府的口號，只不過是「從上而下」地傳播下去罷了。有關佐賀藩的實際情況，該藩出身的久米邦武在他的《回顧錄》中這樣提到：

此時，公論、公議這種詞彙在朝廷成了流行語，江藤（新平）參政主張關於將來的政體應召開議會討論歸納的意見，史局的我也同意這點，於是作為第一步，代官召開村落庄屋的選舉大會。因此，各郡令要求村民到指定的適當神社處，於是村民帶著飯糰前來集合，在代官的面前開始投票。但開票結果有的是寫本名，有的寫姓氏，還有的是寫綽號，也有人在選票上寫著「源平是藤吉（橘）之事」譯註五等的玩笑話，而被選出來的人性格大多是魯直愚鈍，對吏事一竅不通。曾在家中出入的百姓被選上後，來到我家拜訪說：「既然我被選為庄屋，就有為了天皇一心一意工作的決心。」但我告誡他：「不對，是為了村子定要努力工作，這精神才是最重要的。」但他卻對我說出：「這是承蒙天皇的尊威而生的奮鬥精神，若是為了村子實在是幹不下去啊。」這樣令人洩氣的奇妙回答。

的真相了。

這樣就能瞭解「從下而上」這種公議、公論應有的模樣，其實是反過來「從上而下」傳播

天皇與公議的組合

總而言之，維新政府高喊的公議、公論對於與天皇（朝廷）連結起來，樹立新朝權的目的而言是必須的。

過去在幕末，大久保利通將敕命（天皇的絕對性）訴諸於天下人心的這件事已經在前文提過（參見第四二～四頁）。而大久保於慶應二年（一八六六）明確地區分「眾議」與「公論」，從眾議之中抽出公論，並藉由此一公論「議決大政」。然後又提到「採公論之法」。這個「法」的具體化就是剛剛看到的公議各機關（議事制度）。

那麼這個公議、公論與確立朝權之間有著怎樣的關係呢？

岩倉具視於明治二年（一八六九）一月，向三條實美提出的〈建言書〉中的一節，在陳述「議事院之事」的地方就清楚地說明了。

譯註五：源平藤橘為源氏、平氏、藤原氏及橘氏，皆為權傾一時的大氏族。而這句話在譏諷選舉投票和農民沒有半點關係。

> 於將來設置議事院，施政法度附於眾議上，廟議（朝廷的會議）一決之，經宸裁（天皇的裁決）施行，縱令異論百出亦不得容易變更。如此一來，朝權自重，億兆信之，朝令暮改之誹謗自然弭止也。

換句話說，透過議事院將施政政策交付「眾議」，便能遏止「異論百出」，「朝權」也就因而受人敬重。再以另一種說法來說的話就是眾議↓廟議↓宸裁↓施行↓朝權強化的順序，這將公議與天皇完美地組合起來。然後透過這樣的組合，公議及天皇都被一起相對化，因此成為被操縱的象徵符號。打著公議的名號會使得朝向天皇的權力集中進一步地被強化，而作為中心的天皇，也因與公議連結在一起而更能擴大它的基礎。

天皇與公議的組合化正符合為了創造嶄新權力的「集中」與「擴大」的理論。

國家獨立與公議

還有一點與下面的理論有所關聯。慶應四年（明治元年）四月，江戶開成所御用掛[譯註六]神田孝平（一八三〇～九八）向《中外新聞》（第十二號，慶應四年四月十日）投稿了一篇文章。

神田在投稿後三個月的七月份，與福澤諭吉、柳川（河）春三（一八三二～七〇。原為幕府開成所教授。曾發行《西洋雜誌》、《中外新聞》等）一起被召見至京都。他接受了到新政府仕宦的邀請，福澤拒絕了邀請，而柳川則是猶豫不定。他被請來擔任政策起草人，因為神田要求能夠實踐其主張的權力地位。經歷過徵士、議事取調所御用掛等職務，活躍於公議所的他，成為公議所的副議長，公議所法則案的起草他也有參與。

還有，明治三年時，他提出了〈田租改革建議〉，這是賦予日後的地租改正基本方向的建言書。來年四年，出任外務省，最後成為兵庫縣令。而他是明六社成員一事眾所皆知。

可是，之前神田投稿的那篇文章是什麼呢？該文標題是「日本國當今急務五條之事」。這裡列出這五條內容：

一、我日本為永久獨立國。絕非他國之附庸。

二、我日本若欲獨立，必要振興與此相應之國力。

三、承上，若欲振興國力，則日本國內宜一致也。

四、若欲日本國內一致，則政府施政國人應盡悉服從。

五、若欲國人遵從政府施政，則政府應廣納日本國內之說。絕不可拘泥於片面之說。

譯註六：開成所是德川幕府的洋學教育研究機關，前身為蕃書調所、洋書調所。御用掛是指受到官方任命，統籌該項機構事務的負責人。

如果將這些內容圖式化的話，就會成為「日本國家的獨立—國力振興—國內一致—服從政府—採納國內之說（公議）」。這個理論的運作模式是基於神田口中的「西洋國法學之大綱領」。當時維新官僚的首要課題是想透過形成統一國家來達成與列強並列，也就是所謂「萬國對峙」，所以沾染歐洲思想的國家獨立—公議理論是必須且不可或缺的理論。

關鍵字——公議

這個國家獨立—公議的理論以公議為共通點，與前文的天皇—公議的理論當然是重複了。也就是說，公議正是把天皇這個統一國家的絕對象徵，與稱作國家獨立的國家象徵結合在一起的關鍵字，或者說是關鍵概念、操縱桿。這個關鍵字使得天皇與國家獨立重合在一起，因此天皇被國家的幻想所粉飾，國家獨立（國權確立）則因為天皇的絕對化而被賦予至高的價值。而且還披著公議的外衣。

所以，這個時間點上，關鍵字的功用在於一邊具有「從上而下」、「由外而內」的傾向外，還具有帶給人們天皇與國家（統一與獨立）才是公議、公論匯集點般的幻想效果。

可以說在維新創造出明治國家的一開始，公議、公論就發揮了這樣的作用，從結果上來說，它在近代日本民主主義的形成上留下了悲劇性的烙印。如後面會看到的一樣，地租改正時也是大肆標榜著公議（＝官），而自由民權運動在呼籲要求開設國會來具體實現公議、公論的時候也是這樣。對天皇＝國家的存在以及專制政府的攻擊，雖然幾乎都是個別事件，但被強調的民權和國權之間時常糾扯不清。大正時期的民本主義也一模一樣。這些都沒能打破這種天皇＝國家乃是公議、公論匯集點這種幻想所帶來的維新當初支配的思想框架。頂多只是在其框架之中來強調民主主義罷了。

雖說時代的潮流有了巨大的改變，但二戰戰敗後對民主主義的強調，也沒能跳脫這種支配的思想框架之外。

不過，這話題現在就暫時先放在一旁吧。正因為公議、公論承擔起這樣的作用，所以以明治元年到二年為最高峰，當時政府的布告及通告類文件多到不勝枚舉，就是要在最大的限度內來強調這個觀念。

藏在暗處的關鍵字

無論如何，戊辰戰爭是以維新官僚的勝利告終，並且在推行版籍奉還後，他們的主導權變得日益穩固，於是這個操縱桿的關鍵字便旋即消失得無影無蹤。與此同時，看上去曾經制度化的公議機關遭到廢除只剩下空殼。身為立法府的議政官被行政官吸收（明治元年九月，廢止議政官。翌年四月復活，下一個月又被廢止），公議所改制為集議院（明治二年七月），但在廢藩置縣後也被架空，最後遭到廢除（明治六年六月）。

前文提過各藩的議事制度也與此相呼應般地還未能發揮功能就消失了（明治五年三月，大阪府的《市中制法》及《郡中制法》提倡「諸事決於公論，則眾庶得其處，能遂各志」，特別是後者對村吏的「公開選舉」陳述相關心得。但是，因為這與明治二年三月京都府的相同法案在內容上幾乎完全相同，而焦點放在五人組譯註七為首的各村生活心得的這點，京都版也是完全照抄。應該可以看成是只有更改日期就交付印刷並頒布）。

最極端的案例是《政體書》規定的官吏公選。這項選舉在實施的當天便公告說僅此一次。因為軍務官副知事大村益次郎等人向岩倉以「公選入札法，一旦為因襲例，他日若出共和政治之提倡者，可謂國家不測之禍根蓋今日之胚胎。」來申論該選舉並不可行（宮內廳 編《明治天皇紀》第二）。作為口號的公議、公論的實體化、落實化，這比任何事情都還讓維新官僚感到恐懼，也徹底地表露出維新官僚的本性。

這一點與維新政權底下的藩政改革過程中一旦改革取得實際效果後，這些當初強調的「四民平均」、「自由」、「平等」等口號便轉眼間消失無蹤是相通的。

明治三年三月二十日，木戶孝允寄給三條實美的信中提到，由天下的一般人民開始，令他們從先前的束縛之中解放出來，並且個別地取得「自由之權」，讓朝廷的政治變得「自然且獨出」，便能打破各藩的舊習。換言之，自由之權正是為了打破各藩舊習，確立天皇政權所必須的。因此，賦予人民自由的權利，絕非與持續打造天皇制國家相違背。毋寧說為了打破、消滅介在新政府與人民之間的藩體制，這是不可或缺的。

因此，一旦藩體制的解體有所進展，並且預見天皇政權能將其吸收，那麼這個自由的權利也就變得不需要了。這在時間點上與公議、公論的口號逐漸消失大致上是相符合的。然後，權力的操舵手從公卿、諸侯變成了擔任參議、大輔等職務且身為脫藩士的朝臣，也就是維新官僚。權力的主導權掌握在圍繞於天皇身旁的他們手中的過程，以及過程中引起的事情，這裡就沒必要再重複了。

譯註七：德川幕府於町村設置的保甲組織。以鄰近的五戶人家為一組，共同承擔連帶責任。平時取締火災、盜賊、天主教，還有確保貢租繳納及互助扶持。

第五章

統一國家的形成（二）

——支配的真相

一、藩政的改革

戊辰戰爭與王土王民論

戊辰戰爭是兩派政治勢力的武力交鋒，而挑起這場戰爭的討幕派，造就了遠遠超乎他們意圖的客觀結果。或許沒有這場戰爭的話，就沒辦法那樣徹底地擊潰舊幕府勢力及幕藩領主層，維新官僚的企圖也就無法如此迅速地貫徹了吧。在這個意義上，桑名藩出生，以「賊兵」參加鳥羽伏見之戰及北越戰爭的岡本武雄，在他寫的《王政復古戊辰始末》中，見到這場戰爭中的「一大政變」，不僅打破以往的門閥政治，廢藩置縣之舉、武士的解體也是這場戰爭所導致的，而「概括地評論的話，促使日本文明到今日地步，是拜這場戰爭所賜。」這句話更是饒富深意。

不過，這場戰爭之際，新政府高喊著王土王民論，在思想及意識形態上迫使各藩屈服。當然，在其背後有以薩長為中心的新政府軍的軍事力量為後盾。但是幕末以來，幕府作為克服自身危機的策略而提出的大政委任論，其源頭乃是天皇的傳統權威，但如果這次是新政府將之推上檯面來提倡王土王民論的話，對幕府的盡忠在形勢上就不得不被吸收轉化成為對天皇的盡忠。戊辰戰爭的過程中，縱使各藩內部發生勤王、佐幕的內部鬥爭，但到最後，多數的人還是一面倒地轉而向天皇政府宣誓效忠，也是因為這個緣故。

靜岡藩的設置

然而,在這個王土王民思想的大纛下吸收各藩的這件事,現實上是採行什麼樣的做法呢?德川家的處分及靜岡藩的設置能夠清楚地說明此一情況。

新政府將德川家的處分一事交付朝議,明治元年閏四月,在大總督府的會議上,決定以田安慶賴之子、當時六歲的龜之助(一八六三~一九四〇)來繼嗣德川家。五月,冊封駿河府中藩(靜岡藩)七十萬石。這件事一方面透露出作為反抗新政府的慘痛代價,七、八百萬石的德川家淪落為原本十分之一的普通大名。另一方面,也證明了即便是原本與新政府敵對的德川家,只要一旦向天皇政府宣誓效忠,也不會被連根拔除。換句話說,王土王民思想,雖然在幕藩領主層的從屬、吸收的這方面是過渡性的,但也公開地承認作為一個藩的存在。從這裡也能看出維新政權的性格。

當然,由於這個靜岡藩是在維新政權下新成立的藩,與以往的藩是截然不同的存在。該藩是包含了當初解體的主要因素,並幾乎徹底地剷除了反抗天皇政府的精神後才成立的。然而,該藩還是繼承了舊幕府留下的文化遺產,以沼津兵學校為首,在駿遠之地蓄積了人才及高度的科學技術。最後,靜岡藩以回歸明治政府來完成自己的歷史任務。(原口清《明治前期地方政治史研究》上。以及武田楠雄《維新與科學》)

藩財政的危機

但是，各藩無論意願與否，都被捲進了戊辰戰爭之中，這進一步促進了藩體制的解體。戰爭費用的負擔讓早已面臨赤字危機的藩財政，陷入了一籌莫展的局面。

表16的資料是維新當初的藩債務總額。看到二百七十七藩的對內國債明細會發現，從明治元年（一八六八）到明治四年為止新產生的債務，雖然時間短暫，但也比其他的舊債、官債、古債等等佔了更大的比率（當然，必須將物價的急速飆漲牢記在心）。有學者指出，在這些藩中，藩幣與藩債總額合計遠超過實際收入的藩，在已經確定藩幣發行量的一百四十四藩之中，事實上就已佔了百分之九十三，高達一百三十四藩。（後藤靖《士族反亂的研究》）

表 16　明治初年時的藩債（石，円未滿省略）

藩　數	277			
領地高	18,809,480 石			
國內債	74,130,874 円		藩債總申告額	
細目	（主要內容）	%		
新債	12,820,216 円	（17.3）	明治元年～ 4 年的藩負債	公債
舊債	11,220,841 円	（15.1）	弘化元年～慶應 3 年 24 年間的藩負債	公債
官債	6,435,949 円	（8.7）	政府對舊藩及舊幕直轄地財政補助的貸付	公債
古債	12,025,981 円	（16.2）	天保 14 年以前的藩負債	削除
棄債	14,977,026 円	（20.2）	明治 4 年因失誤屆出、文件燒毀等因素無法列為公債	削除
國外債	4,002,052 円		（除細目外尚有利息等，與細目的合計不一致）	
細目	1,854,145 円	（46.3）	輸入品（軍艦、汽船、武器、米、布料、日用品、機械類等）代金支付未完	
	316,365 円	（7.9）	輸入品（茶、生絲、銅、樟腦等）預借	
	749,798 円	（18.7）	藩經費充當的現金借入	
	369,352 円	（9.2）	商業資金、民間勸業救濟貸付資金借入	
	472,700 円	（11.8）	其他	
內外債總計	78,132,926 円			

（註）依《明治前期財政經濟史料集成》第 9 卷等作成。

為了能瞭解當時藩財政的實際狀況，請看另一張表格（表17）。這是美濃苗木藩（表高一萬二十一石，後來的岐阜縣一部分）一年的收支明細。依據明治二年十一月，該藩向維新政府提出的報告書而製成的這份明細，載明了五年間的平均數字。相較於總收入四千九百一十六石多，支出的總額是六千二百零六石多，每年不足一千二百八十九石多（換算成金額是八百五十九兩多），實際上是佔了總收入百分之二十六的赤字額度。

表 17　明治初年苗木藩一年間的收支

苗木藩表石高		10,021 石
收入	現　石	4,434.276 餘石
	種子貸利米	482.1313 石
計		4,916.4073 餘石

支出高（石）	支　出　項　目
575.539	藩主私用（9%）
1,789.84	士族俸祿、役給、步夫卒切米（29%）
1,422.0	士族、隱居、步卒以下扶持米（23%）
134.58	士族、步卒以下切符金
21.0	知行士族夫銀
7.5	醫師藥種料
30.04	社寺合力米
200.0	井水、川除、普請人足扶持米
175.58	水損年季引
2.0	高森神社修復費
58.5	各村名主役米、上地瀨戶渡船場給米
15.67	炭代米
94.71	紙、真綿代米
142.5	江戶、京都旅費
16.8	藩費負擔傳馬入用
39.645	營繕方傭入人足賃金
56.395	城內外修復、諸雜費
57.0	文武手当
52.5	臨時諸雜費
1,050.0	藩債年賦金（17%）
45.0	軍資金
150.0	公務方、外交方手当金
69.264	養老扶持
6,206.063	計
扣除不足高 （換算為兩	1,289.6557 石 859 餘兩）

（註）依後藤時男《苗木藩政史研究》所收表作成

支出當中，百分之九是藩主費用，百分之五十多是家臣團的俸祿及其他費用，百分之十七是用作每年定期償還藩債，可以說該藩在財政上簡直就是瀕臨破產。因此，藩主遠山友祥（友祿）對於家老小池傳兵衛等人請求下達改革指示，也只能嘆息地說現況「難以治理」、「但膝下又無男丁，不能即刻隱居退位」等等。而該藩的官員對於這種情況，也說以現在這樣的「風氣」實在很難光靠官員來治理，完全是束手無策的狀態。（後藤時男《苗木藩政史研究》）

看到表18就能知道此一情形並不是僅止於苗木藩而已，小藩規模的藩究竟背負了多大的債務可是一目瞭然。算出該表數字的《明治維新的土地變革》的作者丹羽邦男先生說：「概略言之，勤王雄藩的債務額度相對地來得低，還有這對小藩規模的藩是毀滅性的打擊。」

我們回頭再看一次表16。表格中積欠外國債務的藩，列舉得出來的有三十七藩，件數為一百一十一件，作為債主的外國商人共計五十七人。而債主的詳細名單上記載著英國十九人、荷蘭十二人、普魯士十人、美國

表18 明治初年的藩財政破綻

(B) / (A)	小藩 (1～9萬石)	中藩 (10~39萬石)	大藩 (40萬石以上)	計
1,000円～	31藩	4藩	0藩	35藩
800～	18	3	0	21
700～	19	2	0	21
600～	9	2	0	11
500～	19	1	1	21
400～	24	2	3	29
300～	12	5	1	18
200～	17	5	0	22
100～	24	5	1	30
未滿100	9	2	1	12
計	182藩	31藩	7藩	220藩

（註）（A）對1年貢租收納100石的藩債額

（B）明治元年，依明治政府的區分

上記的藩債額為明治4年政府承受的內外國債，貢租收納高為明治2年現在。藩數中不含慶應4年新立、減藩再立、減高藩。

依丹羽邦男《明治維新的土地變革》（原典為《藩債輯錄》）第13頁第2表作成

八人、法國四人、瑞士二人、葡萄牙一人、中國一人，並且大多是戊辰戰爭前後時期的債款。藩的財政也仰賴著外國商人的幫忙。（關山直太郎《日本貨幣金融史研究》）

藩權力的無力化

財政不安之上，還碰上一揆及暴動的襲擊。特別是領地分散、入組支配等錯綜複雜的地帶更是暴露出領主在支配上的無力情況。譬如說，信州伊那縣（日後的長野縣）周遭就是各藩領地分散、入組支配的典型情況。這個區域在明治元年～四年（一八六八～七一）的四年間，能列舉出約佔全國一揆件數一成、共三十件的農民一揆。而且，飯田二分金騷動、上田騷動、會田騷動、川西騷動（以上明治二年）、中之條局管下一揆、松代騷動、須坂騷動、中野騷動（以上明治三年）等這些一揆幾乎毫無間斷，而且有時是個別地，有時又是互相關聯地發生，「儘管是一時之間，也令地方政治權力喪失機能。」（《長野縣政史》第1卷）

以這樣的藩體制的危機為背景，藩內的內部黨爭也表面化起來。當黨爭像前文提過的那樣，分裂成與王土王民思想密切相關的勤王、佐幕兩派，並且到了相互對抗的時候，藩體制的瓦解也就更向前推動了一步。

再加上作為終結戊辰戰爭主力的各藩軍事力量，又逐漸地變成「尾大之弊」（參見第一〇五頁）。這個「尾大之弊」是相對於中央政府的各藩，特別是西南雄藩軍事力量增強後出現的，並在藩內造成超出上層控管範圍的下士、士兵階層的抬頭。若能回想起第三章提過的山口藩諸隊叛亂，就足夠瞭解此一情況了。

圖9　明治2年6月的信州伊那縣與各藩

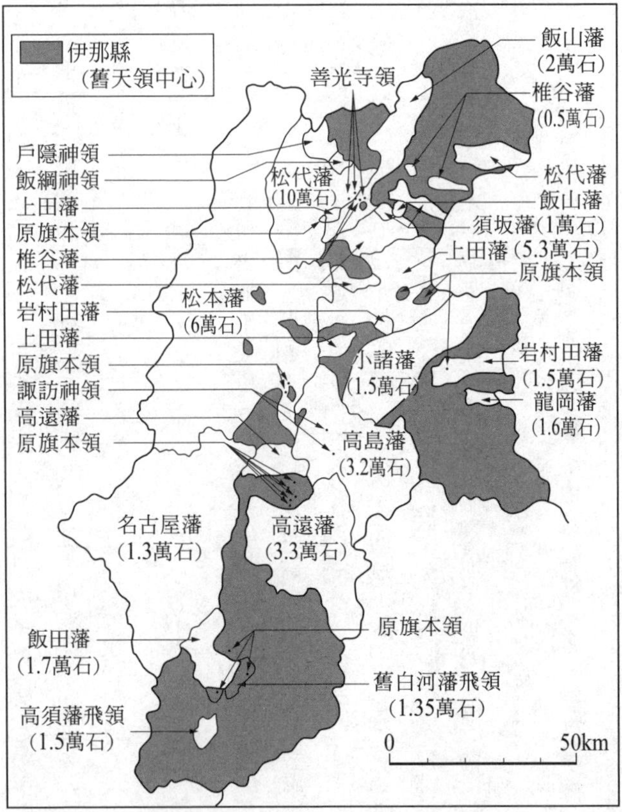

（註）引自《長野縣政史》第1卷

藩政改革令

明治元年閏四月的《政體書》，對地方行政施行了府、藩、縣的三治制，十月二十八日新政府又提出了〈藩治職制〉。這個取代門閥世襲的家老制度，設置了執政、參政、公議人等職務，主張藩機構的統一、藩行政與藩主家政的分離，並且鼓勵議事制度。透過人才錄用來令藩制統一化，將藩政的動向置於新政府的管轄之下。

明治二年（一八六九）六月版籍奉還的同時，新政府命令各藩報告該藩的石高、各項產物、稅收、藩廳費用、藩制職員、藩士、士兵人數等資料，並規定石高的十分之一為家臣俸祿，一門譯註一以下乃至於普通武士全部統一編為士族。明治三年九月發布〈藩制〉，各藩分為大（十五萬石以上）、中（五萬石以上）、小（未滿五萬石），現有石高的十分之一作為知事俸祿，剩餘則充為軍事費、藩廳費及士兵俸祿等，施行了祿制改革。藩的自主權被大大縮減，並強制重整武士、士兵的門第等級及減祿，打開了士族轉營農商的道路。

在這裡舉出幾個相對上看起來從容的中藩上層或是大藩的情況。各藩藩政改革的實際狀況都迥然不同，但這些藩的動向對新政府起了很大的作用，則是無可爭辯的。

譯註一：「一門」是指同一家族的人士。

熊本藩的改革

肥後的熊本藩（五十四萬石）於明治三年，在知事細川護久、大參事細川（長岡）護美的帶領下，組成藩士改革派與豪農派的聯盟來推動改革。延續橫井小楠（一八〇九～六九）系統的實學黨擠進政權核心。德冨健次郎（一八六八～一九二七。蘆花。蘇峰的弟弟）的著作《竹崎順子》中寫到：「肥後的維新在明治三年到來。」

此乃以橫井小楠生前寄望，縱然身處遠方也循循善誘的世子細川護久繼承家業，成為熊本藩知事並得到敕許，與弟弟長岡護美一同回來從事藩政改革為契機。橫井死後整整一年，橫井的時代才來到肥後。橫井支持的年輕藩主及其弟一主掌大局，便像是收網般地接連地錄用橫井的友人、學生。

這個竹崎順子（其妹分別是小楠及德富一敬的妻子。德富蘇峰、蘆花的伯母）的丈夫──竹崎律次郎是民政局大屬，負責推動機構的簡樸化及貢租的減輕、廢除封建的各種限制，並且也開設洋學校。律次郎執筆的改革意見綱要在上下二院的設置，及所有的官員、村吏選舉上都看得到。

然後，漸漸地豪農派掌握了實權，變得「超出中央政府的打算並持續地強化資產階級的性格」（森田誠一〈幕末、維新期的肥後熊本藩〉）。

高知藩、山口藩

高知藩（二十四萬二千石）也從明治二年到隔年期間，接二連三地發布藩政改革令，由大參事板垣退助（一八三七～一九一九）及權大參事福岡孝悌等人領導。三年十二月的高知藩廳布告強調「人民平均之理」，公布新官僚的錄用，士族家祿的廢除及祿券的中止支付，常備軍隊的創設，農工商身分制的解放，以及囊括士族、平民在內的戶籍編成等方針。板垣晚年在〈我國憲政之由來〉一文中提到，此等藩政改革方針是由於東北戰爭中一邊親眼見到會津城破，一邊有鑑於人民的〈風馬牛不相關之狀〉，才於自藩改革中採取四民平等、國民皆兵主義的這件事相當有名。而當中強調的「四民平等」到頭來只不過是為了打破藩體制下的舊習罷了。福島正夫在其著作《日本資本主義與「家」制度》中，認為這「實質上帶有非資產階級新規範的一面。」

山口藩（三十六萬九千石）的情況，則是在〈藩治職制〉公布前就開始改革了，廣澤真臣、木戶孝允、井上馨等人參與了改革的策劃。當中抱持著廣澤所說的「他藩才是特殊」（明治二年八月二十日，給山口藩參事之信）的意識，因此推行的是確切理解維新政府意圖的改革。

正因為這樣，圍繞常備軍編成而起的諸隊叛亂事件，帶給中央政府相當大的衝擊，木戶及井上等人傾注全力予以鎮壓（參見第一一一～二頁）。而鎮壓成功的那一刻，他們完成機構體系化，確立財政及民政，還更進一步將軍事力量納入手中，得以完全地掌握改革的主導權。至此，因為藩政主權的擁有者與維新官僚相重疊，所以如果他們以維新官僚的身分裁定解體藩體制的話，改革仍會發揮原本的功能。

和歌山藩、鹿兒島藩

和歌山藩（五十五萬五千石）的情況是，明治二年以後，在大參事津田出（一八三二～一九〇五）的帶領下，透過錄用陸奧宗光（一八四四～九七。藩勘定奉行伊達宗廣之子）等人，進行藩廳的集權式官僚機構化及郡政改革、發展四民教學體系、士族授產和殖產興業，特別是效法普魯士式徵兵制的軍制改革等，這些都是隱含著與中央政府的對抗意識的獨特改革。

鹿兒島藩（七十七萬石）則是伴隨著戊辰戰爭參戰士兵的返鄉，以這批下士團軍事力量為背景，提出了打破門閥、錄用人才等等改革要求。明治二年二月以後落實改革。不久，西鄉隆盛參政，接著以大參事的身分策劃藩政，並以藩廳知政所為中心，與伊地知正治（一八二八～一八八六）、桂久武（一八三〇～七七）等人一同掌握實權。下令可稱作「藩中之藩」的一門、一所持譯註二交還持有的私有領地，並納為藩直轄地，外城士（鄉士）則升為與城下士譯註三同等級。從舊門閥沒收的世祿，大部分則用於軍備的擴張。明治三年（一八七〇）一月當下，已經組成了一萬兩千人的龐大常備軍。同時，常備軍的幹部還掌握民政，毛利敏彥先生指出，鹿兒島藩已經成為「直至基層都被牢固的軍隊組織網絡所覆蓋的士族軍事國家」（大久保前揭書）。日後西南戰爭的主要原因，早在這時候就已能看出端倪。

這個樣子看下來便會發現，雖然事情原委有所不同，但連藩體制較為穩固的雄藩在藩政改革的過程中，維新政府仍然介入其中管束來強化支配力量。而在下了自我解體此一猛藥之後，無法貫徹中央政府藩政改革意圖的卻是發生過諸隊叛亂的山口藩。相較於此，超出中央政府意圖，舊藩體制、士族勢力最為頑固的是鹿兒島藩，相反地，資產階級傾向表現最為明顯的是熊本藩。無論何者，對於維新政府來說，都在逐漸地演變成危險的存在。不得不加緊廢藩的腳步。

而在財政上早已破產，又在一揆及暴動中暴露出其無力感的多數中小藩的藩政改革，除了依照維新政府的指示辦理以外，已經束手無策。迅速且確實地吸收藩的權力並整合進中央政府的基礎，在客觀上已經逐漸成熟。

譯註二：「一所持」是薩摩藩的一種家格。由藩主島津氏一族及重臣十七家所組成，擔任藩政的中樞要職，於藩內有獨立且世襲的私有領地。

譯註三：城下士，薩摩藩特有制度。一個外城控管數個村落，居住於中心村落武家宅邸的武士便稱為外城士。城下士則是居住於鹿兒島城下的武士。

二、維新政權的經濟基礎

會計基立金

鳥羽伏見戰後的明治元年（慶應四年，一八六八）一月二十一日，參與由利公正（三岡八郎，福井藩士）建議募集三百萬兩的會計基立金公債，並且移交實行。這項計畫是從以京都、大阪為首的全國「富饒之者」、「富有之人」處募集「國債」。透過再三的強迫手段，響應募集的區域比率是畿內周邊百分之七十五點三，而包括江戶在內的其他地方，則是百分之二十四點七。

響應募集的金額總計是兩百八十五萬五千餘兩，詳細明細如圖10所示，可以得知包含為替方譯註四的三井、小野、島田三組在內的都市特權商人所佔比率的多寡。

不過，維新政權基本上是立基於與之前幕藩體制相同的領主層土地所有制之上。因此，在全國三千萬石中，維新政權直接的財政基礎是，從舊幕領沒收而來的約八百萬石，加上東北藩地充公部分，合計九百萬石。但當中還要扣掉府中（靜岡）藩的七十萬石及賞典祿一百萬石，共計一百七十萬石，剩下約七百三十萬石才是主要的財源。不過戊辰戰爭開戰時，新政府當然也都還沒取得這些領地，所以在這種緊急情況下，才有會計基立金的措施。

圖 10　會計基立金募集細目

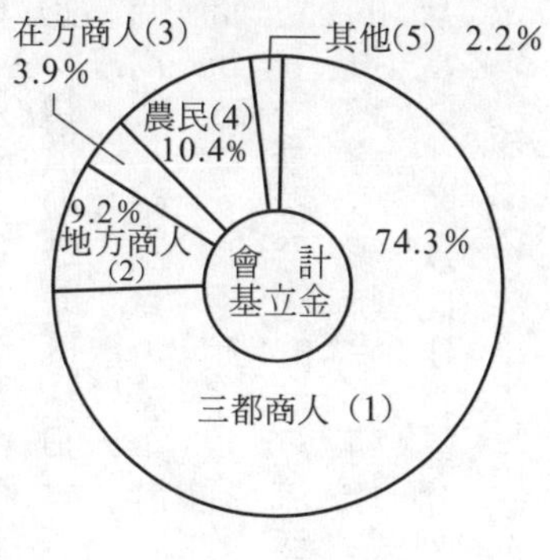

（註）(1) 為替方 3 組、御用達商人、株仲間、個人、町中等
(2) 御用達商人、株仲間、個人（堺、長濱、彥根、松阪等）
(3) 住在農村的商人
(4) 包含村役人
(5) 個人、寺社、府縣等

依中井信彥〈商人地主的諸問題〉作成

換言之，這種維新政權財政上的不穩定，如前文所言，主要是依靠特權商人來彌補。而維新政權想將三都、通商港口這種當時全國性的商品集散地，及國際貿易重地納入支配，藉此來鞏固財政基礎。

由利財政

這個由利財政政策的下一步，是於明治元年閏四月，決定發行太政官幣（代替金幣的紙幣）及設立商法司和商法會所。太政官幣有拾兩幣、五兩幣、壹兩幣、壹分幣及壹朱幣五種面額，於次月發行，至明治二年五月為止，發行總額達到四千八百萬兩。這次的發行目的，只是為了籌措建立「富國之基礎」的資金，但實際上在填補政府財政赤字問題上，就花費了其中的三分

譯註四：明治初期的國庫出納機關。負責國庫收納金錢的鑑定、收入、遞送、支出等業務。

之二，約三千萬兩（此後還接連發行了民部省幣〔明治二年二月〕、大藏省兌換證券〔明治四年十月〕，開拓使兌換證券〔明治五年一月〕）。

現在我們來試著計算一下明治元年（實際上是慶應三年十二月到明治元年十二月）的收支，主要如表19所示，單單平常歲出入就有一百八十四萬餘元的赤字，這相當於平常歲入的二分之一。彌補赤字的歲入大部分是臨時歲入，也就是太政官幣的發行、向富商籌措的資金，以及向國外商社借貸的款項。然後，這些錢大多成為戊辰戰爭的軍費、借貸給各藩的資金及殖產興業資金。財政上的不穩定之後仍然持續下去，並成為推動廢藩置縣的一大因素。

明治元年閏四月，於會計官底下設置商法司，五月，公布〈商法大意〉。否定了以往的株仲間譯註五，並透過商法會所重新著手掌握全國的商品流通。做法是與三井、小野組等之前的特權資本家聯手，將作為法定紙幣的太政官幣借貸給各藩及富商，並以此作為媒介，讓太政官幣能依附於流通過程來聚集、輸出物產。單就這些做法只不過是繼承幕末以來，

表19 明治元年（慶應3年12月～明治元年12月）歲出入 （未滿円省略）

通常歲入	3,664,780円	通常歲出	5,506,253円
內（主要內容）地稅	2,009,013	內（主要內容）各官省經費	1,675,377
海關稅	720,866	陸海軍費	1,059,797
		各地方諸費	938,223
臨時歲入	29,424,533	臨時歲出	24,998,832
太政官幣發行	24,037,389	內（主要內容）東征諸費	4,511,933
內（主要內容）調達借入	3,838,107	石高割貸付金	9,145,761
外國商社借入	894,375	勸業貸付金	9,011,518
歲入總計	33,089,313円	歲出總計	30,505,085円

（註）依據〈歲出入決算報告書〉（收入《明治前期財政經濟史料集成》第4卷），並參考《維新史》第5卷

幕府的國益會所、國產會所的方式。然而因為太政官幣的信用不足，加上通貨混亂，所以沒辦法充分發揮功能。

「泥」銀時代

這裡提到了通貨混亂，在指原安三編的《明治政史》中，稱這個混亂時期為「泥（ドロ）」銀時代。

所謂的「泥」銀是劣幣及偽幣的總稱。書中曾提到：「及幕府追討之師興起，出師費用半仰貨幣之贗造，偽幣之中，有混雜白銀以為金者，或鍍黃銅以為金者。」特別是贗造二分金（二分金是通貨的價位基準）氾濫嚴重。各藩尤其是薩長土等藩，為了填補欠缺的軍費，就以現有的錢幣來製造這種二分金，並隨著軍隊的移動流入各地。這種劣幣俗稱「噹啷（チャラ）」金。

這些偽幣、劣幣的氾濫不僅是國內市場，對國際貿易也造成重大的傷害。因為交到外商手上的大多是贗造二分金。

於是由利的財政措施，受到以駐日英國公使巴夏禮為首，美、法、意、德等資本主義列強外交團施加的壓力；內部又遭受不得不當面回應這些外交團抗議的維新政府外國官的抨擊。這

譯註五：江戶時代得到幕府及各藩許可而設立的工商業者同業公會，幕府及各藩藉此控管經濟，而株仲間則是以冥加金這種雜稅來換取交易上的獨佔權。

些外國官中，有些是在對外交涉過程中逐漸熟知歐美資本主義的少壯開明派官僚。在這些壓力與抨擊下，由利於明治二年（一八六九）二月辭去會計官，次月商法司被廢止，取而代之的是以通商司為中心的經濟政策登場。

大隈重信的登場

負責這個通商司政策的，是強烈抨擊由利財政措施的少壯開明派官僚的其中一人——大隈重信（一八三八～一九二二）。大隈原本是從外國官判事轉任為參與兼外國官副知事，明治二年一月受命出任會計官。三月，接替由利成為會計官副知事。時年三十二歲，還在新婚蜜月期。大隈要求「外交官與會計官一致」，「尤其是以外制內，假外交之困難來謀內制之改良」（円城寺清 編《大隈伯昔日譚》），表示企圖透過幣制改革，來打造能抵禦外來列強資本主義壓力的財政基礎。

為了這個目標首先應該要做些什麼呢？大隈回答說：

射人先射馬，欲洗滌劣幣，則應為其根本之革新也。幣制紛亂之所由來，在於中央政府鑄造貨幣之品位，日復一日陷於劣惡之故。在於全國幾多藩侯盛行偽造贗造。若不清此源，絕此根，焉能洗滌其劣幣，得以整理其紛亂耶。（同上）

二月，東京設置貨幣改所。貨幣只要有少許疑慮都要在此檢查，並且貨幣司、金銀座旋即遭到廢除，完全中止舊幣的鑄造。然後設置了新的造幣局，改為鑄造新幣。

七月，造幣局更名為造幣寮，並任命長崎府判事兼外國官判事井上馨為造幣頭（長官）。他曾短暫離開該職務，但又再度參與其中。此外，大藏少輔伊藤博文詳細地調查了美國的貨幣鑄造、發行紙幣及公債證書等相關事宜，三年十二月，向大納言岩倉具視及參議大隈等人提出意見書。

根據此書，次年明治四年五月頒布了《新貨條例》。以舊貨幣的一兩（純金一克半，重量四分）為一円，作為基準貨幣（本位幣），採用十進位法。而且，金幣分為二十円、十円、五円、二円、一円等五種面額；銀幣則有五十錢、二十錢、十錢、五錢等四種面額，再加上銅幣的一錢、半錢、一厘，一共是金銀銅三種貨幣。目標是要確立金本位制，但是當時的貿易仍以銀幣為中心，而且為了貿易交易之需，《新貨條例》也同意一円銀幣通用於通商港口。所以事實上是金銀雙本位制，但倒不如說是現實上逐漸成為銀本位制。

通商司政策

通商司於明治二年二月設置。該機構負責管轄所有貿易事務，並置於外國官底下，不久移交會計官管轄。通商港口以及商業要地都設有通商司支署。這裡也有開明派官僚聯名兼任，大致情況是會計官權判事伊藤博文（當時名為俊輔）兼任東京府通商司知事；會計官權判事五代友厚（一八三五～八五。才助）兼任神奈川縣通商司知事；長崎府判事井上馨（聞多）及東京府判事山口尚芳（範藏，前外國官判事）兼任大阪府通商司知事等等。

這個通商司的權限很大。以安定物價、貨幣流通以及通商貿易的管理為首，擴及商社及匯兌所的設立、海運業及保險業的創設等，到隨國際貿易而來的商品流通及金融機關的設置，這些遍及經濟各方面的事務都承攬管理。通商司底下還設置有通商會社及匯兌會社。前者設立從事通商貿易的各商社，並予以統一管理；後者則是負責供應這些商社營運所需資金的機構（明治二年版〈東京御役所簡表（東京御役所早見）〉中，說明通商會社是「所有商人買賣的官廳」，匯兌會社是「兌換金銀的官廳」）。

這個通商、匯兌會社於通商司設立的同時，在東京、大阪、京都、橫濱、神戶、新潟、大津、敦賀等八個都市創設。而且讓三井、小野組以下的特權商人參與其中並負責經營。單就以上內容，都與先前的由利財政措施下的商法司─商法會所相同。但是通商司─通商、匯兌會社的情況，是一面將都市特權商人及地區的豪農富商組合起來，同時對應當時政治、經濟狀況，企圖藉由高層更大的指導權力來掌握、規範全國性的商品流通並且獨佔國際貿易。此外，匯兌會社也被賦予紙幣發行權，更彰顯其積極性。但是，這也只不過是透過流通組織的重組來接觸生產層面，所以沒能造成顯著的效果，不久這個組織本身經營失敗，連年財政赤字，又再一次因為各國外交團的抗議而不得不式微。

明治四年七月，通商司廢止。而後於明治五年十一月頒布了新的《國立銀行條例》（根據這項條例的國立銀行是效法美國的國家銀行，一種由民間資本成立的銀行。條例剛開始時僅止於四家，但到明治十二年末為止已有一百五十三家）。各地的通商、匯兌會社，有的改組成為米穀交易所（東京、橫濱、京都、大津等地的通商公司）及國立銀行（橫濱匯兌公司的場合），有的則是被解散。

如此一來，商法司到通商司的政策受挫。從以往的商品流通層面著手的各項政策的極限已經很明顯了，於是生產層面的各項改革變得勢在必行。這些改革並不是單純為了抵抗外來的壓力，而必須是能適應統一國家內在條件的財政經濟政策。而且，在過程之中「明治政府廢除了對舊特權商業資本不變的依賴與保護體制，改與能呼應新政策基調的『政商』相結合，並持續強化此一連結。」（新保博《日本近代信用制度成立史論》）

重視外來壓力說

已經預見這段期間地租改正、秩祿處分事件（這在後面章節會提到）的同時，與外來壓力之間的關係，也就是國際契機的引進，最清楚討論此一問題的是丹羽邦男的《明治維新的土地變革》。丹羽先生認為，「明治政府」（這裡說的是維新政權）是薩長土肥等雄藩所擁立而成的「聯合政權」，在國內仍然僅限於是支配舊幕府領地的封建領主本質，但對外卻是唯一的國家主權者，掌握著國內通商港口及以往的領主性質全國商品流通網絡。這種在國內是受限的封建領主，對外卻是唯一主權者的矛盾性格，就是維新政權的特質。

而且，因為與先進列強的接觸而使得這個矛盾擴大，在外來壓力↓流通層面↓生產層面的形式下，被要求改變經濟政策。因此，「全國統一形式的領有制廢除」（傍點原文）變得勢在必行，而這就是廢藩置縣。與此同時，推動廢藩置縣的這些人在掌握主導權的過程中，可以看見「絕對主義官僚」（我口中的維新官僚）的形成過程。他們受到對外關係的督促，持續地引導大都市特權商人，不久之後就變成採行擁護地主階級利益的立場。

先前對於維新變革的看法，整體上來說是有著將焦點放在幕藩體制內部形成的地主土地所有制的發展上來看的傾向，相較於此，丹羽的說法，帶入外來壓力這種國際性的契機，並且試著從當中找出廢藩置縣這個形成統一國家的近因，這一點引發爭論。而本書是在外國官↓會計官（日後的大藏省）的模式上，及從事貿易、財政問題的人脈之中，將目光放在親身感受到外來壓力的少壯開明派維新官僚身上。之後提到的「書生論」也與此有所關聯。

內部矛盾說

對於丹羽的說法，原口清在〈明治初年的國家權力〉中展開了詳盡的反駁，接著寫成《日本近代國家的形成》（一九六八）。原口先生雖然承認無論是對內還是對外，「唯一最高主權者」

的新政府內部，擁有著殘存下來的「幕藩分權要素」，以及身為統一支配者的「中央集權要素」兩者互相矛盾的因素。但卻不得不解釋說「主導這個矛盾的那一方終究是後者」，而「這個內部矛盾在與強大的資本主義列強的對立條件上，反而更顯嚴重」(前揭論文。傍點原文)。因此，廢藩置縣始終應該在內政層面(農民支配與租稅徵收等)的矛盾之中尋求基本的主要因素。

此外，原口提到以往的維新論看法，是從維新政府的「社會性支柱」(國家為了發揮機能主要依靠的階層)中剔除封建領主階級，但是他認為：「維新政府在依靠封建領主階級、大商人與高利貸的同時，也受到對於這些具有相對高度獨立性的專制官僚的領導，並在廢藩置縣及中央、地方的官制改革之中確立自我」(前揭書)。

世界史上也算是特例的廢藩置縣＝統一國家的形成過程中的近因，要從外在壓力來看，還是從內部壓力來看，雖然歧異很大，但這並不是二選一的選項。明治維新才是令十九世紀後半的世界資本主義與日本內部主要因素變得密不可分的變革。假設將外來壓力視作近因，而當它於現實中發展時，始終會與國內的矛盾緊密結合在一起來進行。國內的矛盾也在幕末，特別是開國以後浮現，但光憑這樣不可能一口氣就以廢藩置縣這種形式表現出來。這個內外主要因素的不可分割，或是互為媒介的近因模樣，只要不是切合實貌來看，就沒辦法分析明治維新，而圍繞維新的「革命」論也就不會如此豐富了。

還有，在「社會性支柱」的問題中也提到的「封建領主階級」是以天皇(皇族)、華族、舊大名階層為核心，但不一定不是一般士族（因此，其轉生切割政策轉變成徵兵令、秩祿處分）。「大商人、高利貸」雖然是以三都為中心的特權商人的比率較大，但當下也沒有捨棄將「富饒之者」、「富有之人」這種國內更為廣泛的豪農富商階層包含在內的打算（這是將農民的私有土地所有制連結到法律認定的地租改正的另一面，是特定的「政商」資本與政府之間開始緊密結合。小野、島田組等在這過程中被捨棄，於明治七年宣告破產）。

然後，從討幕派轉生而來的維新官僚，因為自己的體驗及嶄新的知識而飛黃騰達、煥然一新。在處理內外矛盾及危機時發揮了相對的獨立性，掌握了強力的主導權。

三、廢藩置縣及其真相

版籍奉還的上表文

參議木戶孝允在日記中的明治四年（一八七一）六月十一日這節底下，這樣寫到：

以版籍返上為第一段，此度聊舉其實；一定方向為第二段，則不可不盡力。

這段是木戶對當時的大納言岩倉具視所說的話，木戶斥責在「第二段」中表現出躊躇不決的岩倉等人。

不過，木戶口中的「第一段」的版籍奉還是怎麼發生的呢？

受到戊辰戰爭的深刻影響，部分人們已經出現想要放棄藩體制的聲音，但維新官僚壓抑住了這股聲浪。明治二年一月二十日，薩長土肥四藩藩主聯名上表朝廷提出版籍奉還的奏摺。

這封奏摺提到千萬不可讓這次千載難逢的大政變革變得有名無實，一方面強調王土王民論，一方面「朝廷宜善處之，可與其者與之，可奪其者奪之也。」隱約地建議朝廷進行領地的重新審定。這讓許多藩主燃起了希望，對於削弱反對聲浪也有效果。這正是奏摺的首要目的。

第二個目的是壓制住其他想要申請歸還領地的藩，並讓四藩藩主獲得主導權。這個效果也十分顯著。

第三是並未立即聽取奏摺意見的政治效果。收到奏摺的朝廷回答說會召開會議舉行公議來決定。因此列藩為了不落人後，便採取同樣的行動。當時各藩之間盛行建言書的借閱，所以相同內容的建言書接連不斷地被提出。

政治的奉還准許

版籍奉還問題於五月的上局會議上被提出，同時也向公議所諮詢。上局會議的公卿、諸侯雖然對垂詢的主要內容表示贊同，但對直接改為郡縣制一事卻猶豫不決。公議所的討論則是分成封建制及郡縣制兩派意見。封建論的影響雖然仍在，但不管如何，贊成郡縣制的是一百零一藩與昌平學校；支持封建制的是一百零二藩，正反意見處於伯仲之間。最後公議所提出了封建、郡縣折衷論的奉答書。參與連署的議員有九十七名（《維新史》第五卷）。

在這種氛圍之中，堅決主張郡縣制的大久保利通，怒斥不干不脆只能提出折衷論的公議所毫無用處（七月八日廢止，改制為集議院）。民部官副知事廣澤真臣（兵助）則是認為比起決定到底是封建還是郡縣制，握有生殺予奪大權，定會依理而行的「朝廷權力的有無」才是問題所在（日本史籍協會 編《廣澤真臣日記》）。

由於這種極為政治的辦法，明治二年六月十七日准許版籍奉還。戊辰戰爭才結束沒多久。關於這次的版籍奉還，日後木戶於日記中寫到：「余，設一謀略」（明治四年七月十四日一節）。從事佐倉藩藩政改革的西村茂樹（一八二八～一九〇二）也在其《回憶錄》中提到：「版籍奉還與廢藩，和成語中的緩急輕重是相同的意思，但又不盡相同。」指出之間差別的微妙所在，並且提到會以版籍奉還這句話來說服藩主及藩士，是因為這句話相當合適。「蓋大久保、木戶說喻其主人，版籍奉還非廢藩也。」暗地裡透露出兩人政治的「謀略」。

計畫奏效，不到十天，於六月二十五日前，薩長土肥以下二百六十二藩奉還版籍。最後達到二百七十四藩，總資產多達一千九百零四萬六千餘石（當時數量為九百二十六萬一千餘石，明治三年八月二日）。

此時，藩主改任命為知藩事（附上藩名就稱某某藩知事），並且維新政府命令知藩事改革各項事務。雖然返還土地、人民還僅止於名目上，但知藩事已經是由維新政府任命了，他們只是政府的一個地方官罷了。木戶口中的「第一段」已告完成。這個時候的維新官僚雖然盡量避免與藩主層之間的摩擦，但實際上藩主層正以知藩事及華族之名，一步一步地被迫後退。這是維新官僚循序漸進的行動模式。

一石二鳥的親兵設置

根據《陸軍省沿革史》（山縣有朋編，一九〇五），明治元年一月二十五日，軍防事務局轄下設立了「御親兵掛」。親兵基本以長州（山口）藩的龜山隊（於山口編成。附屬於干城隊）、致人隊（足輕隊譯註六。附屬於干城隊）為主，再加上鄉兵及各藩浪士組成。接下來維新政府於閏四月制定《陸軍編制法》及各藩的徵兵細則，五月公布《陸軍局法度》。

譯註六：日本軍事結構中的下層步兵，依戰爭需要使用不同裝備。戰國時代後成為戰爭中的主要戰力。

八月時，向府縣發出命令，禁止在軍務官確定兵制前，隨意訂立府縣兵規則，到了十月，嚴禁緊急戒備之外的「私自徵發諸藩兵」。

明治二年四月，嚴禁府縣兵規則制定前，府縣新設兵員。七月的官制改革中設置了兵部省。到了來年三年二月，〈常備編隊規則〉被分送至各藩縣，十月發布兵制確定（海軍是英式，陸軍是法式）的公告，十一月訂立〈徵兵規則〉。並藉此「於全國募集士兵，先於畿內試之，最終未能成功。蓋機運未熟而行之也。」《陸軍省沿革史》總論是這樣解釋的。

次月十二月頒布〈各藩常備編制〉。接著明治四年二月二十二日發布命令，命鹿兒島藩步兵四大隊、砲兵四隊，山口藩步兵三大隊，高知藩步兵二大隊、騎兵二小隊、砲兵二隊，總計約一萬人編為親兵，置於兵部省管轄下。也就是所謂的「御親兵」。前面提到的《陸軍省沿革史》總論中的「至此始得聚齊朝廷之兵」稍微透露出之前的漫長過程。

然後六月下旬，這批約一萬人的親兵集結完成。

呼應之前的過程，四月作為「國內鎮壓之具」（山縣等人的〈軍備意見書〉），於東山、西海二道設置鎮台。前者的本營設置於石卷（分營是在福島、盛岡）；後者是小倉（分營是在博多、日田）。這明顯地透露出此時的政府對哪個地方感到最為不安。八月時下達東京、大阪、鎮西（小倉，當時在熊本）、東北（石卷，當時在仙台）的四鎮台八分營的設置命令。這些地點的兵力是招集舊藩底下的常備兵而來的。明治五年二月陸軍省、海軍省誕生，取代了兵部省。

建立起這批新興軍事力量的，是繼承大村益次郎遺緒的陸軍卿山縣有朋。擁有幕末奇兵隊的經歷（但是需要留意有過前述的諸隊→精選→諸隊叛亂→鎮壓的過程。奇兵隊並不僅僅是徵兵軍隊的原型），以及西洋之行帶來的新知識而傾注心力。山縣在明治六年一月四日，以徵兵令為前提建議「六管鎮台募兵順序」，軍備則是「內以鎮壓草賊，外以伸張對峙之勢，足已。」日後〈徵兵令〉中所見到的建制天皇制軍隊的目的，在這裡就清楚地說明了。五天後，四鎮台改為全國六軍區：東京、仙台、名古屋、大阪、廣島、熊本的六鎮台（十四個營區），隔天十日，公布〈徵兵令〉。順帶一提，該年度結束前的兵員，總計為一萬六千二百餘人。

有點稍微超前談到兵制的整備過程了，讓我們回到剛剛的親兵問題。

看到設立約一萬親兵的過程後，會發現雖然新政府想掌握直轄軍事力量到自己的手中，但另一方面卻也還在不得不依靠藩軍事力量的矛盾之中煩惱不已。而這個矛盾到何時才能克服呢？為此所採取的辦法是令薩長土三藩將軍事力移交給中央的創設親兵。這不僅僅只是創建了維新政權的軍事基礎，也消除了當時被稱之為「尾大之弊」的地方軍團的威脅，正可謂一石二鳥之計。

這股親兵軍事力量是透過長州的木戶孝允、山縣有朋，薩摩的西鄉隆盛，土佐的板垣退助等人的協議才得以實現。但這個時候山縣與西鄉之間的對話頗有意思，山縣對西鄉說，雖然有些踰越分際，不過一旦成為親兵，就已經不是藩的家臣了，萬一薩長土的舊藩主謀反的時候，請勇於「據大義，斷然挽弓對之」。而西鄉也同意並實現這點（同上《陸軍省沿革史》）。這裡描繪出試圖克服這個矛盾的維新官僚的模樣，這也是他們一邊完全利用舊藩力量，一邊持續朝臣化的樣貌。而西鄉終究也不例外。

廢藩置縣與書生論

廢藩置縣是以這股親兵軍事力量為背景而辦到的。只不過一般認為，親兵並不是從一開始就是為了毅然推行廢藩而計畫的，雖然藩體制的解體正在進行中，但是否要下定決心一口氣到廢藩，政府內部的意見並不一致。而且，本節開頭引用的明治四年六月十一日的木戶日記中的「第二段」，當中是否含有廢藩意思的詮釋，至今仍然很微妙。

日記中還提到木戶藉此機會想向各藩「下同一之命，舉歸一之實」，所以所謂的「第二段」這句話的背後，是有將廢藩置縣的問題放在心上。但政治學家升味準之輔則是認為，此時的木戶的注意力還集中在政府改革之上，「並沒有貫徹廢藩的打算」。而且，追溯起日期會發現，明治四年七月初聚集在山縣宅邸（東京麴町富士見町）的山縣、鳥尾小弥太（當時是兵學頭）、野村靖（外務大記，以上皆出身長州）的書生論「在某一點上是決定性的」（升味準之輔《日本政黨史論》第一卷）。木戶及西鄉在這個時期還沒有下定決心廢藩的打算。

《大隈伯昔日譚》中會發現碰到廢藩，木戶及大久保姑且不論，但是否就連西鄉都輕易地說「好」可是個大問題。在此之前，西鄉還是頗具分量的。山縣曾激動地說：「萬一，若是仍舊持續地恣意妄為下去，不得已只好再起干戈，一擊之下他（西鄉）定為塵埃。」井上馨也說：「總之，與其在這杞人憂天，荒廢時日於種種議論之上，不如直接前去與西鄉相衝突，以此決定。」表達了心意堅決的程度。兩人便前去拜訪西鄉。但是西鄉卻很乾脆地同意了。大隈說兩人「因為太超乎預料，有一陣子都是茫然若失的模樣。」

這段故事裡頭強調貫徹廢藩置縣的直接原動力是書生論。而且，對於提倡這個書生論的少壯開明派維新官僚來說，西鄉站在什麼立場是不言自明的，反而能夠瞭解當時西鄉微妙的政治地位。也為了擺脫掉擁戴西鄉、依靠西鄉的勢力，大隈自鳴得意地說：「余（大隈重信）等同志僅僅三名」、「如應下達各藩的種種命令，亦不依循尋常一般之手續，幾乎數夜未眠以制定之。」（前揭《大隈伯昔日譚》）

導致廢藩的各項因素

導致廢藩的原動力縱使是書生論，但不得不廢藩的因素其實更複雜。已經提過的戊辰戰爭之後到明治四年的狀況，可以概略說明如下。

第一，各地的農民一揆、暴動激烈化，而且「脫籍浮浪之徒」主導的高官暗殺及反政府運動接連不斷出現。這些連鎖反應地或是多方地擴大了社會、政治上的危機。

第二是藩財政更加陷入僵局。

表20是明治二年十二月以後，自發性地申請廢藩的十三個藩（九個獨立藩、四個併入宗藩的支藩）的一覽表，但除了盛岡藩外全部都是小藩。這些小藩因為財政窘迫而變得束手無策。盛岡藩則是因為戊辰戰爭領地遭到沒收，藩主南部利剛之子利恭被移封到十三萬石的白石，明治二年七月，再度被移封回盛岡。但此時被命令上繳七十萬兩獻金，作為回到盛岡的條件（但實際上只繳納了五萬兩的訂金）。從事情的原委來看，盛岡藩的財政會陷入窘境也非例外。

但是這個情況中，雖然有作為基本原因的財政窘迫，但應該注意的是原則上這些藩主認知到，郡縣制構成的統一國家的必要性，所以才申請廢藩，採取能讓朝廷接受的形式。最極端的例子是像對丸龜藩（知事京極朗徹）的那樣，政府把表現藩政改革與置縣的意思看成是自發性的廢藩，而且也不管知事是否願意辭職，馬上就辦理相關手續，強制地將知事免職。

這與當時各雄藩進行的藩政改革（參見第一五九頁以下）是互相影響的，因為蜂須賀茂韶（德島藩）、細川護久（熊本藩）、德川慶勝（名古屋藩）等大藩知事提出了實施郡縣制的建言，所以可以看成是將這波趨勢的準備工作先在這些小藩身上來推行。

第三是藩政改革的進行。如同前文提到的，這基本上意味著新政府強化了對藩的統治。當中的鹿兒島藩有成為士族軍事國家，熊本藩則是有出現豪農的資產階級權力的可能性。若沒一口氣下定決心廢藩，可以預估會發生超出中央政府意圖的事態。

第四，多重性矛盾表面化的危機感，反而令政府領導階層的目標一致，強化鎮壓反政府分子的同時，也從漸進式廢藩論轉而成為躁進式廢藩論。

第五點可以指出以下的內容。

即維新政府是對外的唯一主權者，但藩體制的存續不變使得對內支配上存在著極限，因為這個緣故財政也不穩定。為了「萬國對峙」這個優先課題，為了要具備統一國家的本質，也是為了要克服財政上的不安，維新政府深切地認知到廢藩的急迫性。維新官僚把外來壓力的重擔，視作實現國家統一的踏板。

廢藩置縣與府縣序列

就這樣地，明治四年（一八七一）七月十四日強制推行廢藩置縣。以井上馨的話來說就是「十四日，啪地一聲頒布了廢藩命令。」與版籍奉還的時候不同，這次是天皇單方面的命令，曰：「內以保安億兆，外以欲與萬國對峙，宜名實相符，政令歸一也。」

表 20　明治初年自發性廢藩

	藩名	（石高）	廢藩年月日		合併藩縣	（現在府縣名）
(1) 獨立藩的廢藩	吉井藩	(10,000)	明 2.12.26	→	岩鼻縣	（埼玉縣）
	狹山藩	(10,000)	明 2.12.26	→	堺縣	（大阪府）
	盛岡藩	(200,000)	明 3. 7.10	→	盛岡縣	（岩手縣）
	長岡藩	(24,000)	明 3.10.22	→	柏崎縣	（新潟縣）
	多度津藩	(10,000)	明 4. 2. 5	→	倉敷縣	（香川縣）
	丸龜藩	(51,000)	明 4. 4.10	→	丸龜縣	（香川縣）
	龍岡藩	(16,000)	明 4. 6. 2	⇉	中野縣 伊奈縣	（長野縣）
	大溝藩	(20,000)	明 4. 6.23	→	大津縣	（滋賀縣）
	津和野藩	(43,000)	明 4. 6.25	→	浜田縣	（島根縣）
(2) 支藩的宗藩合併	鞠山藩	(10,000)	明 3. 9.17	→	小浜藩	（福井縣）
	福本藩	(10,573)	明 3.11.23	→	鳥取藩	（兵庫縣）
	高須藩	(30,000)	明 3.12.23	→	名古屋藩	（愛知縣）
	德山藩	(40,010)	明 4. 6.19	→	山口藩	（山口縣）

（註）參照淺井清《明治維新與郡縣思想》。但依各地方史補訂

表 21 府縣藩數的變化

年 月	使	府	縣	藩	計	備 考
明治元年閏 4		10	23	277	310	
2・末	1	3	46	271	321	7 月，設置開拓使
3・末	1	3	43	256	303	
4・ 6	1	3	41	261	306	廢藩置縣前夕
7	1	3	302		306	廢藩置縣之後
11	1	3	72		76	公布〈縣治條例〉
5・ 9	1	3	69	1	74	設置琉球藩
6・末	1	3	60	1	65	7 年，無變化
8・末	1	3	59	1	64	
9・末	1	3	35	1	40	10、11 年，無變化
12・ 4	1	3	36		40	設置沖繩縣
21・末	(道)1	3	43		47	以後無變化

（註）參照宮武外骨《府藩縣制史》。使→開拓使，道→北海道。
明治 13～20 年間縣數雖有變化，但省略

維新官僚在天皇的身旁，冷漠地注視著拜倒於這封詔書前的知藩事（舊藩主）。這是他們堅決實行的行動模式。從版籍奉還到廢藩置縣，他們都是透過巧妙結合循序漸進與堅決實行的行動模式來實現。

二百六十一藩被廢除並照其原貌改為縣，全國（除琉球以外）分為一使三府三百零二縣。然後，知藩事被免職，籍貫歸屬於東京府。明治四年八月八日，岸和田藩（後來成為大阪府的一部分）的知事岡部長職在最後要離開的時候，與舊藩士舉杯對飲，「杯中，先於酒者，乃淚乎。」這是藩所留下的舊制度消失的一瞬間（淺井清《明治維新與郡縣思想》）。

該年的十一月，全國被統整為一使三府七十二縣，由政府任命的開拓長官（當時為次官）、府知事、縣令（權令、參事）來負責行政事務。地方行政也落入政府手中。

接著，十二月十日，「假定府縣之班次」（東京大學史料編撰所 編《明治史要》），決定了全國七十二縣的府

縣次序。從東京、京都、大阪三府的順序開始(琉球藩設置後,琉球藩排在三府之後),接著是神奈川、兵庫、長崎、新潟等有重要港口的四縣,下面是關東、近畿、中部、東海(含甲信)、東北、北陸、山陰、山陽(含和歌山)、四國、九州,大體這樣的順序。可以瞭解當時政府有多重視三府及四港縣(以上參見表21)。

透過廢藩置縣,總算完成了國家的統一,在此之後到確立各府縣的疆界為止,還要花上十餘年。但是卻不能忽略認為當初其中還隱藏著像後文內容的意見。

忠勤藩與朝敵藩

換言之,就是在說政府區別出維新時的忠勤藩與朝敵藩,並在廢藩置縣後的明治四年十月~來年五年六月這段期間內所更動的縣名之中,清楚地把這點表現出來。率先提出這點的是創設明治新聞雜誌文庫(現屬於東京大學法學部)的宮武外骨(一八六七~一九五五)的著作《府藩県制史》。宮武先生談到會調查這件事情的契機是「去年冬天(一九四〇),從偶而來訪、高齡八十三歲的渡邊修老先生那裡聽到的事情。」「透過老先生談起從距今約五十年前,做過大藏省預金局長、千葉縣知事等職的兵頭正懿這號人物的故事,我才意會到的。」

若依宮武先生所說,在先前提到的時期內,忠勤藩的大藩縣名就用原本的藩名,朝敵藩與觀望形勢舉止曖昧的大藩就不使用原本的藩名,而改用郡名或是山川之名。具體地說,鹿兒島、山口、高知、佐賀、福岡、鳥取、廣島、岡山、秋田等忠勤九藩中，除了佐賀以外，全部都於明治四年十一月二日～同月二十二日止的期間內，被賦予與舊藩名相同的縣名，而佐賀雖然曾一度更名為伊萬里縣，但來年的五年五月二十九日又改稱為佐賀縣。而且，廢藩置縣後，曾暫時使用原有藩名的縣名，以及明治四年九月上旬到十一月下旬止的三個月間，合併改置後的縣名也有使用朝敵藩名，但可以肯定地說來年的五年一月之後朝敵藩名的縣名就一個也沒有了，就像表22的例子。

不過，對於藩名留作縣名仍有疑問的藩還有四個。也就是「朝敵福島藩所在的岩代國是福島縣，朝敵山形藩所在的羽前國是山形縣，親族血統福井藩所在的越前國是福井縣，德川家和歌山藩所在的紀伊國是和歌山縣一事」。但是宮武先生表示，如果以下面的緣由來思考的話就能解決。

福島藩在明治元年十二月被移封到三河國碧海郡之後，改名為重原藩，而福島藩就滅亡了。福島縣是於來年的明治二年七月新設立的。山形藩在明治三年九月被移封至近江國淺井郡成為朝日山藩後，山形藩就消失了，而山形縣是同年九月新設置的。因此這二藩二縣一樣是廢藩置縣前就經歷過廢藩及置縣了，這與明治四年到五年的事情毫無關係。

那麼，福井的狀況又是如何呢？該縣在明治四年十二月，由於越前國足羽郡的郡名而改稱為足羽縣，明治五年時並沒有福井縣的存在（現在的福井縣是明治十四年二月設立

表 22 朝敵、曖昧藩等的縣名

區 分	舊藩名	改稱縣名	改稱縣名的由來	備 考
德川家	名古屋藩	愛知縣	尾張國郡名	現存
〃	水戶藩	茨城縣	常陸國〃	〃
朝敵藩	松江藩	島根縣	出雲國〃	〃
〃	姬路藩	飾磨縣	播磨國〃	明 9.8. 併入兵庫縣
〃	松山藩	石鐵縣	伊予國山名	明 6.2. 改稱愛媛縣
〃	高松藩	香川縣	讚岐國郡名	再三廢合復縣現存
〃	桑名藩	三重縣	伊勢國〃	明 9.4. 與度會縣合併，現存
曖昧藩	津藩			
朝敵藩	小田原藩	足柄縣	相模國〃	明 9.4. 廢止，神奈川縣
〃	川越藩	入間縣	武藏國〃	明 6.6. 廢止 熊谷縣，後群馬縣
〃	佐倉藩	印旛縣	下総國〃	明 6.6. 廢止，千葉縣
〃	松本藩	筑摩縣	信濃國〃	明 9.8. 廢止，長野縣
〃	高崎藩	群馬縣	上野國〃	一時為熊谷縣 明 9.8. 再置，現存
〃	仙台藩	宮城縣	陸前國〃	現存
〃	盛岡藩	岩手縣	陸中國〃	〃
〃	米澤藩	置賜縣	羽前國〃	明 9.8. 併入山形縣
曖昧藩	熊本藩	白川縣	肥後國川名	明 9.2. 再置熊本縣
〃	宇和島藩	神山縣	伊予國山名	與石鐵縣合併 明 6.2. 愛媛縣
〃	德島藩	名東縣	阿波國郡名	明 13.3，再置德島縣
〃	金澤藩	石川縣	加賀國〃	現存
（同分家）	富山藩	新川縣	越中國〃	明 16.5. 再置富山縣
曖昧藩	岩槻藩	埼玉縣	武藏國〃	現存
〃	土浦藩	新治縣	常陸國〃	明 8.5. 廢止，茨城縣

（註）依宮武外骨《府藩縣治史》作成。舊藩名為廢藩置縣中直接成為縣名，
改稱縣名為之後的縣名（參照本文）

的）。德川御三家譯註七之一的和歌山縣的情況與名古屋藩及水戶藩不同，該藩於慶應三年年末率先向新政府傳達「毫無反叛的念頭」，而且也有將軍家茂與和宮（孝明天皇妹）的關係，所以「立即表示恭順之意」，才沒有受到和御三家其他兩藩一樣的待遇。因為該藩讓新政權產生了「好感」，所以才是和歌山縣。

還有一個靜岡藩與靜岡縣的關係，是因為新政府為了重新延續德川家，所以設置了府中藩七十萬石，再更名為靜岡藩，即使這個藩名成為縣名，也與其他的恭順及叛逆的大名情況不同。

表達恭順叛逆的想法

宮武推測這個表示恭順叛逆縣名的提案人，是當時位居府縣監督地位的大藏大輔井上馨（長州），並且大藏卿大久保利通（薩摩）也同意這項提案。

維新政府對於朝敵藩態度的另一面，是戊辰戰爭的論功行賞。明治二年六月以後，賞賜鳥羽伏見之戰到東北戰爭為止期間的四百三十一人、五支部隊及十艘船艦；箱館戰爭的一百零四人、四支部隊及十二艘船艦。同年九月，如後頁犒賞表23所列出的所謂「復古功臣」（共計三十四人）。以「官軍」或以薩長為中心的勤王藩為主是不用說的（此表同時如實地呈現出持續朝臣化並升遷的維新官僚的地位。參見第一三〇～三頁）。

這麼說來，政府從明治五年開始著手、花了約十七年的時間於明治二十二年（一八八九）

完成的《復古記》(全二百九十八卷),就是戊辰戰爭的忠勤藩及反抗藩的記錄全集了。根據維新一開始,明治二年的修史敕詔,比起其他的修史事業,當時的太政官首先親自彙編這部記錄全集的意義,可謂十分重大。

當然,明治政府的基本方針是要形成集權的統一國家。因此,府縣名的疆界劃定變遷,還具有更多樣的因素。譬如說,還必須加上一國一縣的原則、四十萬石(明治四年十一月)或八十萬石(明治九年八月)的整合標準、舊藩時代的藩情與當地的反應(藩意識、國意識),還有與這些密切相關時常改變的政府方針等一起考量(林正巳《府県合併與其背景》)。

然而,宮武將剛剛指出的內容稱之為「賞罰的縣名,表示恭順叛逆的史實」及「史無前例的事實」,而在考慮到維新的性格並看到後來藩閥政府的真面目後,不可能把這些當成是單純的軼聞而忽略掉。也可以說在這個時間點上,前文提到的公議、公論曾一時消失得無影無蹤的事實,也不是與這些事情毫無瓜葛。

譯註七:指尾張德川家、紀伊德川家及水戶德川家,於德川幕府內地位僅次於將軍家。在本宗將軍家絕嗣時,便從御三家及後來設立的御三卿中挑選繼承人。

表 23　復古功臣賞典表

	永世祿	終生祿	一時賞賜	敘位
5.000 石	三條實美（公） 岩倉具視（公）	山內豐信（高知，主）		從一位 德川慶勝（名古屋，主）
1,800 石	木戶孝允（山口，士） 廣澤真臣（山口，士） 大久保利通（鹿兒島，士）			正二位 松平慶永（福井，主）
1,500 石	中山忠能（公） 中御門經之（公）	伊達宗城（宇和島，士）		正二位 淺野長勳（廣島，主）
1,000 石	正親町三條實愛（公） 大原重德（公） 東久世通禧（公） 後藤象二郎（高知，士） 小松清廉（鹿兒島，士） 岩下方平（鹿兒島，士）			正三位 西鄉隆盛（鹿兒島，士）
800 石	澤　宣嘉（公） 由利公正（福井，士）※			
500 石	成瀨正肥（犬山，主）			
400 石	田宮如雲（名古屋，士） 中根雪江（福井。士） 福岡孝弟（高知，士） 辻　將曹（廣島，士）			
100 石		島　義勇（佐賀，士） 北島秀朝（水戶，士） 土方久元（高知，士） 西尾為忠 江藤新平（佐賀，士）		
50 石		新田三郎（郡山，士）		
金1,000 兩			田中不二磨（名古屋，士）	
500 兩			神山郡廉（高知，士）	
計	米　28,100 石（20 人）	米　7,050 石（8 人）	金　1,500 兩（2 人）	（4 人）

（註）依《維新史》第 5 卷作成。明治 2 年 9 月發布（但唯有 ※ 由利公正於明治 3 年 12 月 2 日發布）。
公→公家，主→藩主，士→藩士，身分是發布當時或之前

並且對戊辰戰爭（鳥羽．伏見～箱館戰爭）的「軍功賞典」，於明治 2 年 6 月 2 日以降逐次發布，親王、公家、藩主以下西鄉隆盛（2,000 石），大村益次郎（1,500 石），板垣退助（1,000 石）等聯名

天皇親政、萬機親裁

那麼，再拉回主題。

廢藩置縣的時候，藩主階層可以說幾乎沒有任何抵抗。

因為廢藩，雖然年貢被政府搶走，但舊藩士的家祿及龐大的藩負債，也都由政府來一肩扛起，而且藩主們的實際收入是得到保障的。雖然不再是知藩事，但他們的華族身分並沒有任何改變。所以說，對於藩主階層而言，廢藩讓他們從不安及危機感中解放出來，而自己失去的東西非常少，只不過是種受到保障的政治措施而已。

廢藩置縣後馬上制定了〈太政官職制並事務章程〉，在此之前是沒有這樣明確地規定天皇親臨、萬機親裁。

慶應四年（明治元年，一八六八）一月時，總裁是指政治的「總裁萬機，決一切之事務」。閏四月的《政體書》中規定「天下權力大體歸于太政官」，接著，明治二年七月，規定太政官的職務是輔佐天皇、總理大政及擁有官事的總裁權。但是，伴隨著明治四年七月的廢藩，現在已經明白地強調天皇親臨「總判萬機」。明治二年一月，岩倉具視在給三條實美的信中，談到的目標是「雖未等到明天子賢宰相出現，但不可不確立足以保持自己國家之制度。」而這就是指要建構起強韌的天皇制官僚國家。

照這樣看下來的話，維新政權是以王土王民論的大纛來吸收並集中先前幕藩權力的國家權力。單就這樣來看，必須說這是以昇華一般封建支配的形式，來在自己體內體現絕對主義的權力。而且，在此之中，維新官僚還強烈地發揮了它的相對地獨立性格。

更進一步說的話，維新政權在幕藩體制的內部矛盾與外來壓力這種不可避免的外在矛盾的交錯下，為了克服這種危機，提出作為關鍵字的公議、公論。並藉由持續吸收支配階層內部的支持，以及從下而來的「救世」能量，然後為了萬國對峙的目的，將天皇與國家相連結，快速地建構出色的過渡性統一權力。當中高度發揮相對獨立性格的維新官僚，想要直接或間接地超越作為模範的先進資本主義國家，並以此為手段來逐步準備打造廢藩置縣後成立的天皇制統一國家的全新基礎。這個過程同時也是這些維新官僚通過此一辦法來改變自己的過程。而在看這個過程之前，下一章將先探討天皇的地位是如何被美化的。

第六章

美化天皇地位

一、天皇、宮廷、民眾

天皇睦仁的幼年時代

天皇睦仁——幼名祐宮，父親是孝明天皇（一八三一～六六），母親是權大納言中山忠能的女兒中山慶子。嘉永五年（一八五二）九月二十二日（陽曆十一月三日，之後為天長節。參見第二二二～三頁），於中山宅邸呱呱墜地。這是培理來航的前一年。當時父親孝明天皇虛歲二十二。

關於母親中山慶子，格林菲斯在前面提到的《天皇》裡的一章寫到「睦仁之母」，並說明：「她是宮中的女官，屬於孝明皇帝的後宮。為了避免皇帝的血脈斷絕，天皇會被准許有十二人的後宮，不過達到這個數目是很少見的事情。明治時代，能夠成為皇帝母親的女性是樞密院（Privy Council）從身分高貴的家族之中挑選出來的。關於這點，古時候把挑選天皇配偶的工作當成是國家的重大事情。而用這種方式挑選出來的女性的其中一人，就是非常高貴的二位局，也就是誕生下明治皇帝的母親。『局（ツボネ）』與『御門（ミカド）』一樣，比起是人的稱呼，還比較像是在說場所。『局』，也就是宮廷深處的房間，特別是指特定人士的個人專用房間。『二位（ニイ）』的『二（ニ）』是數字的二，而『位（イ）』是位，等第的意思。換句話說，居住於這個局的女性在宮廷中的地位排名第二——以女性來說是非常高的地位，是擔任皇后的人。」

擁有這樣雙親的睦仁，在幕末的動亂期中度過了幼年及少年時代。他的性情似乎是相當任性，而且既好勝又急躁的。

睦仁的乳人（奶媽）木村賴（木村ライ）之子，在兩歲到七歲的期間被當成是睦仁宮中的童年玩伴一起扶養長大、年紀比睦仁小一歲的木村禎之助，於晚年天皇駕崩時的回憶中，提到了這樣的一件事情，他說小時候的睦仁在他喜歡的騎木馬遊戲中，會命令侍女按照他的意思來移動，亂發起脾氣來就會丟土製人偶及玩具，一不高興也不管對方是誰，就直接賞他一拳。

當時，在私下傳聞是被毒殺的孝明天皇猝死後，睦仁繼承了父親的大位。慶應三年（一八六七）一月九日，登基為第一百二十二代的天皇。那時候他虛歲十六。後來諡號明治天皇（一八五二～一九一二）的新國家象徵就此誕生。

參與橫井小楠（熊本藩士。明治二年一月被暗殺）的記錄中，記載著明治天皇的臉形長且略黑，聲音宏亮，身材苗條，「御器量」可以說是「普普通通」，「唯有非尋常人等的英俊尊容，真是位很特別的大人。」慶應四年（明治元年）閏四月，與英國公使巴夏禮一同出席京都東本願寺謁見儀式的書記官薩道義（Ernest M. Satow, 1843~1929），他當時的印象是「大概是有化過妝吧，臉頰的顏色很白。嘴巴的形狀很怪，就是醫生口中的突顎，但大體上來看臉龐的輪廓是整齊的。眉毛被剃掉，在原本眉毛上面一英吋的地方畫上眉毛。」

這個天皇在巴夏禮雙手呈上英女皇的書信之後，「我看到天皇覺得害羞，一副畏畏縮縮的模樣，於是天皇只好找山階宮（晃親王。議定、外國事務局督）求助，這位山階宮的工作實際上是從天皇那裡領收書翰。還有，天皇陛下想不起來自己該說的話，而從左手邊的人聽到一句後，總算是能夠發出開頭那一段的聲音。於是伊藤（博文。參與、外國事務局判事）就開始宣讀先前準備好的全部翻譯內容。」（Ernest M. Satow *"A Diplomat in Japan"*）

為了將這位不熟練的天皇打造成鮮明的國家象徵，維新官僚採取了一連串的辦法。

東京奠都與宮廷改革

辦法的第一步是已經提過的遷都問題。正如大久保在大阪遷都論提到「廣闊洞察宇內之大勢，一新數百年來一塊因襲之腐臭。」搬離一千年來天皇一直居住的舊習據點——京都，並創造出新時代的全新之「玉」。而深藏堅定決心的維新官僚，以他們循序漸進的行動模式，實現了歷史事實上的東京奠都（參見第五六頁）。

第二則是宮廷改革。

明治元年（一八六八）十二月二十八日，在宮中公布一條美子為女御的聖旨後，當天馬上接著舉行了立后儀式。「中世以降立后之事幾近廢絕，天皇元配大多由女御充任。近世之時，後水尾天皇、靈元天皇、東山天皇、光格天皇建立中宮乃稀有之例。」就像《維新史》第五卷提到的這樣，冊立皇后也是宮廷改革的一環。

成為皇后的一條美子是左大臣一條忠香的三女壽榮（起初名為聖子，在公布為女御的聖旨的同時改名為美子），也就是後來的昭憲皇太后（一八五〇～一九一四）。她比天皇睦仁還要年長三歲。因為「年長三歲乃世俗忌諱言四之故」，所以她的出生日期比實際上的還要晚上一年，成了嘉永三年（一八五〇）四月十七日（陽曆五月二十八日）（《明治天皇紀》第一。《維新史》第五卷則為真正的生日為嘉永二年十一月二十八日）。

宮廷改革的目標，就像是大久保說的那樣貼切，是要以宮中、府中的一體化來「鞏固根本」。透過重新持續建構的太政官與天皇的一體化，來謀求權力的集中與政治的一元化。因此，為了這個目的，必須掃除環繞在天皇身旁的後宮勢力。被稱之為御局的宮中女官們服侍在天皇的左右，擁有堅固不可動搖的力量。她們看待推動宮廷改革的太政官官員宛如「仇讎」並且抗拒他們。除此之外，宮廷內還存在著——以大久保的話來說——「與深閨怨婦相同」的公卿。

為了要讓天皇離開這些勢力，明治元年閏四月，天皇的住居從後宮移到了表御座所。然後每天在御學問所譯註一處理政務。

譯註一：「表御座所」為天皇、皇后處理公務的地方。「御學問所」為天皇讀書之處，也在這裡舉行茶會、歌會、書會及謁見儀式。

明治四年八月，開始試著把女官趕出宮中。負責此事的宮內大丞吉井友實（舊鹿兒島藩士）在他日記的八月一日這節寫到：「今朝女官總免職」，並說數百年來的女權僅僅一日就被抹除，真是愉快至極。此後，女官皆重新選擇任命。

來年的五年五月再度推動改革，罷免了三十六名女官。吉井這個時候在寄給岩倉具視的信中提到剷除了「百年之害」，並寫說在這次改革之後，皇后更加奮發向上，天皇的服飾等都親自處理。

全新的帝王學

與掃除後宮勢力成一對比，維新官僚接二連三地將國學家及有才幹的藩士們，送去當天皇的親信（侍講、侍讀、侍從等）。這些親信當中能找出玉松操（國學家）、福羽美靜（國學家）、加藤弘之（舊出石藩士）、伊地知正治（鹿兒島）、副島種臣（佐賀）、元田永孚（熊本）、米田虎雄（熊本）、高島鞆之助（鹿兒島）、山岡鐵太郎（靜岡）等人的名字。此外，明治十年時新設立的侍補，則是任命由德大寺實則（公卿）、吉井友實（鹿兒島）、土方久元（高知）、元田永孚、高崎正風（鹿兒島）、佐佐木高行（高知）等人擔任。

他們使宮中風氣煥然一新，傳授天皇全新的帝王學。日本及中國的古典之外，還講解斯邁爾（Samuel Smiles）的《西國立志編》（自助論）、伯倫知理（Johann C. Bluntschli）的《國法汎論》。在這些書籍中，生於瑞士，曾短暫擔任該國官員後不久便到德國大學執掌教鞭的伯倫知理的這本書，加藤弘之（一八三六～一九一六）花了數年時間，扎實地灌輸給二十歲前後的天皇。

雖然加藤晚年說天皇因為這本書領略了「憲法、三權分立、市鎮村自治制的大意」，但實際上的講授內容到頭來仍是以國家概念為中心的國家學說。會這麼說是因為以他摘譯的侍講內容為基礎，於明治九年發行的《國法汎論》中，雖然收錄了國法、國家元首、國家職務、司法及國家教育事業（宗教、教育等）等的部分，但在原書上談到民選議院、地方自治體（村鎮），或是個人自由（自由權力）的章節都被省略了。另一頭，元田永孚（一八一八～九一）則是強調對君德的輔導。他認為政治的訣竅是「攬億兆之心」，也就是在於攏絡人心，其根本與君德如何有關。而且主張為了達成這個目的，宮中與府中就必須合為一體。他的這個主張成為明治十年八月創設侍補一職的理由，而這裡強調的宮中、府中的一體與大久保先前主張的明顯不同。大久保的論點是太政官這個國家機構與天皇一體化，來謀求政治上的一元化；但元田等人的侍補集團想要推動的「天皇親政」運動，只不過是將重點擺在君德也就是天皇的人格上面，並且令政府（府中）從屬於天皇而已。目標在於天皇制官僚國家的政府首腦，是不可能接受這種論點的。結局是侍補制度於明治十二年十月廢止。此時的政府這次是用要區分宮中、府中的理由來說明。

天皇形象的深入民眾

第三個問題是天皇形象要如何深入民眾。

大久保也在大阪遷都論中，明確地描述了這個企圖（參見第五四～五頁），東征大總督府軍監江藤新平（一八三四～七四。舊佐賀藩士）與徵士大木民平（一八三二～九九。喬任，舊佐賀藩士）於明治元年閏四月一日，向副總裁岩倉具視提交江戶遷都論的建言書。書中內容如下：

> 鳳輦（天皇的交通工具）正當東下之時，德川氏之惡政逐漸剷除，而陛下深察下民之疾苦並決興善美之政。所謂祭忠臣之墓，表孝子之門，除田租，閔廢疾，拔擢賢才之士，決滯留之獄，並令匹夫匹婦皆得其所，以收攬人心，下通皇澤等，不行鳳輦東下，實難順利為之哉。

很明顯地，這裡的天皇形象化身成為過去暴政的解放者。這無非就是討幕派到維新官僚一貫強調的天皇模樣。

如前文提過的，當時向民眾公布的公告是不停地重複訴說天皇是日本的主人翁，以及他尊貴的由來。而且，就像日本近代思想史家鹿野政直在他的著作《資本主義形成期的秩序意識》中所指出的，一方面天皇與神武天皇（政治的支配者形象）重疊在一起，另一方面又與天照大神（神聖的支配者形象）連結起來。這兩種天皇的形象「在現在的天皇身上結合起來，他被賦予了既是政治上的征服者，同時也是宗教上的君臨者的性格」。

這個既是政治上的征服者，也是宗教上的君臨者的天皇形象與之前的解放者化身重合的時候，天皇便首次立於歷史傳統與正統性之上，同時作為解放者也成為兼具歷史進步的存在。所以天皇立即斷髮，改著洋服，並被當成「文明開化」的象徵，也是具有充分理由的。

為了使人們理解維新變革的歷史必然性及正當化，所以用感情來讓融合了這些形象的天皇象徵深入人們心中，比起任何事物都來得必要。而其中的一個具體策略就是前文的江藤、大木建言書中所提到的。

於是這項方案就以駕車東幸的形式，於明治元年九月移交施行。這也預告了東京的奠都。天皇的隨扈人員居然高達兩千三百人，這是足以誇耀天皇威嚴的人數。並且向沿路上的三十三間式內社（記載於延喜式神名帳中的神社）獻納幣帛，嘉獎各地孝子、節婦一百五十二人。

此外還賑恤七十歲以上的高齡者一萬三百九十八人，及罹災者等一萬一千八百零七人。這些金額實際上高達一萬一千三百七十兩。東京市民被宴請當時稱之為「天盃頂戴」（領受御酒）的酒餚，感受到天皇的仁德恩惠。市民還搬出花車及攤販，不分晝夜地接連好幾天都沉浸於祭典的氣氛之中。此次東幸總費用計算出來是七十七萬八千零六十円，約佔了明治元年通常歲入的兩成（參見第一六五～六頁）。

從「聚集」到「動員」

這種天皇形象的深入民間，是透過明治五年（一八七二）的西國巡幸以後到明治十八年的所謂六大巡幸，北從北海道起南至九州為止，像撒網一樣將全國都給覆蓋住，並逐漸變得具有計畫性和組織化。

明治元年三月的大阪行幸之際，人們「為能瞻仰陛下一行，市內及附近眾庶聚集之事甚多」（《御親征行幸中行在所日誌》第二號），而且好奇心也有加分效果，所以人們「聚集」在巡幸隊伍四周。明治五年的巡幸也沒有太大的不同。作為東京的小報（相對於以社論為中心的大報，是以市井小民的雜聞為中心。版面也略小）而正式誕生的《讀賣新聞》第一號（明治七年十一月二日）的「布告欄」中，刊載了與行幸、行啟有關的太政官通知，「天皇及皇后經過時，要靠到路旁，脫帽站好低頭示禮。此外，搭乘馬匹及人力車的人要下馬（車）恭敬地鞠躬行禮。特此通知。」甚至到了必須特地解說的程度。

因為天子腳下的東京是這副模樣，所以關東以北就更不得了了。明治八年二月的《明六雜誌》（第二十八號）當中，阪谷素（財政家、政治家家芳郎之父）的社論〈民選議院變則論〉的一節中，能看到「吾妻周邊之人卻有言稱天公或禁公的愚蠢怪癖」的敘述。這裡提到的「吾妻周邊」並不清楚指的是哪個地方，但最起碼應該是關東以北舊朝敵藩較多的地方沒有錯。正因為有稱呼天皇為「天公」或是「禁公」的氣氛在，所以明治九年六月到七月的東北巡幸，更是得硬著頭皮辦下去。隨行巡幸的木戶在七月九日給伊藤博文的信中大嘆東北地方連小孩子都在討論天皇的權限。

因此，若是到時沒能事先對沿路民眾做些準備，人們就更不會覺得有什麼稀奇了。六月三十日，天皇離開仙台不久後，人們對天皇一行的反應是「穿過田野山林之間時，雖然瞻仰陛下的人群各處皆有，但大家都是穿著股引的少女及帶著鐮刀鋤頭的農夫們，用全是泥巴的腳並排在田埂上，單跪在草地上或是坐在石頭上。也有背著全裸的嬰兒，然後從背後把嬰兒的頭拉到腋下來餵奶的婦人。這些人臉上腳上都全沾滿了泥巴，睡午覺的人在天皇通過時，不是連一眼都不瞄就是忽然被叫起來，一邊揉著眼睛一邊盯著鳳輦，真是最為滑稽可笑的事情了。」

但是另一方面，這次東北巡幸所至之處，都有作秀及大量動員的情況。農田的農民要先披上紅色或黃色的手巾，繫上紅色的束衣帶來供天皇御覽。此外，為了恭迎聖駕到來，各處行宮都安排有兒童及學生。

剛剛引用的內容是來自於岸田吟香（一八三三～一九〇五）執筆，當時連載在《東京日日新聞》的〈東北御巡幸記〉，文中對這次的演出及動員的光景都鉅細靡遺地描繪出來。於是，導演出來的天皇巡幸開始充分地發揮了它的效果。

（明治九年）七月十一日　上午七點，從三戶的行宮發輦。（中略）經過雨沼坂、水無坂等地時，各處山丘之間聚集了前來瞻仰的人群，有的望著鳳輦兩手合十地行禮叩拜，有的雙手擊掌，不管何者都是從各地的村落出來的人們。

天皇的形象藉著在全國舉行國家性的遊行，徐徐且確實地沁入民眾的內心。格林菲斯的《天皇》裡頭，是這樣子來形容的：

皇帝騎著馬在東北險惡的道路上前進。在每個縣都有該縣的知事一直隨侍在側，還有每到一個地區的邊界，必有當地的長官前來迎接。皇帝所走過的地方，下層階級的人們就會恭敬慎重地將天皇雙腳踏過部分的泥土收集起來，他們相信這些泥土已經變得神聖，可以治癒疾病。

整個旅程下來，各地旅館的老闆對陛下用過的東西都很小心謹慎地收藏著。

活神信仰與天皇

即使如此，在那群甚至連天皇的存在都幾乎不知道的民眾內心裡頭，天皇的權威又是如何這麼迅速地滲透進去呢？假使天皇巡幸是讓民眾作秀、動員而成的，但若沒有民眾他們自己可以接納天皇的基礎的話，是不可能連人們的內心都能這樣簡單地動員起來。

解開這個問題的關鍵之一，就是上節引用文章中對著「鳳輦」人們雙手合掌膜拜、擊掌的段落，還有天皇踏過的土地被視為神聖高貴，相信可以用來治療疾病的部分。

這些究竟代表什麼意義呢？

這裡讓人想起民俗學的宮田登先生的著作《活神信仰》一書中的內容。宮田發現天皇信仰的深處，有著民眾生活中傳統活神信仰的習俗。

這裡提到的活神信仰，是指人在生前就被當成神明來奉祀的信仰現象。根據可以說是活神信仰資料集的加藤玄智的《本邦生祠之研究》中的記載，到昭和六年（一九三一）目前為止，成為活神信仰對象的活神有一百零五人，生祠數目有六十四座。從府縣別分布表來看，一道三府四十三縣中，活神、生祠都沒有記錄的縣有十三個，可以說活神信仰大致上遍布全國（這些沒有記錄的縣比率上偏重於西日本。而存在這些沒有記錄的縣也暗示著，活神信仰不只是天皇信仰深入民間的唯一因素）。

在記錄中年代清楚的有六十八例（明治以前三十五例，以後三十二例）。江戶時代以前的僅有一例。所以可以將活神信仰看成是近世以後的社會現象。明治以後的三十三例中，與明治天皇有關的有七例，其中四例是天皇巡幸或是由此而生的事物成為設立生祠的機緣，可以推測出活神信仰與天皇巡幸是有所關聯的。

關於這點，宮田先生舉出明治九年（一八七六）的東北巡幸及十一年的北陸、東海天皇巡幸的例子來說明，這兩次款待天皇的形式「與招待訪問村落的神明的模式是相同的」。翻閱《魚津市史》下卷會發現這個時候是以富山縣魚津的寺崎宅邸為行宮。戶主與一郎及其父親橘藏（俳句筆名為靄村）將獲許謁見天皇一事，用「現實中，縱有叩拜，仍如夢之秋，靄村百拜」的俳句來寄託此時的心境。可以說一句道盡天皇與活神信仰間的關聯。

行文至此，筆者想起天保二年（一八三一）七、八月以後，長州藩正深陷防長大一揆的漩渦之中。而在一揆勢力正盛之時，各村落在舉行了把藩主當成村落共同體中心來祭祀的「殿下祭」後，一揆農民就一個接著一個脫離戰線的事情。原本該藩的殿下祭是於正月或二月，在鎮守社祈求武運長久、國家（藩）安全，或是五穀豐穰的每年固定活動之一。而這個祭祀在八、九月時接連地舉行後，一揆農民痛改前非，離開了暴動隊伍。這種殿下祭在前述的《本邦生祠之研究》中，是屬於活神信仰的一種，其他的還舉得出肥後藩及藝州的國主祭。《杵築市誌》中看到杵築藩（大分縣）也有舉辦相同的活動，而該藩殿下祭的起源是在文政十二年（一八二九）。

在幕藩體制下，藩主被當成是活神來祭拜，偶而還會發揮連一揆農民都會收起攻擊矛頭的作用的話，維新時期直接結合了比幕藩領主還要更高等的天照大神或神武天皇，又有日本主人翁的傳統權威，還身兼解放者及正統支配者的天皇，他採取巡幸這種模式在全國展現出來的話，民眾心中的活神信仰就會收斂到作為「活神」的天皇身上的道理，是很淺顯易懂的。

在民眾之中已經看得到「御蔭參拜」及「無照參拜（抜け参り）」這類的傳統伊勢信仰，

而且「這不挺好嗎」也是「幕末神道興隆的民眾階級總決算」。不過若說在「這個宗教的興奮與狂熱退去之時，伊勢的神祇已經不是民眾現世利益神祇的天照大神了，而是改變樣貌成了國家神道的最高神祇——天照坐皇大御神」（村上重良《國家神道》）的話，就更貼切了。

企圖將這股民眾信仰的潮流系統化地流入政治渠道的，是天皇的全國巡幸。並且明治初年一連串的神道國教化政策及國民教化政策，也在重複這一點。接下來就來討論這點。

二、神道、排佛毀釋及鎮壓天主教

神道的國教化

如前文已經看到的，「王政復古」的理念是基於「神武創業之始」，並且實際的國家型態是模仿古代的律令制國家制度。當然這不是單純地完全照抄，而是為了創建出全新的天皇制度來吸收、轉換古代國家制度。

在這個過程中，還謀求天皇古代神權權威的復活。在幕末，這已經與外來壓力危機的加深及幕府權威的喪失一同展開，並採取天皇的攘夷祈禱，或與朝廷及有力神社相連結的模式來推動。此外，公卿、國學家及神道家等人，也再三地向朝廷提議復興應仁之亂後就一直廢棄的神祇官。

就這樣，「王政復古的大號令」前的慶應三年（一八六七）十一月十七日，以朝廷向幕府及各藩諮詢的模式，確定了復興以神祇官為首的太政官制的目標。頒布〈五箇條的誓文〉的前一天，明治元年（一八六八）三月十三日也以「諸事御一新，祭政一致」的制度為第一步，強調設置神祇官的立場。然後，在歷經神祇事務科（明治元年一月十七日）、神祇事務局（同年二月三日）後，藉著閏四月二日的《政體書》實現了此一目標。而且，次年的明治二年七月八日的官制局改革中，還效法古代的《大寶律令》，設置了神祇官與太政官兩個官職，並且將神祇官置於官制體系的最高點（參見第一三四～五頁的〈明治初年官制變遷一覽表〉）。

這個神祇官職掌與祭典、諸陵、宣教有關的事務。神祇官負責主持皇室的祭祀及全國神社，或是山陵事務，與《大寶律令》特別不一樣的是還加上了大教意識形態的宣揚。這意味著藉由神道國教化來進行民眾的思想動員。這件事情在〈神祇官意見〉中是這麼說的：

> 方今大政一新之秋，實應以神武天皇、崇神天皇之大業為龜鑑，廣興教化，一洗以累年之衰政及神道為私物小道之舊弊，辨明天皇萬民共敬畏之大道乃此神道之事。神世以來，斟酌事理、史典、律令格式，探求諸國諸社舊家之遺儀，裁漸漸一定之大法典，踏守護國體之正道，內外無齟齬，行此道及至天地間並謀實現神慮之事乃首要考量者也。

以神武、崇神天皇的時代為範本，讓神道重新與天皇連結起來，並以此為國教之根本來系統化。這個神道國教化政策的背後有津和野藩主龜井茲監、國學家大國隆正（一七九二～一八七一）、福羽美靜（一八三一～一九〇七），以及與這些人互相競爭的平田銕胤、樹下茂國等人的存在。此外，這也與活躍於幕末維新時期的「志士」們，大部分都受到水戶學及國學系統的神道意識形態影響有關。

天皇與諸神

於是，天皇與以神道最高神祇天照大神為首的一群神明們連接了起來。

史無前例地，由天皇向神明起誓形式的〈五箇條的誓文〉（明治元年三月十四日）；天皇於宮中南殿親自主持的軍神祭（同年三月二十日，祭祀天照大神、大國主神、武甕槌神、經津主神）；持統天皇以後就斷絕的天皇參拜伊勢神宮（明治二年三月十二日）；於神祇官署內招致八神（神產巢日神、高御產巢日神以下，神武天皇有特地祭拜過的諸神）、天神地祇及歷代皇靈的天皇親祭（同年六月二十八日）等，接二連三地舉行。然後，明治三年一月三日，又在三座神殿上祭拜八神、天神地祇及歷代皇靈。同日，頒布所謂的〈大教宣布〉。

當時的神道這個詞彙一般是用來指稱習合神道（調和了神、儒、佛三教的神道），所以大教是為了要特地與此作一區分而使用的用語。〈大教宣布〉將諸神與天皇結合起來，並想要從中達成以天皇崇拜為核心的神道國教化及體系化。並且神祇官管轄下的宣教使，就是它的傳教機構。

排佛毀釋運動

與神道國教化一起進行的政策，一個是排佛毀釋，另一個是鎮壓天主教。

排佛毀釋是明治元年三月的〈神佛分離令〉後，把民眾牽扯進來而展開的運動。該運動是打算以神道國教化為基本理念，來介入並破壞幕藩體制下佛教與民眾之間的關係。雖然僅止於此，但運動越演越烈，超過了當時政府的意圖，而由神社主導對舊有佛教的攻擊，最終演變成破佛及廢佛的行動，大概也是理所當然的走向。

該運動以明治元年四月，近江坂本日吉山王社的祠官樹下茂國等人攜帶武器搗毀、焚燒山王權現內的佛像、佛具、經卷等等為開端，並從明治二年到三年間風行全國。當中以佛教本山的京都及奈良最為徹底。

由長州出身的權大參事慎村正直（日後為府知事）握有主導權的京都府，正因為是「王政復古」發源地，所以積極地推動神佛分離及排佛毀釋。設於二条城內的京都府廳的地基石垣，是收集路旁的地藏石像搭建成的。還有，京都府轄下的農村部所新建的小學校石柱以及，最極端的例子，學校廁所的踏腳石都是用附近地藏石像的石頭。而且，據說教師也親自在地藏石像上小解，來告訴學童們不會遭到佛罰。寺院的整併與調整也很劇烈。但是本寺、本山等級的名剎並不多，所以一般是末寺及大寺的塔頭等遭到整併譯註二。明治九年，京都府的上京、下京及伏見的廢寺多達五十九所（京都市編《京都的歷史》）。而奈良興福寺的五重塔以二十五円（一說為二百五十円）的價格賣出去的故事特別有名。

還有在前文討論過的隱岐島上，所謂的隱岐騷動在政治、意識形態上的對立與排佛毀釋結合在一起而更顯激烈。也就是正義黨認為島內僧侶的行為「醜態多端」，列舉出他們在被稱為日夜碁會的聚會中賭錢、散布偽鈔、高價買賣寺院、姦淫有夫之婦或是公然納妾生子、搬運魚肉至山中寺院，若是生活變得窮苦起來則隨意賣掉寺院財產，以及支持松江藩的暴行等惡行後，還以極其難聽的口吻責罵他們「其惡業頹人倫，損良民，逞私欲淫佚，實以絕言語」。因此寺院這邊也反駁正義黨說，神社及百姓們號稱同志夥伴掀起騷動，是當天子不存在嗎，還下苦萬民，任意搗毀寺院，也不管到底是地藏石像還是青面金剛塚都一律破壞，「亂妨狼藉之舉，言語同斷」。在這樣激烈對立之下，排佛毀釋運動延燒全島（《隱岐島誌》）。

譯註二：本山是指各宗派的總寺，下轄各地分寺（末寺）。本寺意同本山。塔頭是指本寺境內所興建的末寺。

不為人知的動機

但是，請注意隱岐排佛毀釋運動的動機，是像下面提到的這樣。換言之，排佛毀釋的原因，是由於在隱岐騷動中為了與京都及其他地方的同志聯絡，或是向這些人士請願等的花費，使得負債暴增。「因此經過種種的考慮後，同志們找到了能夠清償這筆債務的財源。那就是設法取得各村寺院的財產。計畫是以各種理由為藉口來強制實行廢佛後，典當寺院土地來換取金錢。這個計畫雖然要進行廢佛，但與此同時寺院的每一塊土地及各寺雜物皆需一一列出明細，因為官員會進行查閱之故，這些並不會變成同志的所有物。」這是參加了隱岐騷動的一位農民小田耕一郎老先生的〈懷舊談筆記〉的一節。

大概各地的排佛毀釋運動也藏著這樣糾葛了許多緣由的動機。如果不是這樣，那無論政府及神社如何地帶動氣氛，也不可能將民眾牽扯進來，並讓他們以如此激烈的手段搗毀之前的信仰對象。

關於佐渡、薩摩、松本、土佐、苗木及富山等藩的神佛分離、排佛毀釋運動，在《明治維新神佛分離史料》（全五卷）中有詳細介紹，所以在此略去不提。

排佛毀釋運動強調之前的佛教是「偽妄之說」以及會對國家造成怎樣的危害。另一方面則是極力強調敬神之道是一種怎樣回報天恩及國恩的道理。

於是，透過這種將民眾牽扯進來的運動，讓佛教遭到痛擊的同時，政府於明治四年

（一八七一）一月，命令除了目前的院內土地外，其他的寺社領地全部上繳沒收，這動搖了寺院的經濟基礎。七月時，發布氏子調查的命令。這改變了以往的寺請制度譯註三，嬰兒一誕生會從氏神得到氏子禮譯註四，企圖透過這種氏神、氏子的關係來掌握全國國民（明治六年五月中止）。

鎮壓天主教

對天主教的鎮壓也很慘烈。

維新政府對天主教的方針，在〈五榜揭示〉的第三告示牌上清楚地表示出來。這繼承了德川幕府的天主教鎮壓策略並再次確認。這裡舉出長崎裁判所為例子來看。

這裡的浦上天主教政策，是在長崎裁判所總督澤宣嘉及參謀井上馨（聞多）等人的手上來推動。無視於外國公使們的抗議，新政府決定了浦上天主教的處分。明治元年閏四月十七日，公布了信徒的流刑以及他們流放到各藩的分配計畫。這個計畫也因當時的運輸能力而有很大的變更，但根據傳教士的記錄，就如表24的數字所示。

譯註三：寺請制度是要求民眾向被指定為菩提寺的寺院申請寺請證文，成為該寺的檀家，來證明自己並非天主教徒的制度。

譯註四：氏神是同一地區的人們所共同祭祀、信奉的神道神祇，而這些人們也就成為該氏神的氏子。

浦上天主教處分問題，於來年的二年五月在公議所上展開熱烈的討論。而且，明治三年七月外務省還公布了各藩所收容的天主教徒待遇標準。但是，這個標準沒能被遵守，各藩的壓迫又是苛刻且殘酷的。把表格中的移送人數與死亡數對照起來看就能瞭解此事。表格顯示土佐藩及和歌山藩有三成以上的死亡率。而擁有相近死亡率的津和野藩的情況，會在下段中提到。該藩藩主龜井茲監本身信奉國學，從幕末就一直在推動排佛及神道化。

表 24　明治初年浦上天主教徒流配、歸村狀況

流配處	移送人員	出產	死亡	歸村
鹿　兒　島	375 人	13 人	58 人	291 人
土佐江之口	125	5	40	84
德　　島	116	12	16	112
松　　山	86	1	8	79
高　　松	54	7	14	47
萩	311(內66)	11	43	102
津　和　野	153(內28)	12	41	68
松　　江	84	7	10	81
鳥　　取	163	2	45	24
廣　　島	175	5	40	39
福　　山	96(內20)	3	7	88
岡　　山	117	4	18	48
姬　　路	40	不明	不明	4
大和郡山，古市	112	4	9	107
和　歌　山	280	11	96	52
伊勢二本木	75	7	6	76
伊賀(?)鐵砲町	59	4	11	49
尾張堀河	375	17	82	113
加賀折屋	566	44	109	483
富　　山	42	7	7	42
合計	3,404 人	176 人	660 人	1,989 人

（註）依姉崎正治《切支丹禁制的終末》作成。移送人員中也包含慶應期者，括弧內皆為明治元年的數目。並且，減去死亡後歸村數仍較短少的，是「改心」或逃亡者。這些數字並不必定是正確數字。按片岡弥吉《浦上四番崩壞》，總流配人數 3,380 人，歸村者 1,930 人

「旅行」的故事

明治元年開始的浦上天主教的全村流放，在天主教徒口中稱之為「旅行」。在浦川和三郎寫的《浦上切支丹史》中，詳細地描述這個「旅行」的故事。

浦上本原鄉的農民高木仙右衛門（多明哥，當時四十七歲）及中野鄉的守山慎三郎（保羅，二十五歲），是明治元年被流放到津和野的領導人物，而為了強迫他們改宗所施加的迫害極為慘烈。山口藩有停止供應食物來迫使改宗的「寬恕小屋」，津和野藩則是建造了無法伸展雙腳，也無法站立的三尺（約九十公分）方形的空間，俗稱三尺牢。這是由一寸二分（約三點六公分）厚的松木板搭蓋起來的，僅僅只有一面是用兩寸（約六公分）角柱以一寸的間隔打造而成的。充作屋頂的部分開了一個小洞。從洞中會投入少許食物。這種三尺牢作了三個。在審訊過程中嘴硬不肯透露實情的話，就馬上關進這種牢房。這和把人裝進箱子是一樣的。仙右衛門的同伴，和三郎及安太郎都是死在這種三尺牢中。

明治二年十一月二十六日是大雪之日。因為感冒而躺在地上的仙右衛門等人被傳喚出來。官員命令仙右衛門和甚三郎脫掉身上的衣物，進入結冰的池子內。並沒有答覆的兩人被脫下了聖母聖衣（Scapular）譯註五，「繫髮帶是日本發明的，不能留在這些奉行唐（西洋之意）宗旨的

譯註五：來自於拉丁文 Scapulae，原義為肩膀，實際上乃是縮小了的隱修士服裝。這種服裝原本的模樣是無袖的，穿在衣服外邊，由兩肩垂落到兩膝。

傢伙頭上。給我拿下來。」官員這樣說後，就如字面上的意思，兩人變得一絲不掛全身赤裸地，被推進池中。池子很深，連頭都被池水淹沒，兩人勉勉強強地站到池中較淺的地方，但池水還是蓋到了下巴。

一群官員並排在法庭之上，彷彿很愉快地在觀看表演，並且偶而會用長柄柄杓將水嘩啦啦地淋在兩人身上。兩人只是雙手合十地望著天空，仙右衛門念誦著〈主禱文〉，而甚三郎則是複誦〈獻身祈禱文〉。官員們從座位上嘲諷他們「仙右衛門、甚三郎，看到上帝了嗎？」但兩人還是什麼都沒有回答，抱著這已經是最後的覺悟，專心一致地祈禱。對於他們冷靜沉著的態度，官員們感到怒上心頭，大叫著「給我在臉上多潑些水，多潑一點！」還狠狠地怒罵兩人。現在幾點了呢，感覺上好像過了很久。寒意冷徹骨髓，身體不停地顫抖，特別是仙右衛門已經老老垂矣，最近幾天來因為發燒，早已是累壞了的狀態，此等煎熬在他身上更加痛苦萬分。而他只是緊握雙手向著天空，一心一意地祈禱，然而身體已逐漸喪失感覺，雙手也慢慢地垂了下來，連意識也越來越模糊了。官員還是一樣地不停嘩啦啦地在他們身上澆著水。水流進眼睛、流進耳朵，感覺起來就像被針刺到。現在臉色也已經變得紫黑。甚三郎擔心地想要叫一聲「仙右衛門先生」看看，但舌根早已凍僵。「甚三郎，俺已經覺得天旋地轉，就要這樣走了，你作好覺悟了嗎。」仙右衛門這樣說。但讓人覺得實際上幾分鐘內就會斷了氣。官員看到這情形，大喊著「甚三郎、仙右衛門上來」。

雖然描繪以命相搏身影的「旅行」故事還繼續著，但已經不得不割愛了。

循序漸進的解禁

對天主教的殘酷鎮壓，是因為天主教信仰與想要創建新政府的天皇制意識形態在原理上的衝突之故。明治元年閏四月，長崎市內二十六名董事的〈浦上天主教嚴刑建言書〉中說：「他們輕慢地說天照皇大神及今上皇帝的大恩只現於今世，是沒辦法與天主教無窮盡的恩澤相比較的。」而會這麼說就已經把箇中理由表露無宜了。與此同時，排佛毀釋運動的結果是佛教衰退，但天主教趁勢興盛，新政府擔憂天主教會掀起「共和政治之論」。

但是，現實上天主教信徒的頑強抵抗、外國公使們的抗議，再加上對外關係中規定推動開明化等內外因素，而在歐米訪問中的岩倉使節團也無法抗拒地產生對宗教自由的理解，在這些交相影響之下，禁止天主教的告示牌就以「此為一般熟知之事」而撤掉，以這種形式來解除禁令。這裡也看得到循序漸進的維新官僚的行為模式。

就這樣，浦上天主教徒一個接著一個被釋放，回到原本的村落。他們漫長拼命的「旅行」就此告終。

三、國民教化與國家神道之路

教部省與三條教則

鎮壓天主教失敗後，同時間神道國教化政策也露出破綻，而神道內部的對立及佛教的反擊則更加重此一現象。氏子調查僅僅一年十個月就不得不宣告中止，這是因為在長年生活中培養出來的民眾與寺院之間的關係，即便經過如此激烈的排佛毀釋運動，但也不是光憑一紙法令就能消除的。更不用說時代的趨勢是單方面開始高聲吶喊文明開化的時候。明治四年（一八七一）八月，神祇官被降格為神祇省，來年的五年三月，取而代之的是新設的教部省。這很清楚地意味著神道國教化政策的轉向，重點開始放在國民教化政策上。

由於教部省的設置，所以過去的祭祀活動改由式部寮管理，而教部省則成為神社及佛教等其他宗教行政及國民教化的核心機關（參見圖11）。並且於明治五年四月在教部省底下設立教導職，取代以前的宣教使，並接著提出三條教則（四月二十八日）。這三條教則應該可以說是教部省心中，國民教化運動的基本綱領。

提出第一條是「敬神愛國」，第二條是「明天理人道之事」，第三條是「奉戴皇上，遵守朝旨之事」以上內容的三條教則很明白地透露出想要與做人道理扯上關係，並且讓「敬神愛國」

及天皇結合在一起的意圖。於是，這三條教則交付給教導職。

教導職中，神官是當然的，還有僧侶、區長及戶長（參見第三一三、三二九～三〇頁），或是演員、劇本家、相聲家等人來擔任。從中可以看出如何用神道意識形態來裝飾天皇制並深入民眾內心的苦心。因此賦予三條教則血肉的這些教導職，他們教導的題目（十一講題、十七講題）中，並不是單純只有神道教義，也加入了人們普遍應該遵守的德目及思想啟蒙的題目，而且還發行了很多教則及講題的解說、註釋書。

圖 11　明治維新期神事關係官廳沿革表

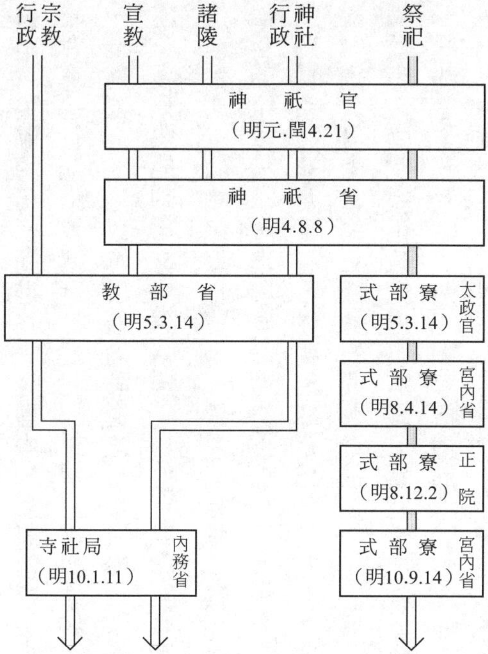

（註）依宮地直一《神祇史大系》附錄〈有關神事諸表 14〉作成。

為了作為這種國民教化運動的大本營，明治六年一月，於東京開設了合併神佛的大教院（次月移至芝增上寺），並於各地區開設中、小教院。

現在已經看不到以往神佛分離的模樣。教部省只把重點放在國民教化之上，並不得不向對於民眾仍具吸引力的佛教及其他宗教勢力尋求妥協。

但是，妥協的另一面是在其過程中，政府對幕末以來持續發展的民間宗教，也就是天理教及金光教，還有丸山教進行打壓。因為這些民間宗教在民眾身上扎下強而有力的根，但教義上卻不一定是符合明治政府目標的神道國教化。所以這些民間宗教被迫在神道國教化的架構下來改變本質，只要能夠接受這種改變，日後就能被公認為教派神道而存續下去。

這種做法下的國民教化運動，獲得了相當不錯的成果。不過，政府想透過權力從上而下地創建出新的宗教仍不是這麼容易的事情。這有神道本身能力上的極限，也有從佛教而來的反擊。特別是以真宗門徒為中心，從明治四年到六年間在各地掀起一揆，並且在國際上以基督教問題為契機，宗教自由與修正條約的問題牽扯在一起而形成政治上的壓力。政府領導階層內部也對神道國教化、國民教化政策提出質疑。當時身處歐美的兩位日本人，也就是駐美少弁務使森有禮（一八四七～八九）及西本願寺僧侶島地默雷（一八三八～一九一一）對這項政策提出嚴厲的批判一事相當有名。以明六社為中心的啟蒙思想家也討論起政教分離。於是，明治八年五月，解散大教院，明治十年一月廢除教部省，宗教行政移交給內務省社寺局來處理（明治十七年八月，廢除教導職）。

神社制度的確立

如此一來，維新當初以來的祭政一致、神道國教化的政策就不得不修正了。但是這個時期確立的神社制度，卻成為日後國家神道的重要構成要素。

明治元年以來，全國的神社、神官都受神祇官的管轄，更訂立了敕祭社、直支配社、準敕祭社的社格，並於明治四年又重新確立神社制度。也就是將神社大致分為神祇官管轄下的官社，及地方官管轄下的諸社，並另外設置別格官幣社（參見次頁表25）。

這個神社制度的特質是，第一，從「神社之儀乃國家之宗祀，非一人一家之私有」的立場來看，就是將全國神社以國家＝皇室為中心重新整合起來。尤其別格官幣社就是從這個觀點出發，祭祀對歷代天皇有功的朝臣及武將（譬如以楠木正成為祭神的湊川神社）。

此外，被指定為別格官幣社的靖國神社，其開端原本是要作為祭祀幕末維新時期為了新政竭盡心力而喪生者的招魂社。明治十二年六月改名為東京招魂社。與官軍敵對的舊幕府軍戰死者則排除在祭神名單之外。就此可以清楚地看出這個神社的性質。

第二，把神社從世襲神官的私有物中切割出來，全國神官採行任命制（但是明治七年九月停止府縣社以下的公費支出）。

第三，由複數源頭及廣泛民間信仰所支撐，地方村落共同體內的基層神社也以皇室關係為基準的社格來加以排序。深植於傳統民眾生活的神社信仰，也因此巧妙地金字塔化，而金字塔頂端是伊勢神宮，民眾透過這個形式匯集到天皇身上，而這並不是單純僅止於本州而已。

明治二年設置開拓使的同時，北海道於該年九月舉行大國魂神以下三神的祭祀，明治四年改稱為札幌神社。雖然剛開始是國幣小社，但來年明治五年改為官幣小社，明治三十二年升格為官幣大社（一九六四改稱為北海道神宮）。札幌神社成為後來台灣神社（明治三十三年）、樺太神社（明治四十三年）等殖民地神社的原型。

表 25　官社與諸社

	社格＼年	明治 4 年 (1871)	昭和 12 年 (1937)
官社	官幣大社	28	58
	〃 中社	11	26
	〃 〃 小社		5
	別格官幣大社		27
	國幣大社		6
	〃 中社	42	46
	〃 小社	16	37
	計	97	205
諸社	府(藩)縣社		1,079
	鄉社		3,613
	村社		44,838
	無格社		60,703
	計		110,233

（註）引自藤谷俊雄〈國家神道的成立〉，收錄於《日本宗教史講座》第 1 卷。

節日的制定

確立神社制度的同時，還依照國家神道的祭祀重新整理宮中祭祀，替全新的國家宗教儀禮增添相符的政治色彩。這只是用記紀神話來美化天皇的神權罷了。明治六年（一八七三）十月，被指定為祭祀日及祝賀日等休假日的元始祭（一月三日）、新年宴會（一月五日）、孝明天皇祭（一月三十日）、紀元節（二月十一日）、神武天皇祭（四月三日）、神嘗祭（九月十七日，後來為十月十七日）、天長節（十一月三日）、新嘗祭（十一月二十三日）中，除了新年宴會外全部都是從宮中祭祀而來的節日。明治十一年追加春秋兩季的皇靈祭（春分、秋分），則是把深植民間的祖先崇拜習俗與天皇的結合起來，並讓祖先崇拜習俗能巧妙地融入於國家神道。

另一面，與民眾生活密切相關的節日則拋棄掉（明治六年一月，廢除之前的人日、上巳、端午、七夕、重陽的五節句，並制定神武天皇即位日及天長節為節慶日）。因此，這些節慶日的制定是極為政治性且具意識形態的。

以神奈川縣的例子來看，明治三年十二月，橫濱的伊勢山皇大神宮被指定為縣管轄的宗社，新宮的營造由於「上下協力」而加速進行中，並訂定每月一日、十五日（此外，根據月份的不同會指定為一、二日）為祭祀日。此外於次年的四年三月，該縣公布強制舉行神武天皇的祭典，並對於尚未舉辦的各個村落發出公告，要求務必於五月三日的期限之前舉辦，而且要報告祭典的日期時間、場所及參加人員。若是沒有如期舉行或是提出作假報告的情況，將會受到嚴厲的處分（圭室文雄〈明治初期的宗教政策〉）。

前文也曾引用過的《讀賣新聞》第一號（明治七年十一月二日）裡頭的〈說話欄〉中提到，「明天三日是為天長節，日本皇帝睦仁　陛下之誕辰」，現在已經與將國內政治交託給將軍家的時候不同，是由天皇本人來施行政治，所以人們說「這與舊的五節句不同，因為是大節日之故，所以無論發生什麼事情都要祝賀朝廷，而每個人定要以愉快的心情來享受節日」。這裡很明確地強調與五節句不同。然後還不厭其煩地解說下去，「提到睦仁或許有些不敬，但這是天子大人的大名，陛下是用來尊稱天子大人的詞彙，就好像天子大人中的『大人』一樣。」雖然多少也有不知道天皇名諱的人，但這就好像不知道父母親的年齡一樣，所以一定得記起來。

這樣一來，與五節句切割乾淨的節慶日在全國的神社、官廳、學校等地舉行祭典，並且透過每年的重複舉行，逐漸地將其意識形態灌輸到民眾的腦海之中。

往「天皇」固定

順帶一提，從剛剛的新聞可以知道，當時對於一般民眾來說，他們是用「天子大人」這個詞彙來稱呼天皇。本書是為了行文方便才一直使用天皇這種表現形式，但事實上朝向「天皇」此一詞彙的確定過程，也就是近代天皇制的形成過程。換言之，明治初年指稱天皇的詞彙在史料上就從皇上、聖上、聖主、聖躬、至尊、主上到天子、皇帝，或是連立志社的〈日本憲法可能性草案（日本憲法見込案）〉及所謂的〈五日市草案〉（〈日本帝國憲法〉）中的國帝都有使用。當然，天皇或是天皇陛下的詞彙是沒理由不被使用的。

但是，元老院的憲法草案從第一次案到第三次案都使用皇帝一詞。但看到家永三郎、松永昌三、江村榮一編的《明治前期的憲法構想》所收錄的憲法草案會發現，取代皇帝第一次使用天皇這種表現方式的，是於明治十三年（一八八〇）九月三十日撰稿的元田永孚的〈國憲大綱〉。此後，政府的憲法草案使用天皇這個稱謂；相較於此，民權派的草案則大多使用皇帝。明治十五年，宮內省一等出仕譯註六伊地知正治（元老院議長）的〈演講筆記（口演筆記）〉中的「尊號」一節寫到：「天皇又尊稱為天子，又，各國對等公文格式之稱謂定為皇帝，其他皆不用」（皇帝陛下這個稱謂在太平洋戰爭前，使用於宣戰布告及條約等外交文書）。然後在明治二十二年的《大日本帝國憲法》中，確定使用天皇一詞。

祭祀與宗教的分離

那麼，剛剛看到以神社為中心的國家神道被政府作為宗教政策而強制推行，這必然會與當時開明化政策及宗教自由相互矛盾，加上神道本身作為宗教的不成熟，就更是如此了。為了能夠斬斷對國民強制推行神社神道所衍生出的矛盾，在此政府的辦法是讓神社不是宗教，而神社神道就能與一般宗教切割開來。藉由切割，將神社限定於僅是祭祀而已。但是，國家公開承認這樣的事情，反而賦予神社神道作為國家宗教的特權地位。

在這之中，「藉著祭祀與宗教的分離，以不是宗教為前提的國家神道君臨於教派神道、佛教、基督教的所謂神佛基三教之上，開拓了邁向國家神道體制的道路。世界上的資本主義國家也沒有類似的例子，於是異常的國家宗教就此誕生。」「這樣一來，神社神道就立基於天皇制正統神話，及以天皇為現人神崇拜的古代信仰之上，並完全地固定化，並由於作為近代社會宗教自我展開的道路被自己所封閉，所以對於國家而言，能夠發揮出最具效果的政治思想機能。」（村上重良，前揭書）。

譯註六：明治初年，經過考核遞補的官員。後來為事務繁忙之時，臨時設置的員外官。

憑藉著神社神道的非宗教化的大前提，反過來強制地將全部國民收納進宗教之網，並開拓邁向國家神道的道路。這個歷史事實必須重新在此進行充分地確認。

第七章

岩倉歐美使節團

一、岩倉使節團與留守政府

岩倉使節團的出發

明治四年（一八七一）十一月十二日（陽曆一八七一年十二月二十三日），這一天打從早上開始就是晴朗的好天氣，上午十點，橫濱縣廳外來了輛馬車，上面載著岩倉具視大使帶領的歐美遣外使節團。十一點，使節團搭乘快艇登上太平洋公司的明輪船亞美利加號（排水量四千五百五十四噸，長三百六十三英呎，寬五十七英呎）。

此時，橫濱港響起十九發，再來是十五發，轟轟作響的禮炮聲。這是為了祝賀使節團的出訪及美國公使迪龍（Charles E. Delong, 1832~76）的歸國。隨行人員久米邦武編的《特命全權大使米歐回覽實記》中，用「海上砲煙之氣，彈爆之響，片刻間鳴動不止」來描述當時狀況。

午後，亞美利加號起錨。港灣內的外國軍艦的甲板上，水手們列隊脫帽致敬。還能看到港內有幾艘送行的小汽艇跟在後頭。船隻航向是朝東南方稍稍偏東，逐漸遠離的另一頭，是聳立在箱根、足柄連綿山巒上，覆蓋著靄靄白雪的富士山，而此時的夕陽分外艷麗。

使節團的特徵

岩倉使節團於橫濱出航時的成員是四十六人，主要的成員名單如表26所示。這四十六名（鹽田三郎一等書記與使節團一同受命出訪，但是是從美國當地參加所以不在出航名單之列）的使節團的特徵，在這僅舉出三點。

第一，使節團首腦是大使岩倉具視，以及代表政府內薩長勢力的實力派中的有力人士。理事官則是挑選有大使、副使撐腰的人，以及這些人底下的各省技術官僚。換句話說，使節團是以岩倉以下的薩長實力派人物為中心，具有濃厚藩閥色彩的成員所構成的，另外再加上技術官僚。

第二，書記官中舊幕臣佔壓倒性的多數（理事官隨從也有舊幕臣）。他們外國知識豐富，擅長外語，也有過外交經驗。而五名首腦中有過國外體驗的只有伊藤而已，所以書記官是吸收國際經驗、知識，或是意見交

表 26　岩倉使節團主要成員

特命全權大使	右大臣	岩倉具視
副使	參議	木戶孝允
〃	大藏卿	大久保利通
〃	工部大輔	伊藤博文
〃	外務少輔	山口尚芳
一等書記官	外務少丞	田邊太一
〃	外務六等出仕	何礼之
〃		福地源一郎
二等書記官	外務少記	渡邊洪基
〃	外務七等出仕	小松濟治
〃	〃	林董三郎（董）
三等書記官		川路寬堂
四等書記官	文部大助教	池田政懋
〃	外務大錄	安藤忠經
理事官	陸軍少將	山田顯義
〃	司法大輔	佐佐木高行
〃	侍從長	東久世通禧
〃	會計兼務戶籍頭	田中光顯
〃	造船頭	肥田為良
〃	文部大丞	田中不二麿

（註）依《久米邦武文書》等資料作成

流的主要核心人物。

第三是使節團一行的年輕程度，全體四十六名（兩名不詳）的平均年齡是三十二歲。這股年輕氣息當中內含著擁有接納異文化的彈性，以及能夠脫離傳統社會的柔軟想法，而且還擁有能夠實踐這些的體力。

但是不能否定的是，這樣子的特徵也造成使節團內部微妙的摩擦及對立。舊幕臣對使節及理事官等人身懷「一報維新之仇」的念頭，但使節團成員之中的日本「豪傑」，卻是對他們束手無策的樣子。

除此之外，使節團還加上了大使、副使的隨從以及要到歐美留學的華、士族（包含五名女留學生），成了總計人數高達一百零七人的大團體。這批華、士族當中，有公家的清水谷公考（舊箱館府知事）、舊藩主鍋島直大（佐賀）、黑田長知（築前）、前田利同（富山）等人。留學生中則看得到金子堅太郎、團琢磨、中江篤介（兆民）等人的名字。

當時十一歲的牧野伸顯（大久保利通的次男。作為大久保的隨從而非使節團成員，後來擔任過文部大臣、宮內大臣、內大臣等職）也穿上紅底方格紋的法蘭絨襯衫——這種將大人的衣服直接裁小的西服——來參加使節團。

女留學生與華族

另外，女留學生是開拓使指派的津田梅（當時虛歲八歲，後來改名為梅子。晚年是津田塾大學前身的女子英學塾校長。父親津田仙本來是佐倉藩士，之後成為德川家武士養子及東京府士族。慶應三年曾以幕府官員隨從身分來過美國，當時為開拓使農事官員）、永井繁（九歲，後為瓜生外吉海軍上將之妻。義父永井久太郎原為幕臣，靜岡縣士族）、山川捨松（十一歲，山川健次郎之妹，後為大山嚴元帥之妻。父親山川尚江本為會津藩士，青森縣士族）、吉益亮（十五歲，因罹患眼疾於中途回國，早逝。父親吉益正雄原為幕臣，東京府士族，後出仕東京府，曾任外務大錄一職）、上田悌（十六歲，與吉益亮一同於中途歸國，後為醫師桂川甫純之妻。父親上田畯是新潟縣士族，後為東京府士族，曾任外務中錄）等五名少女。

但不能忽略史家渡邊修二郎所指出的，她們不管哪位，都是當時政治鬥爭下失敗的東北地方或東京士族的少女，而且大致上都是從外務省或開拓使下級官員的女兒中挑選出來的（《新舊時代》第二年第二冊）。會這樣子的原因是，當時是會私下流傳說：「把年紀這麼小的小女孩送去美國這個大千世界，父親就不提了，母親的內心簡直就像是惡鬼一樣。」（津田仙之妹，須藤八重野的談話，引自吉川利一的《津田梅子》）的維新時期。但也有從開拓使向政府請示的文件（明治四年十月五日），及黑田清隆本身歐美遊歷後痛感女子教育必要性的經驗，提出開拓使或次官黑田開明性的看法。

可是，光憑這個看法是沒辦法消除「為何開拓使及外務省的幹部，不是把自己的子女送出國外，反而是選擇剛剛提到的女留學生」的疑惑（順帶一提，明治五年的開拓使、外務省幹部及基層官員中，與鹿兒島、長崎〔肥前〕等藩閥有關的人很多。參見第二九八～九頁）。開拓使派遣女留學生的想法，被認為大概是受到外國人僱員的影響。從前文中人們的私下流傳也能夠推測，當時要將年幼的少女送至國外留學，就只是把她們推向未知世界、令人不安的實驗台上罷了。如果就是那樣的話，那就不得不解讀成留學生是從維新的失敗者，及與此立場相近的基層官員的女兒之中來進行挑選的（當然，實際上從這些人之中進行挑選的時候，還是從像津田仙這樣已經有過渡美體驗的人，以及具有積極意願的家庭當中來挑選）。

而這五名被選上的少女，由皇后親自交與期勉歸國後成為婦女模範的訓勉文後，一起拍了照片留念。

這份皇后的訓勉文對於岩倉使節團的華族而言，可以說與天皇的親諭是成對的。華族因為「立於四民之上，為眾人標的」，所以要開見聞，磨練才幹，放眼宇內，在國外修習「有用之業」及「實地之學」則是這個親諭的主旨。換言之，一方面要求背負封建傳統的華族能作為新社會的師表，另一方面則將開化的一部分託付給女留學生，但這是透過天皇、皇后表示出來的，所以也象徵性地表現出了維新性格。然而，在這個傳統與開化互相看不順眼的背後，還想要掩飾以失敗者為墊腳石來贏得勝者進步的想法，這就太過分了。

於是，五名少女就以長袖和服加上紫色棉布褲裙的裝扮加入了使節團。

使節團的目的

那麼岩倉使節團的目的是什麼呢？目的有以下三點（森谷秀亮〈岩倉全權大使的米歐回覽〉）：

(1)訪問當時有締結條約的國家，向該國元首進呈國書，致贈訪問之禮。

(2)廢藩置縣後為了整頓內政，親自見識歐美先進各國的文物，取其所長來推動日本近代化。

(3)由於條約改定的日期（明治五年五月二十六日，陽曆一八七二年七月一日）將近，所以與締盟各國商議日本希望的改定內容。

關於(3)的與各國商議的意圖及內容，有必要在此先說明。

明治四年九月，太政大臣三條實美發給外務卿岩倉具視兩封與派遣特命全權大使有關的事由書，並徵詢意見。

書中對於目前國家首要課題的主張如下：

一統分裂之國體，復興渙散之國權，改正制度、法律駁雜之弊端，廢除全然專斷拘束之餘習，回歸寬縱簡易之政治，竭力從事於復興民權，總算達到政令一途、法律同轍，正可立於與列國並肩之基礎。宜改正從前之條約，定獨立不羈之體裁。

引文中，國權的統一及萬國對峙結合了條約改正問題，並以「定獨立不羈之體裁」這句話來涵蓋一切。

但是，如果想要改正條約，則必須遵循〈萬國公法〉也就是國際法不可。若是依循國際法，當然與之相牴觸且相違背的舊有國內法就必須修改。而這個國內法的「變革改正」是需要時間的。上引的事由書大致認為這時間是三年，因此要在條約改定期限即將到來之前，「由我們先行動，於他們有所求時，換我們向他們提出要求」，先申請暫時延緩條約改正的期限。

換言之，整頓國內體制的「變革」問題比起條約的「改正」還來得優先，並透過這件事來達成向全世界確立國家主權的目標。

派遣使節團的重點

所以，關於剛剛的(2)，是決定把重點放在（甲）制度、法律理論及實貌；（乙）理財、會計（包含各種產業）相關的法規、辦法以及現況；（丙）各國教育法規及實況的調查等，並列舉出視察對象，分配各自的負責人。以上很清楚地陳述了派遣這次使節團的重點究竟是在哪裡。廢藩置縣後不久，在整頓國家最為重大的時期上，卻有過半的政府首腦大舉出國，而會採取這種乍看之下未經大腦考慮的辦法，是因為燃眉之急就在眼前。

的確，明治四年一開始，為了調查財政經濟制度而人在美國的大藏少輔伊藤博文，提醒本國政府應就條約改正問題對外派遣使節，以及木戶和大久保打從以前就希望能到國外走一趟的這些都是事實。而且也沒辦法否認，反對他們在這種時候全部聚集起來跑到國外的聲浪是很大的。但是，政府反而是下定決心，認為確立「與列國並肩之基礎」的國內改革與條約改正是不可分割的。並且以此為前提，對於想趁著改定期限的機會發動攻勢的各國，為了要能先發制人，政府認為巡訪歐美是迫不及待，且當下必要不可或缺的課題。

而且，在大使岩倉底下，還讓當前政府中最有力量的實力派木戶、大久保兩人以副使身分加入。「日本之中，比這兩人擁有更豐富外國知識的大有人在。但使節要囊括在過去幾年來的事件中，扮演著傑出角色的政府成員，這才是重要的。這樣子的人最為通曉過去的事件，故能以更大的權威來發言。」這是正式任命使節團的數天前，岩倉拜訪英國代理公使亞當斯（Francis O. Adams, 1826~89）時說的話，而這很清楚地說明了這段期間的事情（石井孝〈岩倉使節團的對英交涉〉）。

當然，就當初預定的計畫是要在歐美停留六個半月，加上旅行天數是十個半月（實際上是約一年十個月，不過木戶、大久保中途就回國了）。他們預估如果是大約這段時間左右的話，政府內部交由留下來的參議西鄉隆盛、板垣退助等人也能充分治理。

與留守政府的約定

使節團出發之後，這個留下來的政府一般稱為留守政府。那麼這個留守政府的情況又是怎樣呢？久米邦武的《回顧錄》中是這樣說的。

留守政府是由輔佐三條太政大臣的西鄉隆盛、大隈重信及板垣退助三位參議組織正院，而外務卿的位子在大使出發後由副島種臣接替，擅長外交的寺島宗則接任外務大輔，大久保不在的大藏省則是由大輔的井上馨來指揮，而司法卿應為大木喬任，工部卿則應該是後藤象二郎。陸海軍不分開，統由兵部省管理，記憶中大輔的山縣有朋被交託了之後的事情。

但是即便如此，正因為是這段時期，即將出發的使節團首腦與留守政府之間，仍惦記著「萬一議論矛盾，而目的產生差別之時，將誤國事，釀國辱」，所以明治四年十一月九日，雙方交換了十二條的約定。

約定的簽署及捺印者如表27所示。然後，這十二條的約定混合了以下的內容。

(1)遵奉這次的使節團派遣之宗旨，大家同心協力不得產生「議論、矛盾、目的、差別」（第一款）。

(2)關於「中外重要之事」，要時常互相報告，還有，一個月兩次的書信往來是不可少的（第二款）。

(3)使節團完成使命歸國之後，考定、參酌各國商業及考察到的事項，並實際付諸施行（第四款）。

(4)「內地之事務」將預定於大使歸國後進行大規模的修改，所以這段期間盡量不要有新的修改。如果不得已而進行了修改的話，請照會已派遣出去的大使（第六款）。

(5)廢藩置縣的處置是「基於歸內地政務於純一」之故，所以請循條理按部就班地發揮其實效，以為「改正之立足點」（第七款）。

(6)各官省長官的缺額由參議分擔，並不要對其「變革規模、目的」。還有，各官省的敕、奏、判任的任一官員都不要增加名額。若是不得已而增員時，必須陳述其理由並靜候決裁（第八、第九款）。

(7)各官省皆然，除了現今聘僱的外國人之外，不得再行僱用。不得已而為之時，必須陳述理由並靜候決裁（第十款）。

表 27　十二條的約定署名、捺印者

官職名	氏名	官職名	氏名
太政大臣	三條實美	大藏卿	※ 大久保利通
右大臣	※ 岩倉具視	大藏大輔	井上馨
參議	西鄉隆盛	兵部大輔	山縣有朋
〃	※ 木戶孝允	文部卿	大木喬任
〃	大隈重信	工部大輔	※ 伊藤博文
〃	板垣正形（退助）	司法大輔	※ 佐佐木高行
議長	後藤元燁（象二郎）	司法大輔	宍戶璣
神祇大輔	福羽美靜	宮內卿	德大寺實則
外務卿	副島種臣	開拓次官	黑田清隆

（註）引自《岩倉公實記》。※者為岩倉使節團參加者。並且，司法大輔按《校訂明治史料 顯要職務補任錄》，佐佐木高行在明治4年7月9日由參議任（6年4月17日罷）；宍戶璣於明治4年11月4日，由司法少輔任（5年5月22日罷）

(8)上述約定皆需遵循並不得違背。如有變更需要之時，必須於各自照會過後再行決定（第十二款）。

「山中無老虎，猴子稱大王」

但是實際上這個約定並沒有被遵守。豈止是沒有遵守而已，在留守政府的引領下，實施了學制改革、推動徵兵令、地租改正、還有改革身分制、採用太陽曆、施行國立銀行條例等不勝枚舉的改革措施。廢除兵部省並設立陸軍、海軍二省是在明治五年二月二十八日，神祇省也被廢除改為教部省，這是同年三月十四日的事情，以上每一件都是留守政府經手的。

也有將這些改革，視為相當於前文的(5)廢藩置縣延長上的「改正之立足點」的看法，但從改革的內容來看，很明顯地超出了設定好的框架。這樣一來的話，當然也就不能說是有遵守(4)的內容了。儘管如此，這些改革連照會的時間都沒有，便接二連三地實施。

譬如，從相當於舊曆明治五年十二月三日這一天起，開始切換成太陽曆（當天為明治六年＝一八七三年一月一日），但更動的通知到僅剩十天就要改曆的十一月二十二日，才從東京太政官發出一封電報給倫敦弁務使館作為通知。「宛如晴天霹靂，詳細事由無從得知，（中略）為了什麼事情非改曆不可呢，大使、副使及以下書記官們都弄不清楚，『只是增加字面上的繁雜嘛』外務的田邊太一常務主任這樣嘀咕起來。」（久米邦武 述《久米博士九十年回顧錄》）

成了這樣子的狀況。

縱使違反規定留守政府也不得不這樣做的背景，是政府內部的暗鬥及反目。身為留守政府首長的太政大臣三條實美，將這情況寫成書信，「雖然去年秋天以來，關於使節團回國前盡量別提出改革這件事已經討論很久，但各省漸漸地陷入對立狀態，會計上也出現了阻礙，這樣子下去終會瓦解，不得已只好進行評議上的改革」（大意），並於明治六年五月寄送給岩倉大使以尋求瞭解。

所以，晚年的大隈重信也有以下這樣的解釋。

因此儘速地派遣使節至各國說明，不只是為了當時的當務之急，讓雙方於條約改正上意見一致，也是為了不管做什麼，內政上都會發生的薩長傾軋、官吏衝突。當中的處理裁斷是極其困難的，而要剷除因各項改革、革新扞格而生的弊患，就要盡可能地把這些人送出國外，就如俗話中的「山中無老虎，猴子稱大王」，趁這期間來堅決施行充分的改革及整頓。所以無論如何，都要儘速且盡量地派遣更多的人出去，到最後就變成派出將近一百人這麼多的地步（円城寺清編《大隈伯昔日譚》）。

派閥對立與官僚機構

的確如三條所嘆、大隈所言的那樣，政府內部的派閥對立十分嚴重。已經到了民藏分離問題表面化的地步。這是指明治二年（一八六九）八月，民部、大藏二省合併，但這個民藏是被支持參議木戶的大隈（大輔）、伊藤（少輔）、井上馨（大丞）等人所控制，並與大納言岩倉結交的參議大久保、副島、廣澤、佐佐木等人對立。來年的明治三年七月，民部、大藏兩省分離，而木戶派以大隈升格參議與大久保派妥協。但同年閏十月工部省的設立，則是木戶、大隈派的反擊，謀圖削減大久保管轄下的民部省權限。

這個民藏分離問題中，出乎意料之外地透露出派閥對立與官僚機構的結合，加上主導權之爭的影響，整頓機構的腳步開始變快。廢藩置縣後不久的明治四年七月二十九日的太政官三院制（正院、左院、右院）是整頓的第一步。藉此在制度上實現了以天皇底下的正院為最高輔弼、執行機關的政治一元化。然後公家出身的三條、岩倉分別就任太政大臣及右大臣，參議則由薩摩的西鄉、長州的木戶、土佐的板垣、肥前的大隈等薩長土肥出身的人來各據一方，以穩固勢力上的均衡，藩閥政府的骨架就此形成（參見第二七九頁的表29）。

可是經過這次改革，大藏省的行政權限除了以各種租稅徵收及決定各省預算的實權外，甚至還囊括了財政、行政及一部分的司法權。並且是卿（長官）為大久保，大輔為井上馨，少輔為津田出，谷鉄臣、安場保和、澁澤榮一為大丞，而權大丞為松方正義的成員名單。大久保給岩倉的信中說，對於大藏省權限過於強大這點，不同意見很多，已經是「不日必生不測之弊，又再曰為變革之類」的險惡狀況了，所以他提出想與木戶一同到海外遊歷的要求（明治四年九月十二日），而這封信也可以說明關於這方面的事情。與此同時，大久保也好木戶也罷，都表明十分擔憂以自己為中心的派閥對立，會在這朝向統一國家的重大時期中，引發難以預料的事態。這也是他們兩人一起加入岩倉使節團的部分理由。

大久保前往歐美後，大藏省的實權就移交到大輔井上馨身上。當初大隈還推薦井上馨接替自己成為大藏大輔，但是與井上的對立卻慢慢地加深。這同時意味著大隈離開木戶派，轉向大久保靠攏。明治六年五月，圍繞著預算削減問題，大藏省與其他各省產生嫌隙，特別是與司法、文部兩省之間的對立格外激烈。

這也是和木戶相結的井上，與從左院副議長升為司法卿的江藤新平及文部卿大木（都出身於肥前藩）之間的政治對立，已經到了「井上一曰經濟上不允許，江藤就應聲答曰：『足下豈知經濟乎，足下所言只是核對帳務而已。』衝突益發劇烈，遂至於無可挽救」（三宅雪嶺《同時代史》第一卷）的程度。

五月七日，井上與當時負責大藏少輔事務的澁澤榮一同呈上勸誡書，譴責政府措施正加速讓國家財政無可挽回後辭職。而在參議大隈兼任大藏省事務總裁後，為了一掃財政上的疑問，於接下來的六月公布了歲出入預估會計表。

過去民藏分離問題時期的岩倉、大久保派與木戶、大隈派之間的對立，現在已經表現成大隈在內的大久保派與木戶、井上派這種新的對立情況。雖說是薩長土肥藩閥政府，但在它的架構內還是非常具有流動性的。總而言之，可以說是以代表大久保與木戶的薩長閥（然後其內部也對立）為核心，與肥前及土佐等派之間的對抗，並將周邊人事物都牽扯了進來。

使節團的國家課題

正是因為派閥之間的對立混亂，以自己提議派遣派閥有力人士到海外，然後可以趁此期間來「當猴子大王」的大隈表現來看，雖然當中包含了大隈獨特的自我炫耀與誇大，但派遣使節團被當成是克服派閥傾軋弊害的方法之一也是事實。同時還意識到這個使節團的目的與使命，是要超越這些派閥對立，這也是國家的首要課題。不過這還是違反了十二條的約定，雖然實際上成了「山中無老虎，猴子當大王」的狀況，但卻並沒有被追究相關責任，反而是把這些當成既定事實來看。歸國之後的岩倉、木戶、大久保等人對於征韓論，則是異口同聲地主張要以內政優先（後述），這是因為違反約定的各項改革及政策，與他們使節團在海外實際上感受到的，起碼單就政策上的方向來看，並無不同。

「簡介」

還有一點想在這裡提到的是，在前文描述那樣的政府內部不合之中，一開始派遣歐美使節團的背景，是因為下面這樣的事情。

荷裔美人（法律上為無國籍）傳教士及御用顧問貝維克（Guido Herman Fridolin Verbeck, 1830~98），於明治二年五月二日（陽曆一八六九年六月十一日）向大隈重信提出稱之為「簡介（Brief Sketch）」的使節團派遣草案，並在幾經曲折之後，成為岩倉使節團派遣計畫。他也「秘密」地親手交給岩倉使節團成員制定報告書的說明手冊。上述的《米歐回覧實記》縱然不是完全照著手冊來寫，應該也參考過。

但是這件事情到頭來也只能是「秘密」。當前的國家課題是依據外國人的提案而來，雖說是御聘的外國人，也難保不會掀起什麼樣的反對浪潮，政府首腦一想到這就相當擔心。

於是，岩倉使節團就一同離開日本了。

二、在美國的使節團

初體驗

明治四年（一八七一）十一月十二日（陽曆一八七一年十二月二十三日，以下括號內日期皆為陽曆）從橫濱港出航的亞美利加號，於十二月六日（一八七二年一月十五日）抵達了舊金山。這時候的情形因為已經在本書開頭提過，所以省略。而他們在美國的生活就此展開，一切的一切都是第一次的體驗。久米邦武在《回顧錄》中這樣提到：

桑港（舊金山）市街的內外風景，對於首次踏上西洋土地的人們來說，全都是不可思議的源頭。鍋島直大公為了拜訪岩倉大使，來到我們下榻的旅館。大門口樓梯前安置了一面大鏡子，因為鏡子上頭映射出來的錯覺，而對大廳的華麗程度大感訝異，又被能提供三百人進餐的餐廳所震懾。之後被鍋島直大公告知「前來旅館」，於是隔天早上就馬上出發前往。一說「咪司脫魯（Mister，先生），鍋島」後，在侍者的帶領下來到一間小房間坐著，這間房間還有其他兩三名西方男女，轉眼間房間忽然地被吊動了起來。中途停了下來，門口打開後，西方人就這樣出去了。當房間第二次停下來的時候被說了聲「出去」，而我離開房間在走廊上張望的時候，找到了鍋島直大公的房間號碼。這就是電梯的初體驗。

而且他們還驚嘆男女的風俗。這已經在航海過程中，對於與妻子同行的美國公使迪龍的行為，特別是他對妻子的一舉一動，使節團一行人都大吃一驚。久米的《回顧錄》中寫說：「我們認定他生來就是溺愛妻子的人。」到了舊金山後，同一旅館的每一個人都是相貌堂堂的「增多魯門（gentleman，紳士）」，旅館走廊上往來的人，夫婦不僅一定是手牽著手，丈夫還像侍者或侍女一般地對待妻子，看到這種光景，久米嚇了一大跳。

此時這位女性的衣裳拖著長長的下襬，依照被稱為束腹之類的鐵絲燈籠簍子（細竹片—原注）模樣打造出鐵箍來讓腰部以下的衣物鼓起，並以此為美觀的風尚相當流行。穿著這種奇怪衣裳的婦人在上下樓梯的時候，為了不至於踩到下襬，丈夫要負責捧起下襬的工作。此外，搭馬車的時候，丈夫也要抱著妻子的腰間上車，上車後還要在她的大腿上蓋上毯子，戴上手套時要將她的手指放進來，就坐時要先把椅子拉開讓她坐下等等，這種自始至終都在從事東方侍女工作的風俗過於引人注目。之後被招待到各處富豪的莊園，一就坐於饗宴的餐桌上，總是會看到女主人坐在主位負責接待賓客，主辦者則坐在末位做著執事的工作，而這是合乎禮儀的。這完全是陰陽顛倒的女人當家嘛。

但是女性會如此愛出風頭的「下劣風俗」是因為這個舊金山是聚集了那些以金銀礦為目的的「西洋人逋逃之巢窟」。東部的「文明地方」是絕不會有這種事情的，是不可能會有。久米一邊這樣自我安慰，一邊寫下「對於西洋風俗的真相下判斷一事還要暫且深思」。

發展的原動力

接下來，在該地的羊毛紡織廠、各種製造工廠、公司及學校等設施的視察及參觀結束後，使節團一行人向東橫越了美洲大陸，向首都華盛頓前進。

途中，為洛磯山脈大雪所苦的同時來到了鹽湖城。在這參觀了摩門教的大教堂。這個教派的一夫多妻制讓使節團成員感到十分訝異。

對於越過密蘇里河抵達芝加哥的使節團一行人來說，這片廣大大陸的大自然以及這裡誕生的人類世界連續劇，都讓他們留下了強烈且鮮明的印象。「經過美國之廣土，藉著過去來想像將來的話」，《回覧實記》接著繼續寫到：

四十年前，大都市芝加哥也還未曾存在的時候，奧馬哈（Omaha）以東的各州土地全都是像洛磯山脈那樣的荒野。但是芝加哥現在已經是「煙花之都」，密西西比河谷也有人居住，奧馬哈也變成了都市。「從今起四十年後，奧馬哈又會簇集怎樣的紅塵。而『大草原』的原野上，樹木聚集茂密，移民之車將會奔走至此嗎。」

圖 12 岩倉使節團路線圖 （年月日皆為陽曆）

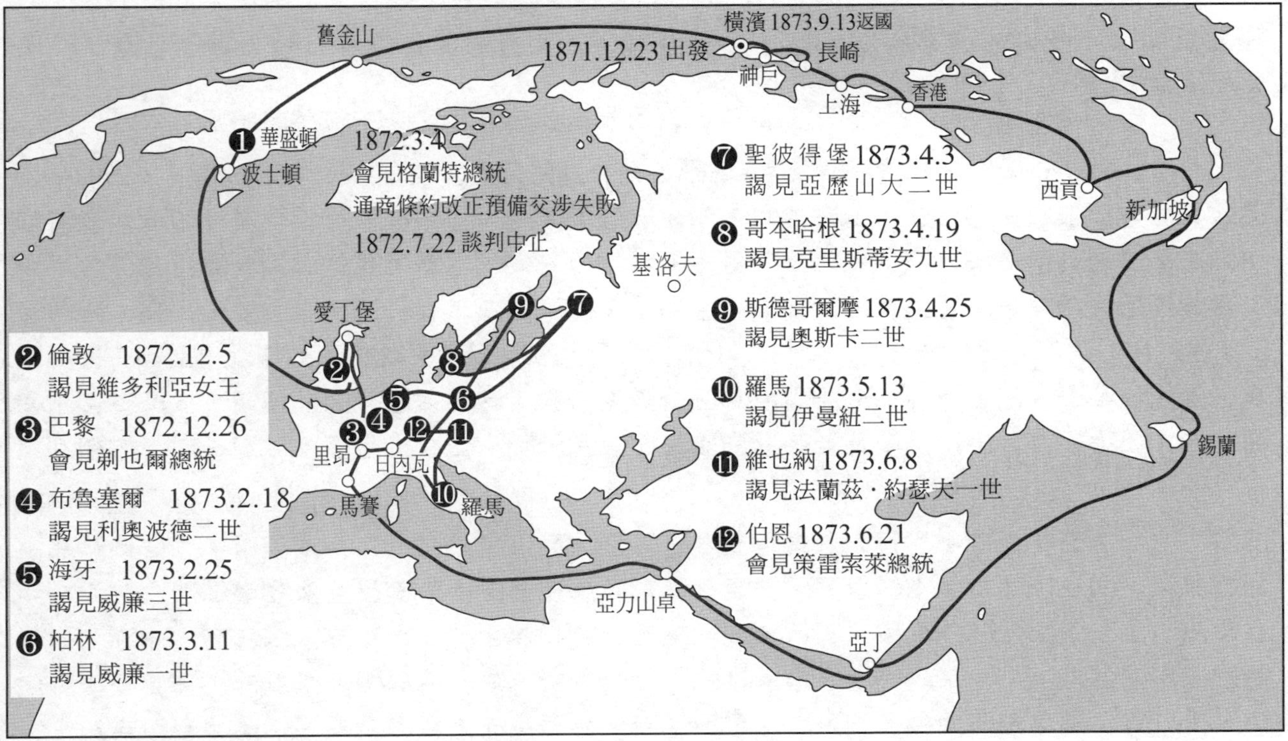

舊金山
橫濱 1873.9.13 返國
1871.12.23 出發
神戶
長崎
上海
香港
❶ 華盛頓
波士頓
1872.3.4
會見格蘭特總統
通商條約改正預備交涉失敗
1872.7.22 談判中止
❼ 聖彼得堡 1873.4.3
謁見亞歷山大二世
西貢
新加坡
❽ 哥本哈根 1873.4.19
謁見克里斯蒂安九世
基洛夫
❾ 斯德哥爾摩 1873.4.25
謁見奧斯卡二世
愛丁堡
❷ 倫敦 1872.12.5
謁見維多利亞女王
❿ 羅馬 1873.5.13
謁見伊曼紐二世
❸ 巴黎 1872.12.26
會見剎也爾總統
錫蘭
里昂
日內瓦
⓫ 維也納 1873.6.8
謁見法蘭茲・約瑟夫一世
❹ 布魯塞爾 1873.2.18
謁見利奧波德二世
馬賽
羅馬
⓬ 伯恩 1873.6.21
會見策雷索萊總統
❺ 海牙 1873.2.25
謁見威廉三世
亞力山卓
亞丁
❻ 柏林 1873.3.11
謁見威廉一世

（註）引自田中彰《岩倉使節團》

這種急速的發展所帶來的究竟是什麼呢？在使節團一行人眼中映照出來的是「物力」，他們並肯定地說「世界之大寶是在財貨，在物力」。證據就是，不管是舊金山、芝加哥還是聖路易斯，房子是櫛比鱗次地蓋著，巨商及富農都儲蓄了百萬財富，錢財不是取之不盡嗎？儘管如此，從加州到這個州之間的肥沃土地都還是任其雜草叢生，因為這「非貨幣之不足，而是物力不足之故也」，特別是人口不足這個原因。因此，美國從歐美各國的移民身上取得力量，特別是從非洲「獵獲黑奴過來」。

順帶一提，關於美國的「黑奴」問題，其歷史經過及南北戰爭（一八六一～六五），到後來一八六五年（慶應元年）的奴隸解放都有牽扯在內。在這之中當然不會用「白黑之涇渭（區別明顯）分明」這種《回覧實記》對於黑人的「愚民」（也有此一表現）觀來涵蓋一切。不過，使節團一行人也說過黑人當中有「自主之黑人」及「積累巨萬之豪性」的人存在，顯然清楚皮膚的顏色和知識之間是毫無關聯的，故言「顧經二十餘年之星霜，黑人之中英才輩出，白人不學無術者，將至提鞋侍奉之地步」。在考察過落後國家有色人種的情況後，可以說教育導致的人才輩出，才是可能趕上並超越先進國家（白人）的方法。

並且《回覧實記》中，於此緬懷起遙遠的故國之地。

轉頭回顧我們日本，最珍貴的人口與美國幾近相同，建國卻古於百倍，而土地不及百分之三。但是，「野有遺利，山有遺寶」且上下皆未能免於貧弱是何故。莫非是「不教之民難使，無能之民不可用，不規則之事業則無效用」。縱使民力再多，想要發揮他們珍貴的價值的話，可不能只是淪為漫無邊際地盼望。

美國的「紳士」們全都懷抱熱誠信奉宗教，積極地投入普通教育事業，而為了「流民傭奴之頑魯」的啟發及生活的安定，這些都是必須的。並且，他們給與這些人「規則」，分配「工作」，「嚴厲監督」他們，信賞必罰，並親自帶頭振興生產。所以，「民心之方向一也，培養富殖之源，國之興盛勃然而生」。

亞洲、日本與美國

可是《回覧實記》還是肯定地說「東洋與之相反」。換言之，在亞洲的「上等之人」其所學之物是「高尚之空理」，不然就只是「浮華之文藝」，而「民生切實之業」的瑣碎之事根本不屑一顧。「中等之人」若不為「守財奴」就是「賭博之流」，毫無振興財產，建立「不拔之業」的念頭。而「下流之賤民」為了衣食廢盡心思尋尋覓覓，「只為偷得一日之命，呼吸而已」，這可以說是「身為人卻無為人之價值」。因此，縱使人口上億，卻對富強沒有半點益處。也就是說，若不能善用東洋的沃土及人力，這片大自然就一直沒辦法孕育出價值，也沒辦法振興國利。「從今而起與國為謀之事，不可不由此感發並起而行之」。

用「不教之民」及「無能之民」來表現日本的民眾，並以這種對照美國過於苛刻的角度來看待亞洲社會，不僅是因為對美國民眾的印象，更是被挑戰廣大大自然的美國人力的威武模樣所震懾住。「美國之人口，現今之全數只與我邦粗略相當。然而兼併數十倍之土地面積，能示開墾之功，實在是幾近震驚。」痛切地自我反省。

支配者的觀點

歐美遊歷期間，使節團做了這樣子的東西對比。如果稍微先下結論的話，這個比較的基準，有著作為日本支配者創建近代國家的觀點。當在這個觀點上的使命感，與不斷映入眼簾的歐美近代國家富強的強烈印象重疊起來的時候，不難推測一行人的思緒，都在絞盡腦汁地構思怎樣把明治國家建構成能媲美此等富強的境界。但是在這個場合，也不能否定下面的看法。

這是先前提過，木戶等人翻譯《美國憲法》時候的事情（參見第五八～九頁）。他們在翻譯《獨立宣言》時，出現了不太清楚意思的地方。翻譯時他們參考過福澤諭吉的《西洋事情》（慶應二年發行）及《聯邦志略》（輸入至日本的中文版，翻刻版）的翻譯。不過，福澤翻譯的版本是把重點放在對於忍無可忍的壞政府，推翻掉亦無不可的革命層面，相較與此，《聯邦志略》則是譯成盡可能地忍受以往的政治，當無法再忍耐下去的時候，不得已才起而獨立，整體上來說，《聯邦志略》是偏重於不可輕易革命來解釋的。而看到這個的木戶，對福澤的譯本不住地嘆息的說：「文意還理解得不夠。」

在《日米文學交流史的研究》中介紹這句話的木村毅，對於福澤譯本反而較為貼近原文，木戶卻嘆說「理解不足」這點作了注釋：「一旦完成維新大業後，之前的立場就對調了過來，自己立於高閣變成能夠操控政治的層級後，就不想自己也遭受到像是輕易攻擊政府那樣胡搞瞎搞的事情。（中略）現在的木戶是把《聯邦志略》的譯文想成是在強調惡政也要不停地忍耐，僅僅認為這是便於擁護本身立場的翻譯。」這清楚地表露出使節團接受歐美先進文物的做法。事實上，正因為這樣的判斷比比皆是，所以使節團一行人對於擾亂他們心中天皇制國家架構的東西，都毫不惋惜地割捨掉。

共和政治的特色

使節團抵達華盛頓的時候是已經過了一年的明治五年一月二十一日（一八七二年二月二十九日）。與迎接的駐紮少弁務使森有禮（五年四月升為中弁務使，十月廢除弁務使後任命為代理公使。六年七月前駐在於美國）一同搭乘馬車前往阿靈頓飯店（Arlington Hotel）。在飯店中從美國總統夫人手中獲贈花束。

一月二十五日（三月四日），岩倉大使及木戶等四位副使帶領五名書記官訪問白宮。然後在國務卿費雪（Hamilton Fish）及森少弁務使的引導下，會見美國總統格蘭特（Ulysses S.

Grant），呈交全權委任的國書。此時，岩倉與四位副使身著衣冠，而書記官是直垂譯註一，每個人身上都佩劍。這裡我們看到了洋風與和風的奇妙對比。

接著二十七日，一行人坐著馬車與理事官一同拜訪國會大廈，受到上下兩院的歡迎。《回覽實記》在這提到了美國的政體：

國會（Congress）是美國最高級的政府，總統總掌行政權，副總統為立法首長，首席大法官執司法權。這是該國聯邦政治的大綱，與君主立憲制國家體裁基礎相異。

十三州從英國獨立並形成這個「聯邦政治」的過程中，各州主張「總統只不過為國王之化名。興軍、徵稅等應任由各州自主」。但反抗聲浪「宛如沸水」，不過由於華盛頓的品德聲望，各州最後還是齊心協力。然後《回覽實記》還介紹了華盛頓於晚年所說的話，「國內的論戰是自與英軍的八年苦戰後，令我回憶起那多重的猛烈砲火，幾乎迫使我的忍耐力消耗殆盡。」《回覽實記》特地將這句話圈點起來，並評說「誠比守成撥亂還為困難之事，由此得知也」，這是來自於克服幕末以來的動亂，現今終於坐上支配寶座的使節團成員的共鳴。雖然使節團十分瞭解美國政治的特色是各州的自主獨立，但特別把焦點放在「守成」上面的這種理解方式，正是使節團的特質所在。

「三尺童子亦以尊奉君主為恥」這句話，是與以下這些對國會權力極大的這個共和國，美國政治的批評是相似的。

「官由公選舉之，法由公共決之」，雖然體裁在實際上是極為公平的，但上下院選出來的人卻不可能都是「最優秀的才俊」。「卓見遠識必不為庸人耳目所知。故異論沸起之後，決於同意之多數，廢上策而歸下策，常也」。專職者一度起草的草案，即使忽然出現異議，十之八九必會決定照原案施行。因此，為了賄賂而贈送禮品給專任的負責人也是可行的。很難說行政官員的私心不會暗地裡左右立法院的議論。「這乃全共和政治之遺憾所在也」。

「粗鄙的醜俗」

二月六日（三月十四日），邀請了當地千餘名的高官、紳商在飯店召開大型的歡迎會。這是由使節團所主辦的。以大使為首的一行人都穿上「燕尾服」，排列在長形走廊上迎接來賓。來賓們全都是夫婦手牽手，不然就是牽著小朋友開心地走進來。這個光景與在舊金山一模一樣。自助餐形式的盛宴一開始，丈夫就把食物及玻璃杯遞給妻子及女兒，而她們就坐在椅子上指揮一切。當音樂一響起，來賓中的未婚女性就與男性相擁著跳舞。「這在我們的眼中是多麼地猥褻至極，見識到這種對待女性的愚笨風俗」（久米邦武 述《久米博士九十年回顧錄》）——剛

譯註一：「衣冠」是公家男性服裝的一種，僅次於束帶的正式朝服。「直垂」是武家男性的服裝，作為禮服之用。

剛久米對「西洋風俗真相」的保留態度，馬上就被粉碎掉，化為塵埃了。他說：「就是他們自制力低落的個性，才形成了露骨地表現欲望及感情這種怎樣都看不下去的風俗。」

然後，通曉西方事物的人跳出來解釋說，這不是男性以力量殘酷驅使女性的「古代野蠻風俗」，而是基督教力量創造出來的優良風俗。但久米不接受這種說法，並把對這個「粗鄙醜俗」忿忿不平的想法寫了下來。

臨陣磨槍的委任書

明治五年二月三日（一八七二年三月十一日）起，展開了關於條約改正的交涉。如同前文提到的，條約問題是使節團目的中的一環，但卻不是要修訂及簽署條約。

事實上這件事一開始就是問題。國務卿費雪追問說，如果使節團沒有締結條約的權限的話，難道就有簽署草案的權限嗎？雖然岩倉大使在記錄談判結果的文件上回答有簽署的權限，但費雪認為協定書的簽訂是必須且重要的，「暗地裡表現出責怪我們全權大使疏忽大意的態度」（森谷秀亮前揭論文）。結果是要等到大久保與伊藤回國申請到條約改正的委任書，才能繼續後續的交涉。而極力主張擁有簽署權限必要性的是伊藤及森少弁務使，從這裡也可得知使節團內部產生了混亂。

大久保與伊藤在二等書記官小松濟治等人的陪同下，於三月二十四日回到了東京，隔天就前往正院闡述條約改正的要點，並申請全權委任書。

以外務卿副島種臣及外務大輔寺島宗則為首，留守政府的反對聲浪相當強烈，但到了五月十四日，委任書終於還是發了下來。大久保與伊藤等人就拿著國書及委任書再次前往美國。

關於這封國書及委任書的授予有各種說法。

也就是(1)關於與美國條約改正的談判，以不繼續交涉為條件而授予；(2)改正談判不再是各國分別進行，以各國聯合簽署為條件而授予；(3)配屬監督官（外務大輔寺島宗則就任駐英大弁務使，赴任途中於美國監督改正談判）而授予委任書；(4)沒有上面三種說法的附帶條件，簽署方式也全都交由使節團決定。

採用(4)的說法，下村富士男的著作《明治初年條約改正史的研究》是這樣論述的：

大久保、伊藤等人輕忽美國的態度，認為能夠恢復關稅自主權，關於司法權則是認為可以表露善意，於是就回國申請全權委任書。並且認為對美條約在他們再度前往美國之前就會談妥，所以一開始就在考慮歐洲行程，並要把對美條約的簽署全權委託給森少弁務使處理。但是對美談判意外地拖延時日，木戶等人對森有禮的反感很強烈，怎樣都沒辦法全權委任他來處理，所以大久保、伊藤等人只好再度來到美國。然後此時他們手上拿的全權委任書上頭，（中略）沒有附帶條件，單獨還是聯合簽署哪一個都可以，地點在哪裡也沒關係，連交涉方式也都全部委託他們處理。

對美談判化為泡影

像引文的內容一樣，大久保、伊藤等人回國途中，木戶等人反覆進行了六次對美談判，但談判遲遲沒有進展。日本這邊希望的關稅自主權及領事裁判權，或是居留地的問題等等，無論是哪一個都碰壁。另外還冒出與美國個別交涉這些內容是否恰當的問題。一發現事情的進展漸漸對日本不利，木戶就轉向簽署自重論。然後他開始後悔輕信屢次鼓吹修正簽署的森及伊藤的說詞。而倫敦留學生的反對簽署論，也更堅定他的想法。

看過木戶當時的日記及書信後，會發現他絲毫沒有掩飾對森的不快。

一方面，森這邊對使節團的批評也很猛烈。當時，作為秩錄處分計畫的一環，負責募集外債而來到美國的大藏少輔吉田清成，在寄給本國大藏大輔井上馨的信中滿懷憤怒地提到，森對外國人說過「岩倉是不識字嗎？還是說日本政府自始至終都不安定？」之類的話，而一國的弁務使如此發言是極其不妥的（明治五年四月十六日）。森壓根就反對募集外債，雖然吉田懷有瑜亮情結也是事實，但森的態度上也是相當地偏激的樣子。此時的森，虛歲二十六歲。

此外，木戶對於跟在森屁股後面的伊藤，在回國後也說「他過於輕挑，毫無大臣氣量」，而且更以此次問題為契機，四周的人開始看出木戶與大久保之間的關係也「出現隔閡」（久米邦武述《久米博士九十年回顧錄》）。

木戶的這種態度在日後反而被記者及思想家三宅雪嶺（一八六〇～一九四五）評論成「懷

疑是否早已罹患了神經衰弱症」（《同時代史》第一卷）。

大久保、伊藤與寺島一同於六月十七日（一八七二年七月二十二日）上午六點抵達華盛頓。上午他們就立即與岩倉、木戶等人進行協議。雖然論及雙方的得失，但當然還是沒有想出能打開局面的好辦法。結果，當天下午三點起，開始了對美談判的第十一次會晤。

木戶在《日記》中是這樣描述這一天的。

余等百餘日苦心積慮之事，二氏（大久保、伊藤）特地歸國盡種種議論，往來於五千里之海上，三千里之山陸，全都化為泡影。因此，為國處事不可不於其始謹慎沉默，深思熟慮。

儘管如此，由新政府如此實力派人士所構成，還加上幕末外交老手的舊幕臣的這個使節團，首次進行外交交涉就馬上產生混亂，急急忙忙地讓主要成員回國，但在連委任書都重新準備好的時候，談判卻中止。縱使說是缺乏國際法的知識、外交經驗不足，但也太過拙劣了吧。這也是被諷刺成「與有大使副使之名的觀光旅遊團無異」的緣故（前揭《同時代史》）。

於是，使節團從華盛頓出發，在結束美國北部一帶的視察之後，七月三日（八月六日）搭乘英國籍船隻奧林匹斯（Olympus）號從波士頓出發前往歐洲。

三、歐洲巡訪

前往英國

在十天的大西洋航行後，明治五年七月十四日（一八七二年八月十七日），使節團抵達英國的利物浦。他們立即前往倫敦投宿於皇宮飯店（Palace Hotel）。之後遊歷各地，離開英國的時候是該年的十一月十六日。恰好停留了四個月的時間。逗留英國的時間會拖得這麼長，是因為維多利亞女王按照往年慣例到蘇格蘭去避暑，所以呈交國書的謁見儀式不得不等到女王回來（謁見是十一月五日，陽曆十二月五日）。儘管在美國預定的計畫被打亂，但在這裡看得到使節團的行程毫無規畫的模樣。

負責接待一行人的是英國駐日公使巴夏禮。這位在幕末維新時期領導在日列強外交團的實力派，對於亞洲充滿了英國的優越感。他認為日本及中國有著氣候上得天獨厚、物產豐腴的優點，但受此眷顧卻是貧窮弱小。相反地，英國只有僻隅之地，但卻從中發展出鐵塊與煤炭的鋼鐵工業，還輸入美國的棉花，利用發明出來的紡織機器及蒸汽動力來振興紡織業，博得世界第一的名聲。「這裡開始所看到的真實情況，對於現在開始要與世界交流振興新事業的日本來說，相信是最有助益的參觀了」（久米邦武 述《久米博士九十年回顧錄》）──如此說到的巴夏禮，陪同一行人遊覽。但他的態度不時露出作為優勝者的行為舉止，這惹惱了使節團成員。

大出洋相

不過使節團的大出洋相也是應得的。三宅雪嶺寫下了從當時正在海外遊歷的島地默雷那裡聽到的以下逸聞。

這是要從倫敦搭乘火車出發時的事情。與使節團同行的某人因為遲到所以衝進車站，他一邊抓著已經開動的火車一邊跑著。火車的速度變快，而前面有根電線桿。眼看就要撞上的那一瞬間，他打破了車廂玻璃窗鑽進車內。車內的女性的尖叫聲讓火車緊急剎車。還有一群日本人上氣不接下氣地死命追著這輛緊急停下的列車，他們是山田顯義一群人。在仔細地詢問過後，原來他們是搞錯車站，而不得不搭乘從別的車站出發的火車。雪嶺還說：「此類珍談不絕於耳，可謂出盡洋相之極致。」（前揭《同時代史》）

此外，一行人之中，還有把與月薪同等金額的津貼揮霍掉的人，以及儲蓄起來的人。設於倫敦中央查令十字（Charing Cross）街，擁有富麗堂皇店面的「國家代辦處（National Agency）」公司董事南貞助（舊長州藩士，後為香港領事、農商務省商務局次長）前來拜訪使節團一行人，並推銷他們公司高利息的存款業務。儲蓄組馬上就把津貼存了進去，但這家銀行沒過多久就倒閉破產了，而揮霍組的田邊太一及福地源一郎等人，馬上就作出了狂歌譯註二。

譯註二：以諷刺社會、戲謔等口吻，依五・七・五・七・七的音節而成的短歌（和歌）。

條約，沒結成，錢不見，世間面對（大使，音同），哎呀岩倉（岩倉具視）
不知是山口，存的私房錢，都在外交上，哎呀少輔（山口尚芳）
縮衣節食存的錢，全都不見了，真不愧鹽田，雪上又加霜（鹽田三郎）
沒被白足勾了魂，一百五十，英鎊卻掉下去，久米的仙人（久米邦武）譯註三

因為存款總額高達二萬五千英鎊（一英鎊＝五円），所以受害情形十分嚴重。「不用說儲蓄旅費的這種吝嗇態度，但為雪白足脛著迷而揮霍浪費也沒好到哪去。儘管太政大臣的送行文中稱『所率之官員皆一時俊秀』，但連俊秀都對旅行中的恥辱毫不在乎。」雪嶺的批判相當猛烈。

貿易、工業國英吉利

話說回來，一行人參觀了倫敦的白金漢宮、「巴力門」（國會），利物浦的巨大船塢，曼徹斯特的棉布紡織廠，格拉斯哥（Glasgow）的商人會議所後，另外還目睹了在紐卡斯爾（Newcastle）及謝菲爾德（Sheffield）的阿姆斯壯（Armstrong）公司及維克斯（Vickers）公司的軍械產業。

烙印在使節團眼中的英國樣貌，不管怎樣就是個貿易及工業國。「國民之精神，舉之鍾情世界之貿易」，在《回覧實記》中這樣描述的背後，是認識到地理上及人口上都與日本極為相似的這個島國英吉利，在貿易與工業這點上有著決定性的不同。「故船舶通航於五大洋，買入各地天然物產，運往自國，借鐵炭之力而成工業產物，再輸出賣與各國」——這是他們看到的英國特質。

提及「製作貿易乃謀全英國之富要領，亦即國民之注意重於此也」的前文的報告書中，仔細地描繪了各地工廠及製造所的技術。面對這個資本主義國家的巨大工廠地區而吃驚地瞪大眼睛的大久保，在寄給故鄉的西鄉隆盛及大山巖等人的信中不停地描述「足知英國富強之所以也」。然後《回覧實記》中，對於與美國共和政治相異的英國君主立憲政治的特色及上院、下院的實貌，還有支持政黨政治動向的社會階層，都詳細清楚地提及，充分表現出使節團的關心程度。

對英國的關心程度，可以說是幾乎比得上之前提到的美國了。現在來看之前一再引用，多達全一百卷、二千一百一十頁的使節團報告書《回覧實記》，會發現美、英分別各佔二十卷（頁數合計為全體的百分之四十），接著是德國的十卷，法國九卷，俄國五卷（順帶一提，義大利

譯註三：日本故事傳說有一久米仙人，入山修行仙術，能飛行於空中。某天見到河邊洗衣婦女的足脛後，忽起色心，遂失神通，墜地而不能飛。這首狂歌就是拿此一傳說揶揄久米邦武。

是六卷）。以明治三～四年（一八七〇～七一）為高峰期的明治初年留學生集中於美國及英國（明治元～七年，總計人次五百五十人中，兩國就有三百七十七人，約百分之七十），而德、法（合計一百四十二人，約百分之二十五）緊接在後的現象正好與之相對應（石附實《近代日本的海外留學史》）。請讀者們把當時的日本關心程度是美英接著德法的順序，先留在腦海中。

資產階級國家的根本

可是，在英國的政治形態上，立法權是掌握在選舉出來的議員手中。這在歐洲是普遍情形，而這點是與中國及日本差異最大的地方。中國及日本原本就是在「農耕自治之風儀」中，以「修身為政治主義」且不重視「財產」。法律上也缺乏這種觀念，關於「民權如何，物權如何」的問題，不僅幾乎是馬耳東風，還反而以壓抑這些權力為「變風移俗之良模」。因此，在國家政治上毫不留意與財產有關的事宜，還以此作為「君子、小人」的「判別界線」並從這裡開始逐漸衰弱化。

由這個東西政治對比衍生出來《回覽實記》接下來的一節，十分值得注意。

方今世界，舟楫相通，乃貿易交際之世也。保全國權，保護國益，需國民上下協調，第一為重財產，致富強，不可不留心注意。立法之權亦由此而生也。（傍點原文）

國權及國益，也就是為了達到國家的富強，國民要同心協力，比起其他事物都要更重視財產。換言之，立法權的根源是在於對國民財產權的尊重，而這是富強之根本，使節團一行人體悟出這番道理。這也是對資產階級國家基礎的認識。

法國與英國

那麼，明治五年十一月十六日（十二月十六日）上午七點十五分，在天還沒亮的倫敦街上，使節團一行人就離開了白金漢宮大酒店（Buckingham Palace Hotel），前往維多利亞車站。「此刻於午前八時轉為黎明，尚為曉雲蒼茫之際，漏殘月，街上瓦斯燈仍微微亮著，往來人跡斷絕，於淒涼孤單的市街與倫敦惜別，走而登上蒸汽車。」（《回覧實記》）

經過多佛海峽抵達加來港（Calais）的使節團，搭乘下午一點的火車直奔巴黎。車窗外的寬闊廣大平原，那混雜著碎石子的泛黃土地看起來比英國還要貧瘠，風景也沒什麼大不了的。但是，一到了巴黎，那裡卻有著真不愧是聚集一切繁華事物的「文明中樞」面貌。

一行人已經從英國來到了一衣帶水的法國，而一到這裡就感覺到巨大的差距感，這是聚集在車站的人們的語言變得奇怪的緣故。「Yes 變成 oui，雞蛋的 eggs 變成 oeuf，聽不到濁音了。」久米的《回顧錄》是這樣寫的。書中還提到「與英語的重濁相比，法語是輕清」。

這種差距感在看到巴黎後越來越深。譬如說，他們感覺到信教的風氣是美國到英國，英國到法國漸漸變得淡薄。英國的工藝是以「製造粗大之物，供世界之需用」為目的，相較於此，法國則是「於華麗纖細之手藝乃獨步也」。倫敦若是輸入世界上的原料，加工後再輸出的「世界天然產物之市場」的話，巴黎就是歐洲工藝流行的指標，可以說是「世界工藝品之市場」。從這裡，使節團實際體會到「英國人被機器使役，法國人使役機器」的這種對比。這句話雖然對各自國家國民性的理解也有關聯，但倒不如說是他們從中看到這些國家以「拾他國之牙慧」一事為恥的氣概。「歐洲自主之民，養獨立之氣象。不宜無此氣概」（《回覽實記》，傍點原文）充滿共鳴地寫下這段文字。

叛黨，巴黎公社

一行人下榻的旅館隔壁就是有名的「凱旋門」，一年前公社革命時的砲彈痕跡還鮮明地留在上面，凱旋門也正好在維修中。關於這個所謂的巴黎公社（Paris Commune）在《回覽實記》中隨處可見。並且還強調策劃對法國政府發動叛亂的「叛黨」、「叛軍」之「禍」的程度，遠比普法戰爭（一八七〇～七一年）來得嚴重許多，接著提到下面的內容：

> 前年（一八七一）的法國之亂，比起普軍之禍，「公社」之禍尤為猛烈也。雖為文明之國，至中等以下之人民，猶不能免於冥頑鷙悍（兇猛強悍之意）。西洋各國，所謂

上下相通之優美風俗，亦大誤也。

這也能明白地表現出岩倉使節團的階級立場。這麼說來，這個報告書中雖然提到了拿破崙三世（一八〇八～七三）的評價及其時代面貌，但也提到「勞動權利之說」，這是說政府具有「勸獎惠恤職工」的義務，所以為了讓人民勞動，政府也應當給與工作，謀求「個人繼以維生之方法」，而報告書在介紹完這個主張的出現後，還對此做了大意如下的批判：

勞動權利之說中提到，無法讓全國人民都有勞動工作是政府的責任。但這也太不瞭解情況了。這就像連經濟為何物都不知道的富貴「君子」，無益地一味講述「性理之學旨」，還只拘泥於「仁德恩惠之美」。掀起這樣的論述將會搗亂社會，教導「小民」怠惰，令他們陷入冀望「無望之福」的地步。縱使這是「西洋文明之國」無法擺脫之事，但這樣的論述一旦變得激烈，將會掀起全國性的騷亂。法國內鬨的原因，大多就是這種「弊習」所致。

當然，岩倉等人應該是無從得知一八四八年（嘉永元年）時，法國二月革命即將發生之前發表的〈共產黨宣言〉，及一八六七年（慶應三年）發行第一卷的《資本論》內容。他們是透過巴黎隨處可見的公社傷痕的鮮明程度，來把勞動問題當成是資產階級國家面臨的課題，並以這樣的形式來得到這樣的答案。

對於「叛黨」巴黎公社的評價，當然是與徹底將其鎮壓的總統阿道夫．剃也爾（Louis A. Thiers, 1797~1877）的高度評價連結在一起的。大久保在剛到英國的時候，在給西鄉隆盛等人的信中就提到：「剃也爾總統此人果真有豪傑之風」（明治五年七月十九日）。他雖生於馬賽的卑賤之家，但已經攀至總統之位，當年七十五歲的這位老政治家，《回覧實記》對他獻上「老練熟達之政治家也」的讚詞，而且還說「剿絕叛黨乃剃也爾君之本謀也」。

使節團在巴黎停留期間是從陰曆明治五年十一月十六日到陽曆明治六年二月十六日。換言之，由於這段期間內採用了太陽曆的緣故（參見第二三八頁），實際上的停留期間是兩個月整。在法國也是以使節團一行人謁見總統為開端，並以遍歷宮殿、政府各機關、還有軍事、經濟、各項產業等等的設施來度過時光。

與舊幕臣的邂逅

恰好這個時候，跟隨東本願寺法主現如上人（大谷光瑩）而來的成島柳北（一八三七~八四）也在巴黎。在德川幕府末年的慶喜政權底下，從騎兵頭到外國奉行，還擔任過會計副總裁等要職的他，頑固地拒絕維新後新政府的出仕邀請。而柳北在離日本遙遠的異國之地「普雷斯堡街」（Rue de Presbourg）上的旅館，首次與新政府首腦岩倉會晤。岩倉四十九歲，柳北則是三十七歲。

雖然使節團一行人之中也有舊幕臣田邊及福地等人，但《柳北談叢》（一九四三）的作者，亦為柳北之孫的大島隆一，則是推測將柳北引見給岩倉的人或許是木戶孝允。但無論如何，此後他在這裡經常前去岩倉投宿的旅館。「您也曾擔任過幕府的要職，所以如有注意的朝野之事，請不要吝嗇其言」，面對岩倉誠懇的請求，柳北滔滔不絕地陳述他的意見。（成島柳北《柳北遺稿》下）

歸國後，在野以新聞人的身分對明治政府從不同的角度猛烈批判的柳北，以《柳橋新誌》一書被永井荷風譽為「一世之奇才」。而他與往日的敵人岩倉使節團在巴黎一時地相會，或者可以稱之為歷史的奇緣也說不定。但是也有人指出，此時的使節團與柳北之間在巴黎所關心的事物及觀點，是完全相反的。

《幕末維新期的文學》的作者前田愛，則是把記錄柳北與岩倉、木戶及大久保等人一同參觀天文台及高等法院，還有監獄等事的明治六年一月二十二日的《回覽實記》，與柳北日記《航西日乘》作一對照，發現相較於前者客觀且詳細地描述高等法院組織，後者則是把焦點放在監獄的描寫上，而且還未曾隱瞞柳北本身對此的感動。並接著說到，「可以說支配者這邊的邏輯，與站在被支配者這邊的邏輯上的齟齬，以微妙的形式表露出來」。並且前田先生還從兩書對於巴黎公社及拿破崙三世的衰亡，在記載上的敘述方法中，嗅出了戊辰戰爭中的「勝者的理論及敗者的心情」。

表 28　使節團及成島柳北的巴黎參訪

	《回覧實記》（使節團）	《航西日乗》（成島柳北）
明治6年1月15日	參訪陸軍士官學校、凡爾賽宮	終日讀書
〃 16日	參訪地下水道	參訪羅浮宮美術館、歌德劇院觀劇
〃 17日	參訪蒙法雷昂砲台	探訪塞納河畔「礦物舖」
〃 18日	參訪文森兵營	歌德劇院觀劇
〃 19日	參訪楓丹白露森林	訪問夏諾安（舊幕府軍僱士官）
〃 20日	參訪建築學校、礦山學校	參訪聖敘爾比司教堂
〃 21日	參訪國立銀行、掛毯紡織工廠、巧克力工廠	入手拿破崙三世寫真

（註）依前田愛《幕末維新期的文學》作成

表28是一月二十二日前一個禮拜，於上述兩書中看到的參觀對象的比較。然後會發現前田先生「巡訪使節這邊是要塞與工廠的巴黎，柳北這邊則是劇場與美術館的巴黎」的見解十分精闢。當然，使節團是不可能不去劇場及美術館的。但是這句話中清楚地描繪出使節團性格的一面。

俾斯麥與木戶、大久保

看來我和岩倉使節團一起在巴黎待太久了，讓我們趕快繼續旅程吧。

在比利時謁見國王利奧波德二世（Leopold Louis Philippe Marie Victo）、在荷蘭拜謁國王威廉三世（Willem Alexander Paul Frederik Lodewijk）的一行人，於明治六年三月九日來到了德國的柏林。十一日，覲見德皇威廉一世（Wilhelm Friedrich Ludwig）後，拜會了俾斯麥（Bismarck, 1815~98）及毛奇（Moltke, 1800~91）。然後於十五日接受俾斯麥的邀宴。

俾斯麥三十三歲時，以國會議員之姿在政界登場，不久後在威廉一世麾下擊潰丹麥，進攻奧地利並戰勝法國，完成德意志帝國的建立，也跟著揚名國際。在議會上高喊德國統一唯有「鐵與血」的「鐵血宰相」於設宴款待後，在使節團的面前講述自己的經歷，熱情地講著他是如何在歐洲的弱肉強食之中，讓弱小國家普魯士發展至今日局面。提到歐洲各國的來往是爾虞我詐不可信賴的他，對著使節團成員提到了下面這些話：

余不顧種種批評都要完成國權的真意，實際上就在此處。因此，雖然現在日本想要親善和睦，互相交流的國家應該很多，但「像日耳曼（普魯士＝德國）此般特重國權自主之國才是這些親睦國家當中最為親睦和善之國家也」。

俾斯麥的這句話令一行人感動萬分，並於《回覧實記》於滿懷感想地註記說：「交際使臣於交相宴會之際，於此甚有涵義之語，得知此侯嫻熟辭令，長於政略，可謂頗為玩味之言。」用餐之際，在俾斯麥的力邀下，坐在他右側的是木戶，而對於現今為了與日本之間的親善交流，必要的話想挑選有能人才過去的俾斯麥，木戶是這樣回答的：

我日本人民原與德意志人民毫無差別。所悔恨者為僅數百年之鎖國，令自身宇內之形勢黯及無暇於研窮四方之學問。因而交通之際亦生不少遺憾。所希望者為僅求努力令地位儘速進步而已。（《木戶孝允日記》明治六年三月十五日）

可以瞧見為了不被「鐵血宰相」折服而逞強的木戶模樣。

大久保當下也會晤了俾斯麥及毛奇，並在目睹實際情形後發現，各種傳聞之間的相異之處不在少數，特別是俾斯麥益獲大久保信任，在寄給西鄉等人的信中寫說：「無論何人都無法逃離此人之方寸，還望明察。」（明治六年三月二十一日）。大久保在法國逗留期間曾提到英美法「開化」之進展，實在是難以企及，但普魯士與俄國一定具有許多「可為標準之處」，因此關注這兩國。所以三宅雪嶺在《同時代史》中提到，當一行人全都為「容貌魁偉」的「英豪」俾斯麥所折服時，「大久保特別得到示意，並同意要重新經營國家定要像他一般」。

的確，《回覧實記》也說：「日耳曼國人尊敬帝王，推奉政府，甚為篤實。」還寫說：「此國（普魯士）之講究政治、風俗，較英法之情形，有益之處多矣。」但是，縱然如此，也應該謹慎地對待太過於把這個時候的俾斯麥與大久保，德國與日本重疊起來看待的現象。希望讀者能回想起前文曾提過當時使節團對各國的關心程度。

但《回覧實記》的敘述絕不是一面倒向德國。戰亂的連綿不絕令柏林人心變成「風氣激昂，操業粗暴」的頹廢模樣，以此描繪出「軍隊」及「學生」的跋扈情形。此外，還窺見「歐洲各都中，公然與人相售春畫者，只此政府而已。」及「淫風之年年盛行也」的實貌。也不能忘記《回覧實記》中對這個國家的批評。

一行人於三月二十八日大致結束了柏林及其周邊的參觀後，大久保就踏上歸國之途。這是由於以日本國內大藏省與其他各省之間的糾紛為首，有關樺太、台灣、朝鮮等地的重要議案也一個接著一個地出現，在內治外交同時吃緊之下，留守政府發出敕旨命令木戶、大久保兩副使歸國的緣故。但是木戶卻決定延緩歸國。先前以來，多次地與大久保之間引發意見衝突就是原因。去年，木戶在那次美國的條約委任書問題上，曾於大久保、伊藤等人回國之際，批評他們「違背君命擅自歸國實不應該」（久米邦武 述《久米博士九十年回顧錄》）。但這次儘管他身上有歸國命令，卻擅自拖延歸國日期。一行人經歷過俄國的視察，再次回到「北日耳曼」的四月十六日時，木戶才踏上歸程。

對於男女風俗的安心感

那麼，一行人中的久米邦武對於美國男女風俗感到十分不快的事情，前文已經提過。他雖然認為英國的「女尊習俗」與美國相同，但當中韻味還是與「新創建的民本主義美國」稍有不同，覺得「女子矜持之中，有著沉著柔順的態度」（同上）。

而且，一行人剛來到德國就發現與英美不同的男女風俗。《回覧實記》中寫到：「尊崇婦人之儀甚簡。」還提到在柏林，「雖為婦人，亦訕笑英美之人對婦人卑屈之貌，乃至視為奇俗」。傳統儒教道德與英美男女觀之間的衝突，可以說在這塊土地上首次找到了交會處。然後，這種感覺下的德國觀，意外地規範了日後近代天皇制國家與德國之間的關係，也許成了當中看不到的基礎。

從「小國」踏上歸途

使節團於三月二十九日從德國進入俄國，抵達「聖彼得堡」（Saint Petersburg）。謁見沙皇亞歷山大二世（Aleksandr II Nikolaevich）是四月三日的事情。

在俄羅斯這塊土地上，使節團看到的是貴族專制、貧富不均與人民的「貧窶」。在這裡人民的「自由」及「自主」等同沒有。因此，一行人深切地體認到，在日本認為俄國是世界上最大、最強的成見與實際狀況之間的落差。還說之前恐懼俄國將會併吞五大洲的想法是「井蛙之妄想」，自我警惕一定得「以迷夢已醒之澄清神志」來回顧歷史。

使節團除了之前舉出的美英德法等「大國」之外，還遊歷了「小國」的比利時及荷蘭。而且緊跟著大久保及木戶離開使節團之後的腳步，拜訪了丹麥（四月十九日謁見國王克里斯蒂安九世）、瑞典（四月二十五日謁見國王奧斯卡二世）。然後再次經過德國前往義大利（五月十三日謁見國王伊曼紐二世），接著朝著奧地利（六月八日謁見奧皇法蘭茲·約瑟夫一世）及瑞士（六月二十一日謁見策雷索萊總統）出發。西班牙及葡萄牙兩國，則是因為兩國內部的動亂而作罷。使節團於七月二十日，從法國的馬賽向日本出航。

沿途從地中海、紅海、阿拉伯海，經過錫蘭島（斯里蘭卡）並取道麻六甲海峽、新加坡、西貢、香港、上海等地後，來到長崎及神戶稍歇的使節團回到橫濱已經是明治六年（一八七三）九月十三日的事情了。當天的《回覽實記》上只寫著「晴，早上，進橫濱港」，這份龐大的報告書就此擱筆。

這段期間在歐洲的條約改正問題，有鑒於美國的情況，具體上的進展當然是沒有。但是以法權、稅權為首，進入了各自陳述彼此希望的地步。在此之中，環繞基督教所謂宗教自由的問題，因為各國政府的強硬態度，一行人雖尚未有所答覆，但關於何謂宗教自由，已經開始感覺到大致上的輪廓了。

對「小國」的強烈關心

這裡僅舉出兩點在這次的過程中，於《回覽實記》上看到的特色。

第一是對於比利時、荷蘭、丹麥、瑞士（可以也加上瑞典）這類「小國」的關心佔了很大的比率。

之前也曾提過，重新來看《回覽實記》全一百卷的構成的話，美、英各二十卷，德國十卷，法國九卷，義大利六卷，俄國是五卷。而比利時、荷蘭、瑞士則是各三卷，瑞典二卷，丹麥一卷（西班牙、葡萄牙兩國合為一卷）。在這當中，當時普遍來說被稱為「小國」的比利時、荷蘭、瑞士、丹麥合計是十卷，再加上瑞典則是十二卷。這樣看來，作為當時「大國」的美、英兩國是特例，接著是「小國」（合計十卷或十二卷），以下才是德、法、俄。對「小國」的關心程度可以與德國及法國相較勁，或是在它們之上。這件事情是之前太過於忽視的事實。

當然，使節團是要選擇「大國」還是「小國」哪一個選項作為日本榜樣（也有領域差別的選項），還沒辦法輕易斷定。

只是，整體地來看《回覧實記》，可以發現對「小國」的關心程度相對地比較強，而只不是一面地倒向「大國」。這個事實是不可以忽略的。

文明觀與亞洲觀

還有一點，是與取道非洲及亞洲的回程路線上的見聞及其所衍生而出的亞洲觀有關。根據《回覧實記》，在回程上的非洲及亞洲（東南亞），他們注意的是從歐洲前往亞洲殖民地的「白皙赤髯航客」（特別是荷蘭人）的一舉一動。他們的舉止魯莽、言詞輕侮、大聲嬉笑，婦人則是熟不拘禮，一些小事就暴跳如雷口出惡言。這在本國是怎樣都想不到的行為及用字遣詞。

在此《回覧實記》是這樣說的：「以白皙紅毛，思為文明之民，則有時差謬甚矣。」這裡看到的紅毛白人是被歐洲文明國家「捨棄之民」。被文明本國驅逐出去、不受法律保障的人，是不能把他們當成文明人的。不過與使節團一行人相同歸國路線，但晚了九個月才從法國出發回到日本的中江兆民，也看到相同的光景，卻認為這才是文明的另一種面貌。

關於這點，可以說《回覧實記》是一味地認為歐美是文明的象徵，是應該作為目標的近代國家樣貌的指標。兆民則是同時地看到了文明的表及裡。作為這種使節團虛偽意識的「文明信仰」，它與將食衣住無虞但勞動力不足的東南亞當成是文明落後之地，也就是看成是與文明極端對立的野蠻的看法是連結在一起的。這可以說是近代日本在不久後採行「脫亞入歐」姿態的伏筆。但是，這個時間點上相對於「入歐」的情況，《回覧實記》毋寧是提示了南亞及東南亞含有豐富的舶來品原料，其資源才是應該著眼的地方。這並非是在「脫亞」，而是在說要克服對「欠亞」的認知。

雖然如此，透過東南亞看到這點的《回覧實記》與兆民的理解方式很明顯地不同。前者是作為虛偽意識的「文明信仰」來理解，後者是著眼於文明表裡的矛盾。前者，潛藏著在不久後的明治十年代後半選擇邁向「大國」之道（亞洲中的普魯士的道路）的明治政府首腦階層的想法；後者，則是聯繫了與其對抗的自由民權（邁向「小國」的道路）理論指導者的想法。

在讀懂岩倉使節團報告書的時候，這件事情以著眼近代日本未來的觀點來說，透露出很深的涵義。

使節團的評價

這個樣子的使節團，是否必須得甘心忍受雪嶺口中「觀光團」（這麼說來，《回覧實記》

中岩倉還加上了「觀光」的題字。這個「觀光」是視察國家文物、禮制乃至於政治、風俗的意思，並非遊覽之意）的批評呢？還是另一方面像牧野伸顯在其《回顧錄》中所說的那樣，這是與「廢藩置縣一同，作為明治以後打造我國基礎最為重要，不得不舉出來的事件。」一行人在條約問題上確實是失敗了，但岩倉、木戶及大久保，還有伊藤這些之後明治政府的最高領導者們，實際地踏上歐美先進各國的土地，接觸以這些國家政治經濟為首乃至於社會文化所有層面，擁有親身感受實際狀況及氣氛的經驗。此一事實，與讀透報告書《回覧實記》中至今所提及之事，在探討明治維新乃至於近代天皇制國家形成的場合上，可以說是有再一次進行檢討的必要（參見拙著《岩倉使節團的歷史研究》）。

那麼，使節團歸國後的情形又是如何呢？

第八章

內務卿大久保利通

一、明治六年十月政變

「蜘蛛之蜷縮」

因為留守政府（三條實美）發出的召回命令，大久保於明治六年（一八七三）五月二十六日、木戶於七月二十三日回國，但無視與使節團之間的約定，還接二連三地實施新政策的留守政府的氣氛，對於他們而言似乎是扞格不入的。「公（木戶）等一及歸朝，為此而不能無不快之感。」《松菊木戶公傳》中是這樣敘述的。

再加上廟堂之內又因征韓論而鬧得沸沸揚揚，兩人的不滿就更加嚴重了。回到國內後，一開始西鄉隆盛也是經常往來大久保宅邸，但卻漸行漸遠。勝田孫弥的《大久保利通傳》推測這是因為西鄉看清大久保怎樣都不會贊成征韓論，「預知早晚政見衝突將起，或因心中有不能豁然之事。」

事實上，木戶在日記中寫道：「外出中之情形紛紜，非細縷筆頭所能盡，為天下後世而只能不禁長嘆」（明治六年七月二十八日），大久保也於寄給仍在巴黎的村田新八、大山巖的信中提到「雖已歸朝，但微力實難承擔重任，亦無可為之事」（原文為「所謂蚊背負山之類」），還講說「縱有有為之志，此等狀態下『為蜘蛛之捲縮亦無寸益』。」（明治六年八月十五日）

當時的閣議成員是以太政大臣為主席，並如表29（但是要除去明治六年十月發布命令的大久保及副島）所示。因此，在木戶、大久保出外旅行中，剩下的參議裡頭，薩摩的有一位、土佐兩位、肥前三位。當初薩長土肥各一名參議的勢力均衡明顯地被打破。況且明治六年五月的留守政府所施行的官制改革中，參議的職權及地位比起以往有著顯著地增大及強化。

換句話說，明治四年七月二十九日的〈太政官職制〉中，雖然規定參議是「參與大政，議判官事」，但明治六年五月二日的〈太政官職制〉裡頭，參議卻變成是「內閣之議官，掌管諸機務議判」。這當中，首先創設了「內閣」並規定為「凡百施設機軸之所」；第二，參議作為構成內閣的議官，得論議及判斷各項立法、行政事務是否恰當，並負責實際業務。

三條在明治六年五月的信中，向在歐洲遊歷中的岩倉訴苦說，留守政府內部的對立令他一籌莫展（參見第二三九頁），真正的理由之一，就是因為參議權限強化

表29　明治6年10月政變前的政府首腦

發令年月	官職名	氏名	出身	年齡	征韓 非征韓	閣議 10月14日	15日	17日
明治 4. 7	太政大臣	三條實美	公	37	（征）	○	○	○
4.10	右大臣	岩倉具視	公	49	非	○	○	×
4. 6	參議	西鄉隆盛	薩	47	征	○	×	○
〃	〃	木戶孝允	長	41	非	×	×	×
4. 7	〃	板垣退助	土	37	征	○	○	○
〃	〃	大隈重信	肥	36	非	○	○	×
6. 4	〃	後藤象二郎	土	36	征	○	○	○
〃	〃	大木喬任	肥	42	非	○	○	×
〃	〃	江藤新平	肥	40	征	○	○	○
6.10	〃	大久保利通	薩	44	非	○	○	×
〃	〃	副島種臣	肥	46	征	○	○	○

（註）年齡為虛歲。閣議欄中的「○」為出席、「×」為缺席

後導致的均衡崩壞。更明確地說，就是土肥這邊對薩長藩閥的反擊。可以看成是在「山中無老虎，猴子當大王」的大隈表現背後，蘊含著此一意義。

這樣一來，前文木戶及大久保的感慨就是在表明，在一年多的缺席期間，政府領導階層現在已經變成光憑二人之力也無可奈何的憤懣。回國之後的大久保在給先前的村田、大山的信中提到「等待一同聯手」以及「漸漸地聚齊了演員，到了秋風白雲的時節，元氣亦復，應見之開場亦將就此展開。」這是認為除了等待岩倉及伊藤等人的歸國之外，就沒有其他方法的緣故。征韓論會加速推動也就不在話下。

大久保與木戶

大久保在寫完剛剛那封信後的次月，八月十六日離開東京，從箱根出發朝關西方向旅行去了。因為當時的大久保並不是參議，當然也就不用出席閣議（單就日記來看，木戶歸國後也沒有出席閣議的跡象，後來則因染病而缺席）。大久保這次的旅行，是利用該年度才開始施行的官吏暑期休假出遊，但理由並非單就只是這樣。給村田、大山的信中也提過：「既然無法不煩惱此等憂慮，那就好好享受這難得假期。」應該是要等到岩倉回國之後再作打算。

這就是與由於僵局而顯得有些神經衰弱的木戶的不同之處。大久保與木戶性格上的差異，譬如大隈重信就是這樣說的：

木戶正直且認真，雖然雄辯滔滔、奇才縱橫，但卻也是個相當誠實之人。大久保是個忍耐力很強的人，喜怒哀樂從不表現在臉上，話少沉默，經常在聽他人發言。但若說出「好吧」，最後就一定會堅決施行，決不更動。排除萬難也要實行到底就是他的特色。原本英雄就是忍耐力強的人。但換來的卻是世人說他陰險的批評，而大久保也經常招致這類的批評。會認為木戶瀟灑不羈是由於他什麼都暢所欲言的緣故，與大久保的沉默正好相反。木戶還會作詩吟詞，特別擅長風流韻事，也喜歡遊樂及熱鬧的事情，是個性情爽朗之人。大久保則和木戶不同，顯得陰沉而且粗獷不懂風趣。這一點兩人也是正好相反（《大隈重信語錄》）。

這篇文章中若再加上木戶常動不動就生病，或許也因為這樣，使得意志上比大久保來得薄弱之類的描述，就更能徹底說明兩人完全相反的個性了。

這種兩人性格上的不同，在歐美遊歷之後，帶給他們完全相反的結果。大隈如下面所述的評論也有一番道理。

他們的歐美遊歷帶給他們非常大的變化。大久保原本是個保守之人，而木戶是開明人士，但從歐美回來後就突然有了劇烈的改變，大久保成了開明人士，木戶卻反而變成保守之人。大概是大久保見到英美等強盛國家的模樣後受到刺激而力圖振作，但木戶見到愛爾蘭的慘狀及荷蘭亡國的模樣後，頓悟世事無可依恃，感嘆文明究竟是對是錯的緣故（引自矢部新作〈大久保利通〉）。

不過就算是這樣，也不能否定兩人都是有能力的領導者並擁有能熬過變革時期的個性。美國的日本近代史家克雷格（Albert M. Craig）把這兩人當成是「心理學歷史分析的嘗試」對象，並且試著去說明「在建構歷史的同一立場上個人品格」的作用，而在他這篇論文中，嘗試作了如果大久保及木戶於慶應三年（一八六七）遭到暗殺的話——這種有趣的假設。

在這種情況下，第一，除了大久保之外還有誰可以指揮西鄉呢？第二，木戶及大久保不在後，薩長的合作也會維持下去嗎？第三，這兩人死了的話，征韓派會失敗嗎？克雷格一個接著一個地提出疑惑。當然，這是在已知道「與事實相反的假定性問題是容易招致誤解」的前提下才提出來的（Carig、Shively編《日本的歷史與個性》下卷）。大概在這假定之上來思考維新及明治國家的形成，會比較容易推測出與實際情形不同的許多變化吧。就是因為如此，木戶、大久保的角色才會這樣重要。

征韓即制韓

那麼，在大久保離開東京的隔天，也就是明治六年（一八七三）八月十七日，閣議決定派遣西鄉為遣韓大使，但正式地授權將等到岩倉等人的使節團歸國之後再決定。

這一天，西鄉寫下了「移冀望內亂之心於國外，方為興國之遠略」這句有名的話，寄給參議板垣退助。西鄉認為自己作為遣韓大使派往該地的話，大概會遭到「暴力殺害」，因為不這樣的話，就無法建立起征韓的大義名分。他想到的是先派遣遣韓大使，之後再征韓的兩階段計畫。這是認為名分才是最為重要，具有西鄉風格的思維。

這個征韓論早從幕末開始就看得到痕跡了。江戶時代日本人的朝鮮觀並不光只有瞧不起朝鮮，當時的知識分子，特別是儒者之中，可以說對朝鮮的文化及學問，尤其是李退溪（名滉，一五一〇～七〇）的朝鮮朱子學抱持著敬畏之意。但是相反地也不能否認深植於日本建國神話及傳說之中的傳統優越意識。越接近幕末時期，國學家就越是強調後者。在這之中一旦加上外在壓力，就反而增強了對朝鮮的侵略意識。而且，無論是幕府還是反幕府人士，都不停地闡述征韓論是對應外來壓力、形成統一國家的一個環節。（旗田巍《日本人的朝鮮觀》）

維新官僚的想法也是這個想法的延伸，特別是打從維新一開始，木戶的征韓論就是眾所皆知。而且他們認為日本與朝鮮是所謂「唇亡齒寒」的關係，朝鮮正是「皇國保全之基礎，後來萬國經略進取之基本」（明治三年，外務大丞柳原前光的〈朝鮮論〉）。所以在他們的腦海中，稱霸朝鮮對日本國家統一而言，是當然且必然的。本書稱之為「征韓即制韓」。因此，明治五、六年的征韓論是維新後不久，原以對馬藩主宗家為媒介的朝鮮交涉，在轉而施行外務省的對朝鮮政策後，以朝鮮態度為導火線而發生的。不過即使是以此為導火線，但這也絕非是起因。前述的征韓即制韓論，只不過是以朝鮮的對日態度為藉口，並於這個時間點上表面化而已。

反對征韓的想法及理由

然後，九月二十一日，大久保回到東京。但這段期間的政府內部，圍繞在這個征韓論的情勢開始變得緊張起來。九月十三日回國的岩倉等人，馬上要面對的是剛剛已經內定好的遣韓大使問題。

木戶、大久保還有岩倉反對這項提案。他們反對征韓論的背後，可以看出以下的三個問題。

第一是親眼見到了歐美先進各國的實貌。在仍歷歷在目的記憶中，他們認為無論如何都必須先把歐美列強與日本之間的差距給填補起來。

第二是現今的國內情勢，特別是人民的情況。「今萬民困苦，新令屢傳，民益迷。去年以來蜂起數次。」這句木戶日記（明治六年九月三日）裡頭的話，包含了兩個問題。一個是對留守政府做法的批評。「新令屢傳，民益迷」這句充滿了木戶的心情。

另一個是這裡提到的接連不斷的一揆暴動。事實上，明治五、六年裡頭，五年有三十一件，六年則是翻了一倍，六十一件的一揆及村方騷動在全國各地發生。在這當中包含前文提過的新潟縣蒲原郡高達三萬人，並且與「脫籍浮浪之徒」聯合起來的農民一揆（明治五年四月）；要求延續大小切舊租法譯註一並震懾山梨縣一帶所謂的「大小切騷動」（同年八月）；多達兩萬八千人遭到處刑的大分縣下一揆（同年十二月）；反對徵兵、壬申地券等新政，以判處死刑的十五人為首，懲處人數實際高達兩萬六千九百餘人的美作一揆（當時，北條縣＝現岡山縣，明治六年五月）；起義人數三十萬人，燒毀家屋四千五百餘棟，農民死傷多達七十人（當中二十八人死亡）的福岡縣下一揆（同年六月）等。擺在眼前的事實，讓他們萌生內治主義。木戶在剛剛的日記後面接著寫到：「以治理內政為第一步」（部分省略）。

還有第三是意圖恢復被留守政府搶走的主導權。若征韓論的本質是征韓即制韓的話，木戶及大久保基本上是不會如此地反對的。事實上，木戶過去也曾倡議過，而且在看過後來大久保的想法之後也能理解這點（參見〈第十一章　東亞中的日本〉）。儘管如此，現在他們會倔強地反對西鄉以下留守政府核心成員所倡導的征韓論，是因為如果再這樣被壓制下去的話，政府的主導權就不會再回到他們手中了。請回想起先前提過的這封曾說要在岩倉等人回國之前靜候「演員」到齊的大久保信件。

被認為是在這個時候，由大久保向三條、岩倉提出的〈征韓論相關意見書〉中，就能發現以前文想法為基礎的內容。當中反對征韓論的直接依據，可列舉出以下的七條：

(1)人心尚未安定。人民暴動接連不斷，「鮮血傾注於地，已不知有幾回耶」。

(2)政府花費龐大，財政上已有不足跡象。

譯註一：大小切稅法是針對稻米產量較少的山梨、八代、巨摩三郡的特別稅法。年貢額的三分之一為小切，以金一兩對米四石一斗四升的比率用現金繳納。九分之二為大切，依照公定的御張紙價格（一百石＝三十五兩）來換算成現金繳納。剩下的九分之四則繳納實物。

(3)政府的富強政策才剛剛就緒。
(4)貿易進出口不平衡，成入超狀態。
(5)若從對外關係來看，對於從北方南下的俄國，還有英國才是第一要務。
(6)英國在亞洲的殖民地化政策才需要防範。
(7)解決與歐美之間的條約問題後，「可不立周全獨立國家體裁之方略哉」。

一進一退的征韓論

岩倉下的第一步棋，是既然木戶因病無法出席閣議，就讓大久保擔任參議。國外遊歷期間，雖然曾傳出木戶與大久保之間有所嫌隙的風聲，但面對留守政府及征韓論，兩人的意見是一致的。在取得木戶的諒解後，岩倉懇請大久保就任參議，但是大久保堅決辭退。

一方面，西鄉大聲吆喝地催促召開閣議。伊藤博文、黑田清隆奔走於三條、岩倉、木戶及大久保之間。三條、岩倉兩人署名暫緩派遣遣韓大使，並送至大久保處。十月十日，大久保終於同意就任參議（就任日期為十月十二日）。這是對三條、岩倉膽怯的牽制。〈征韓論相關意見書〉的提出就是在這個時候。同一時間，三條、岩倉在和江藤新平商談過推薦外務卿副島種臣就任參議一事後，決定由副島出任參議（就任日期為十三日）。這裡也能看到派閥對立的一部分，若是沒有顧慮到其他派系的話，想要實現大久保就任參議是很困難的。

十月十四日，召開了岩倉回國後的第一次閣議。除了因病缺席的木戶外，全員都出席了（參見第二七九頁表29）。但是，因為大久保的強硬反對，圍繞著如何處理遣韓大使問題的結論，留到了隔天再繼續討論。這次的會議中，大隈說是和外國人有約想要中途離席，「大眼一睨，方議斯等國家大事，以區區一外國人會宴之約此等小事而離席，何哉？」在西鄉這樣大聲叱喝後，又回到了座位上（渡辺修二郎《東邦關係》）。

隔天十五日的閣議，這次是西鄉缺席。他寄給三條表明自己去留念頭的意見書。沒有西鄉、木戶的會議在上午十點召開。這天大久保也是堅決反對。要是再這樣發展下去，西鄉是篤定會辭職的。為難的三條及岩倉不得已，只好重新接受西鄉的遣韓大使提案。而數日來在背後策劃的大久保，於前一天晚上當著三條及岩倉的面說最後的裁定就全交給你們後，決心辭去自己的參議職務。他的辭呈於十七日遞給三條，僅僅擔任了五天的參議。木戶也遞出辭呈。

大久保的秘計

這天十七日的閣議，是征韓派的西鄉以下全員出席，非征韓派則是全員缺席。根據佐佐木高行的日記，大木喬任一開始是贊同江藤，但因為中途改變想法，令江藤懊惱地說他是「大窩囊廢」。中島信行（當時為租稅權頭，土佐出身）說大隈的態度「實在狼狽，小兒女子之容態，令人覺得可憐又可笑」（省略部分敘述）。山田顯義則講到：「大木、大隈分不清敵我。」結局是大木、大隈靠往非征韓派並且缺席。而岩倉稱病，三條也透露出辭意。

認為現在已經分出勝負的西鄉，向三條請求上奏裁可。不知該如何是好的三條，希望能寬限一天，並說如果明天岩倉等人也沒出席的話，將會辦理所有的相關程序。西鄉也讓步說，一天左右的話是可以的。但正是這一天決定了西鄉的命運。當天晚上，三條碰上岩倉等人前來勸說，而且他們一步也不肯退讓。十八日天亮時，三條終於受不了而病倒。聽聞此事的大久保，立刻寫信跟黑田說三條「精神錯亂」。之後三條遞出辭呈，並將上奏一事託付給岩倉。另一方面，病榻上的木戶也在這天，寄給大久保一封督促他起而行動的信件。伊藤及大隈也開始動作，不過大久保仍然按兵不動。

隔天十九日，大久保總算向黑田透露，「僅有一條秘計」。而後黑田與宮內少輔吉井友實及宮內卿德大寺實則商量這條秘計。這條秘計究竟是什麼呢？實際內容並不清楚，但從結果來判斷的話，應該是以敕命讓岩倉代理三條沒有錯。二十日，這項敕命下達給岩倉，而現在關鍵已經握在岩倉手上。大久保強硬地替岩倉撐腰後，西鄉以下的征韓派也決定以身為代理者應該履行原任者本意的理由，於二十二日要脅岩倉。而有人撐腰的岩倉這次則擺出強硬態度，不肯退讓。還說：「余一息尚存時，還欲行卿等所欲之事哉。」根據花費二十年編修《明治天皇紀》的渡辺幾治郎先生的說法，此時的岩倉是以倨傲之姿放話說：「縱令陛下說了些什麼，我岩倉都絕不放行」（《明治史研究》）。從這裡也清楚地表現出，幕末以來持續作為絕對象徵，而現在已經成為統一國家核心的天皇（「玉」）與這些人之間的關係（參見第四二～三頁）。

明治六年十月政變

隔天二十三日，岩倉進宮向天皇上奏。不用說，這個意見書是以不可征韓來貫穿全文脈絡的。而且，意見書中還極力強調，這是擔任全權大使、親眼目睹過歐美各國之後才作出的判斷。當天，西鄉提出了辭去參議、陸軍大將及近衛都督等職的辭呈。西鄉最終還是在征韓論上敗陣下來。

隔天，下達了同意岩倉意見的敕許。其他征韓派人士也同時提出辭呈，這就是所謂明治六年十月政變。政變後的政府陣容，如同下一節開頭（表30）所示。十分精采地讓主導權回到了大久保的薩長派手中。

西鄉被免去參議及近衛都督，但仍保留陸軍大將之位。不過由於這次的辭職，讓近衛兵（原名為御親兵，將校主要出身於薩長土）產生了很大的動搖，特別是鹿兒島出身的將校多達百餘人轉而追隨西鄉，此外司法省警保寮也不平靜，警保助坂元純熙等人與西鄉共進退，和部下三百餘名邏卒譯註二一同回到鹿兒島。

譯註二：明治初年的基層警員，後改稱為巡查。

征韓論的對立基礎

以往的學說認為西鄉倡議征韓論的目的，實際上在於建立士族軍事獨裁制度，但批判這種說法的原口清說：「如果征韓實行論的重要依據，是為了防範士族叛亂的話，那麼非征韓派人士的重要根據，就是在於防止激增的農民一揆。」認為「比起士族叛亂，非征韓派更重視農民一揆」（原口清《日本近代國家的形成》）。

的確，從回到舊薩摩藩的西鄉及日後的西南戰爭，來反推西鄉的目的是需要謹慎以待的。但卻沒辦法否定西鄉一肩扛起了以鹿兒島為中心的士族去留。此外，非征韓派（內治派）對一揆感到敏感也是事實。

本書認同西鄉他「移冀望內亂之心於國外，方為興國之遠略」的目標之外，還認為兩派間對立的基礎，到頭來還是前文提過的那三個想法，就是從歐美遊歷體驗出發的內治派，與征韓派對國際情勢判斷上的落差、各自對國內矛盾認識上的不同，以及讓被留守政府搶走的主導權回到大久保、木戶等內治派的手上。

如果還要在這當中多加上一點的話，那就是雖說同為征韓派，但當中混雜了涉及日後士族叛亂的派系，以及以自由民權為目標展開活動的民權派。這個士族派與民權派之間，縱使是在征韓派的內部，對於剛才國內矛盾的理解上，著重之處也有些許微妙的不同。

假如西鄉也參與了歐美遊歷的話，事態一定會有完全不一樣的展開吧。

接著要提到的，是圍繞在歐美遊歷與西鄉之間的逸聞。蘇峰（德富豬一郎）的《近世日本國民史》第八十四卷中記載，在橫濱替岩倉使節團送行後的回程上，留下來的政府成員有一人曾開玩笑地說，如果這艘船在海上沉沒的話，「說不定反而是奪取日本的良機」。書上雖有事先註明「並不確定」，但提到有人說這句話是西鄉所言。不過，從征韓論上失敗的西鄉立場來看，這句話大概是後來才捏造增添上去的吧。

假如西鄉與使節團之間的對立如此深刻的話，使節團外出中，陸軍少將鳥尾小弥太向西鄉建議應一口氣斷然實施軍人主政時，西鄉不可能會用已與使節團之間立約的理由來拒絕。從與遊歷中的大久保之間往來的書信來看，或是從大久保歸國後不久，西鄉頻繁出入大久保宅邸來看，都顯示出這個時間點上，兩人之間的對立還沒有浮上檯面。但是在征韓論上的意見分歧，使得原為總角之交的兩人關係，現在已經無可奈何地變得極為疏遠。而這就是歷史的無情之處。

二、大久保體制及內務省

政變後的政府

明治六年（一八七三）十月政變後不久的政府陣容如表30所示。參議是薩長肥各二位，幕臣一位，但土佐一位也沒有。各省包含卿（長官）及次官位階以上在內（島津久光除外）是薩長各五位，肥前二位，幕臣一位。可以說是在薩長的勢力均衡上，大久保體制的全新出發。依據大久保的意見，參議由各省的卿來兼任。

大久保在這個新體制上的目標，可以摘要成(1)天皇的輔弼；(2)從大臣中獲得人才；(3)內閣的同心協力三個項目，而大久保主張的兼任制，則是為了實現(2)及(3)。為了避免至今正院與各省間的傾軋，不久後便讓山縣、伊地知及黑田兼任參議。這是讓政府實權集中於這些兼任參議的各卿身上，而右院則變得不需要，左院不久也因元老院的設置而廢止，三院制實際上已名存實亡（正院稱呼的廢止是在明治十年一月）。

而(1)的天皇輔弼問題，則是出自於大久保自身有鑑於曾以敕命的特別手段，來推翻征韓論廟議的經驗，為了今後不被對手反過來利用的顧慮。

內務省的設置

於是大久保為了讓此一體制能以官制來加以鞏固，於明治六年十一月十日的〈太政官布告〉第三百七十五號中，宣布設置內務省，二十九日自己出任內務卿。內務省的系統及架構如次頁圖13所示。

但是這個設立過程牽扯到幾個問題。

第一是在民藏分離問題以後浮上檯面，與政府內部官僚機構結合在一起的派閥對立。廢藩置縣後，結合民部省，掌握內政及財政兩大權力而強大化的大藏省，圍繞該省的大久保、大隈派及木戶、井上派之間的對立，在前文也有提過（參見第二四〇～二頁），但是現在已經發展成為設立內務省來作為確立大久保體制的中樞機構。

第二是推動設置內務省的大久保大藏省

表30 明治6年10月政變後的政府首腦

官職名	氏名	備考
太政大臣	三條實美（公）	
右大臣	岩倉具視（公）	
內閣顧問	島津久光（薩）	明6.12. 發令 明7.4.～明8.10. 左大臣
參議兼文部卿	木戶孝允（長）	文部卿為明7.1～5. 一時，兼任內務卿（明7.2.～4.）
參議兼內務卿	大久保利通（薩）	內務卿為明6.11開始 （一時，木戶、伊藤兼任）
參議兼外務卿	寺島宗則（薩）	
參議兼大藏卿	大隈重信（肥）	
參議兼司法卿	大木喬任（肥）	
參議兼工部卿	伊藤博文（長）	一時，兼任內務卿(明7.8.～11.)
參議兼海軍卿	勝安房（幕臣）	
陸軍卿	山縣有朋（長）	明7.8. 開始兼任參議
左院議長	伊地知正治（薩）	明7.8. 開始兼任參議
開拓次官	黑田清隆（薩）	明7.8. 開拓長官兼任參議
陸軍大輔	西鄉從道（薩）	
工部大輔	山尾庸三（長）	
教部大輔	宍戶璣（長）	

（註）依《校訂明治史料 顯要職務補任錄》等作成
參議兼任發令除特別說明者，皆為明6.10.25

改革方案的背後，左院議官宮島誠一郎（舊米澤藩士）扮演著重要的角色。這說明了在左院內部反大藏省的氣氛濃厚。而大久保已於明治二年七、八月時，在呈交給三條的備忘錄之中，就政府官制改革一案上，考慮過內務省的設置。在歐美考察的體驗後，又重新將這提案搬上檯面。

第三，內務省的設置及其職制上，參考了以宮島為首的江藤新平（司法卿、參議）官制案（使用「內部省」這種表現方式）以及杜・布斯凱（Albert C. Du Bousquet）的〈法國國內省之事〉。此外，伊地知正治（正院的制度取調御用掛兼務）的〈內務省職制私考草案〉等，則是正院提出的官制決定資料。

第四則是不得不指出，內務省是在征韓論分裂之中，內治優先主義的勝利上而設置的（參見大霞會 編《內務省史》第三卷）。

換言之，內務省可以說是大體權力統一後的明治政府，在中央集權體制實質化過程中的內外矛盾交會點上，作為中央行政機構的結論而設置的。

圖 13　內務省系譜、機構圖

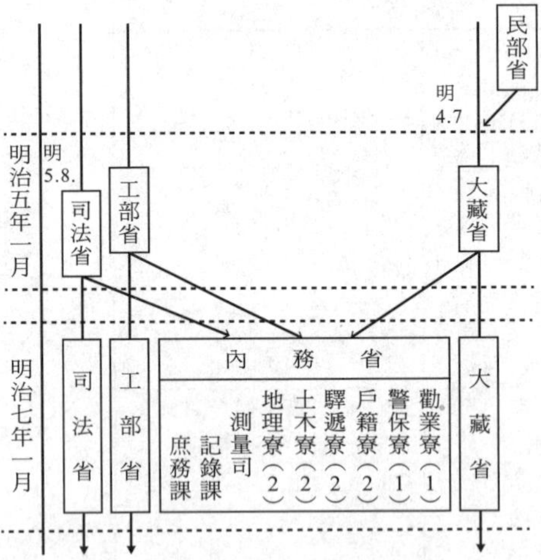

（註）參照《內務省史》第 1 卷及石塚裕道《日本資本主義成立史研究》。內務省機構內的括弧數字為 1 等寮、2 等寮。參照本書第 310 頁

三省體制

這樣一來，設立了內務省而大久保成為該省的卿（長官），兩旁是大藏省及工部省。前者是從木戶派投向大久保派的大隈，後者則是仍在遠離木戶並接近大久保的伊藤，他們分別都以卿的身分掌管該省。可以說大久保體制確立了以內務省為核心加上大藏省、工部省的三省體制。先前伊地知的草案中提到「內務省乃國之所以為國的根源」，的確是內務省再適合不過的地位。

為了理解這個大久保體制的真面目，請看參考以《日本資本主義成立史研究》的作者石塚裕道的表格所制作而成的明治五年、十年太政官及各省官僚出身地別細目一覽表（參見第二九八～九頁的表31）。

看到此表，首先會發現三省所佔比率相當地大。明治十年（一八七七）時，判任官以上的官僚人數，實際上佔了整體的百分之五十三強。還有，看到明治九年度的三省歲出總額（一千九萬餘円），這達到總歲出額的百分之四十二，可與陸、海軍省的歲出總額（一千零三十二萬餘円）相匹敵（石塚前揭書）。

流動的藩閥體制

第二是單就此表的鹿兒島（薩）、山口（長）、高知（土）、長崎（肥）的欄位來看（後面會提到東京、靜岡）。將薩長土肥之中人數最高的打圈後再看，大致上各省人員的出身縣別就浮現出來了。「長的陸軍，薩的海軍」這句話到後來也是相當有名。大致情況是大久保（薩）的內務省是鹿兒島，大隈（肥）的大藏省是長崎（肥），伊藤（長）的工部省是山口，大木（肥）的司法省是長崎，宍戶（長）的教部省是山口，黑田（薩）的開拓使是鹿兒島。

剛剛的情況透露出，長官的出身地在某種程度上，會令該出身縣的官僚佔相對地多數。當然，也有像外務（寺島＝薩）、文部（木戶＝長，文部大輔田中不二麿＝名古屋），或是宮內（德大寺實則＝公家）各省這樣，長官與打圈縣不符的情況。但儘管如此，還是有向長崎及山口等藩閥特定縣集中的傾向。

可以發現，大久保體制果然還是帶有濃厚的薩長土肥藩閥色彩。

但是這裡說的藩閥，並不是維新一開始那種單純由出身藩構成的鄉黨派閥。而是先前已經提過的，原本各個藩鄉黨性質的結合，已經於薩長土肥的框架內變得具有流動性。不，在某些層面上甚至也有超越這個框架的一面。

不過，在基本的性格上，還是可以理解成是薩長土肥的流動化藩閥。換句話說，當初為了維持自己黨派的權力，在鄉黨意識作祟下尋求的是一種排他、朋黨性質的結合，但在官僚機構逐漸完備後，在薩長土肥的範圍內，比起鄉黨的色彩，還不如與結合官僚機構的少數實力派人士聯手，優先形成以他們為中心的派閥。而且，若權力集中在內務、大藏、工部三省，那麼透過這個集權官僚機構的支配行為，當然就具備了藩閥性有司專制體制的本質。

舊和歌山藩出身的陸奧宗光（大藏少輔代理），向木戶孝允呈上一篇〈日本人〉（明治七年一月）的文章，當中十分貼切地以下面這些話來形容這個狀況。

今見其政府的體裁，擔任參議以上者，必為此黨（指薩長土肥藩閥）之人。居於海陸軍及其他樞要之職務者，必為此黨之人。故滿朝大官，過半無非不是此黨之人。又，派往歐美各國之書生從此黨鄉土出者，多矣。其他大小政務，皆無一不附會此黨之恣意妄為。絕非於此國人民總體，須授此國之幸福，分任其安危之本義也。（中略）今非薩長之人，殆如非人。豈非令人嘆息之事哉。（收錄於陸奧宗光伯七十周年紀念會 編《陸奧宗光伯》）

當然，若是進入這個藩閥內部，有時會以薩長為核心來更動當中的比率。在表31中，將明治五年與明治十年對照來看的話，會發現明治五年時期，於高層佔有一定比率的高知，在十年時期的比率卻變小了。因為在這期間發生了征韓論的分歧。鹿兒島及肥前（長崎）於征韓論分裂後，高層區分成政府派及在野派，高知則是在野派的比重增加，這是因為高知的主流轉向了民權運動。

表 31　太政官、各省官員的出身縣別細目　（明治 5、10 年）

官廳	年次	階層	出身府縣名 鹿兒島	山口	高知	長崎	東京	靜岡	總計 官等別小計	年次別合計
太政官	明治 5 年	A	5	3	⑥	4	11	1	49	326
		B	5	4	⑪	9	118	5	277	
	明治 10 年	A	7	⑩	6	8	16	4	74	353
		B	5	⑨	7	2	96	26	279	
元老院	明治 5 年	A	—	—	—	—	—	—	—	—
		B	—	—	—	—	—	—	—	
	明治 10 年	A	4	3	⑥	3	6	2	29	62
		B	2	0	③	0	9	2	33	
外務省	明治 5 年	A	4	1	0	⑥	3	5	30	122
		B	2	1	0	⑯	15	22	92	
	明治 10 年	A	6	3	0	⑥	6	6	38	101
		B	5	0	0	⑩	23	8	63	
內務省	明治 5 年	A	—	—	—	—	—	—	—	—
		B	—	—	—	—	—	—	—	
	明治 10 年	A	⑮	3	1	2	7	7	66	1,489
		B	(201)	61	19	15	337	120	1,423	
大藏省	明治 5 年	A	8	9	4	⑪	13	8	85	910
		B	34	㊼	12	37	225	127	825	
	明治 10 年	A	13	12	0	⑯	17	4	84	927
		B	25	26	8	㉝	225	141	843	
陸軍省	明治 5 年	A	3	⑩	1	1	2	8	44	608
		B	41	(65)	55	10	59	46	564	
	明治 10 年	A	3	③	1	0	1	6	22	539
		B	30	(59)	29	13	80	52	517	
海軍省	明治 5 年	A	⑪	9	4	9	6	10	81	416
		B	㊼	0	6	6	51	62	335	
	明治 10 年	A	⑤	1	2	3	2	5	24	337
		B	㊸	3	12	14	55	62	313	
文部省	明治 5 年	A	4	4	⑤	2	5	3	48	335
		B	6	4	6	⑲	68	23	287	
	明治 10 年	A	0	3	2	③	10	4	36	145
		B	0	3	2	⑤	25	7	109	
教部省	明治 5 年	A	2	③	0	1	1	1	11	105
		B	4	④	2	2	18	6	94	
	明治 10 年	A	—	—	—	—	—	—	—	—
		B	—	—	—	—	—	—	—	
工部省	明治 5 年	A	2	⑮	2	13	3	4	52	497
		B	6	51	17	(69)	74	78	445	
	明治 10 年	A	3	⑭	3	2	6	4	38	370
		B	1	㊹	7	24	56	44	332	
司法省	明治 5 年	A	4	3	⑨	2	5	1	40	210
		B	7	3	7	⑩	49	12	170	
	明治 10 年	A	0	2	0	⑤	2	0	11	143
		B	2	8	6	⑱	33	9	132	

官廳	年次	階層	出身府縣名						總計	
			鹿兒島	山口	高知	長崎	東京	靜岡	官等別小計	年次別合計
宮內省	明治5年	A	⑤	3	0	0	4	1	23	244
		B	10	⑫	4	4	75	6	221	
	明治10年	A	2	③	1	0	15	3	38	228
		B	10	⑪	5	3	73	18	190	
開拓使	明治5年	A	⑤	1	1	2	2	5	23	440
		B	(56)	7	0	10	62	37	417	
	明治10年	A	①	0	0	0	0	0	1	521
		B	(72)	9	2	17	70	46	520	
總計	明治5年	A	53	61	32	51	55	47	486	4,213
		B	218	198	120	192	814	424	3,727	
	明治10年	A	59	57	22	48	88	45	461	5,215
		B	396	233	100	154	1,082	535	4,754	

（註）A為勅、奏任官，B為判任官。有關勅、奏任官與判任官請參照第300頁表33的註。
本表依石塚裕道《日本資本主義成立史研究》所收表作成

舊幕臣階級的問題

第三是東京、靜岡的官員數，比起敕、奏任官，在判任官是壓倒性地多數。

東京府因為有舊公卿、舊大名、舊幕臣以及其他將籍貫遷移到這裡的人，使得出身變得琳瑯滿目，所以很難規範他們的性格，而靜岡則都是舊幕臣（順帶一提，根據前面提過的原口清的《明治前期地方政治史研究》上卷，伴隨著德川家移封至靜岡藩七十萬石，成為朝臣的人有四千九百二十九人，移往駿河、遠江、三河居住的人中，在職者及非在職者合計一萬二千人（戶長）前後。而且，舊幕臣也居住於靜岡、東京以外的各府縣）。

從幕末以來，這些舊幕臣階級就精通洋學等學問，具有各種科學知識及技術，擅長實務。而且舊幕府的陸、海軍軍事官僚也包含在內。於是就成了作為技術、實務及軍事官僚的舊幕臣階級廣泛地支撐起大久保體制。大久保體制雖然具有濃厚的藩閥色彩，但支撐官僚機構本身的中下階層官僚，意外地相當仰賴舊幕臣階級，因此還具備了接納並繼承列強先進技術的能力。換言之，透過繼承了在幕藩體制內部形成、蓄積下來的技術、實務乃至於文化上的能力，明治國家才次能夠首次打造出它的創建基礎。可以說在這層意義上，幕藩體制與明治國家之間很明顯地有著連續承繼的一面。

表 32　大久保體制前後地方長官出身縣

府　縣	明 4.11. (A)	府　縣	明 6.11.～11.5. (B)
鹿兒島	9	山　口	14
高　知	6	高　知	10
京　都	6	鹿兒島	9
福　井	5	熊　本	7
靜　岡	5	長崎	5 } 10
佐　賀	3	佐賀	5
兵　庫	3	靜　岡	4
鳥　取	3	東　京	3
4　縣	（各 2）8	岡　山	3
11　縣	（各 1）11	2　縣	（各 2）4
不　明	14	10　縣	（各 1）10
計	73	計	74

（註）(A) 欄依升味準之輔《日本政黨史論》第 1 卷所收「府縣最高官職者的出身地別」表，並補上出身地不明者 10 人作成

(B) 欄依勝田孫弥《大久保利通傳》下卷作成。但出身藩名統一為縣

表 33　明治 10 年官等、月給表

	官等	職名	月給
勅任	1 等	太政大臣	800 円
		左、右大臣	600 円
	2 等	大輔、中將等	400 円
	3 等	少輔、少將等	300 円
奏任	4 等	大書記官、大丞、令等	200 円
	5 等	權大書記官、權大丞、權令等	150 円
	6 等	少書記官等	100 円
	7 等	權少書記官等	80 円
判任	8 等	1 等屬、大屬等	60 円
	9 等	2 等屬、權大屬等	50 円
	10 等	3 等屬、中屬等	45 円
	⋮	⋮	⋮
	17 等	10 等屬、警部補等	12 円

（註）依《官員錄》（明治 10 年 4 月修訂）作成。勅任官由敕命任免；奏任官由各省大臣、地方長官奏薦，經勅裁決定。之後此類勅、奏任官稱為高等官；判任官由各行政官廳之長任免

還有一點，為了顯現出官僚的階層性性格，製成了明治七年至九年間的敕、奏、判任官的官等及其月薪的一覽表（前頁表33）。可以瞭解高層與基層官僚之間的差別有多麼巨大。用現代的情況來譬喻，就是內閣總理大臣乃至於閣員階級，他們的薪水是地方縣廳基層公務員月薪的五十倍到七十倍左右。而且，在兼任的情形下，由於工資會全部加算上去，所以實際上是原本再上去的兩倍或三倍的高額薪水。在這個工資表上所見到的銳角倒金字塔形狀，才是形成時期的天皇制官僚的一個特質（這個時間點的米價是一石約五円到七円，所以換算成現在的金額也別有一番趣味）。

地方官僚

第四是地方官僚的問題。前頁的表32是明治四年十一月(A)與明治六年十一月～十一年五月(B)的各地方官最高官職者（府知事、縣令、權令、參事、權參事）的出身府縣別人數的對照表。其中(A)是大久保體制成立前；(B)是大久保體制期。特徵概略如下：

(1)在(A)階段中，鹿兒島為首，接著是高知、京都，這裡薩長土肥的藩閥色彩相對上較淡薄。而且這個時間點上，本籍出身的長官有十四人之多（多為參事）。可以得知廢藩置縣後不久的(A)階段，藩閥的支配力尚未擴及地方。

(2)到了(B)階段就有了明顯的變化。薩長土肥（肥為長崎、佐賀）的藩閥支配已經成形。靜岡當然是舊幕臣，但神田孝平、関口隆吉、中野梧一等人，都是與政府及長州閥有密切關係的人。而且，因為(A)的七十三名中有二十名是直接成為(B)的成員，所以很多是資深地方官。

(3)又加上東京的楠木正隆（舊大村藩士＝長崎）、京都的慎村正直（長）、大阪的渡辺昇（大村）的三府，以及神奈川的野村靖（長）、兵庫的森岡昌純（薩）、長崎的內海忠勝（長）、新潟的永山盛輝（薩）等重要四港縣的長官，幾乎都是由藩閥關係者所佔據。而且，(B)的場合與(A)階段不同，是本籍出身的長官只有鹿兒島及高知。

現在以明治十年四月修訂的《官員錄》製成這個地方長官及次官出身縣別的表34。長官是薩長土肥出身的佔了百分之七十一，次官也有將近半數是薩長出身的。先前陸奧的感慨，也能原封不動地適用於地方官首腦階層。

再來看(B)階段中的地方府縣官員內部。雖然是稍微瑣碎的表格，但為了瞭解實際狀況，還是請讀者看一下次頁的表35（省略長官、次官的名字）。

表34　明治10年地方官（長官、次官）出身縣別數

縣名	長官	比率	縣名	次官	比率
山口	8	71.1%	山口	11	46.2%
鹿兒島	7		鹿兒島	7	
長崎	7		東京	3	
高知	5		靜岡、廣島、石川	(各2) 6	
熊本	2				
其他9縣	(各1) 9		其他12縣	(各1)12	
計	38		計	39	

（註）依《官員錄》（明治10年4月修訂）作成。參照次頁表。計39為38縣與開拓使。長官為府知事、縣令、權令（長官缺1縣），及開拓長官；次官為參事、權參事、大書記官、少書記官（開拓使為3等出仕）。但長官改為任地籍者，已知舊出身籍者以舊籍計

表 35 明治 10 年府縣的長官、次官出身籍與官員數、本籍屬籍者率

順位	府縣	長官	出身籍	次官	出身籍	官員數	本籍屬籍者數	%
1	㊴ 鹿兒島	令	高知	參事	鹿兒島	143 人	138 人	96.5
2	㉜ 山口	〃	靜岡	大書記官	山口	101	92	91.1
3	㉞ 高知	權令	長野	〃	鹿兒島	124	109	87.9
4	㊲ 大分	〃	岡山	少書記官	大分	67	52	77.6
5	㉘ 石川	〃	岐阜	大書記官	山口	135	101	74.8
6	㉟ 愛媛	〃	東京（高知）	少書記官	〃	91	64	70.3
7	㉛ 廣島	令	山口	〃	廣島	101	70	69.3
8	⑲ 滋賀	權令	長崎	大書記官	愛知	113	76	67.3
9	⑰ 靜岡	令	鹿兒島	〃	滋賀	104	67	64.4
10	㉙ 島根	〃	山口	參事	山口	91	50	54.9
11	⑳ 岐阜	權令	三重	大書記官	石川	75	41	54.7
12	㉝ 和歌山	令	高知	〃	山口	64	35	54.7
13	② 京都	知事	京都（山口）	〃	〃	244	133	54.5
14	㊳ 熊本	權令	長崎	參事	福岡	92	49	53.3
15	⑦ 長崎	令	東京	少書記官	山口	113	58	51.3
16	⑮ 三重	〃	長崎	大書記官	〃	85	43	50.6
17	⑬ 栃木	〃	〃	〃	長崎	98	47	48.0
18	⑭ 堺	〃	鹿兒島	〃	岡山	76	36	47.4
19	㉖ 秋田	權令	東京（高知）	少書記官	山口	77	36	46.8
20	⑧ 新潟	令	鹿兒島	大書記官	石川	107	50	46.7
21	㉑ 長野	權令	山口	少書記官	靜岡	105	47	44.8
22	㉚ 岡山	令	鹿兒島	大書記官	兵庫	114	49	43.0
23	㉓ 宮城	權令	山口	〃	千葉	84	36	42.9
24	㊱ 福岡	令	長崎	少書記官	廣島	130	53	40.8
25	⑱ 山梨	〃	山梨	大書記官	高知	69	28	40.6
26	㉒ 福島			〃	山形	116	47	40.5
27	⑫ 茨城	權令	高知	〃	鹿兒島	119	47	39.5
28	㉕ 青森	令	熊本	少書記官	〃	88	34	38.6
29	① 東京	知事	長崎	大書記官	鹿兒島	204	78	38.2
30	⑪ 千葉	令	千葉（兵庫）	少書記官	東京	123	47	38.2
31	⑥ 兵庫※	權令	鹿兒島	權參事	三重	78	29	37.2
32	㉗ 山形	令	〃	大書記官	東京	89	32	36.0
33	③ 大阪	知事	長崎	〃	山口	138	48	34.8
34	⑤ 神奈川	權令	山口	少書記官	東京	213	70	32.9
35	㉔ 岩手	令	大分	大書記官	福島	85	27	31.8
36	⑯ 愛知	〃	熊本	〃	山口	128	40	31.3
37	⑨ 埼玉	〃	山口	少書記官	鹿兒島	111	29	26.1
38	⑩ 群馬	〃	〃	大書記官	〃	98	25	25.5
39	開拓使	開拓長官	開拓（鹿兒島）	3 等出仕	靜岡	513	134	26.1
	④ 琉球藩	藩王	琉球	攝政官	琉球	14	14	100.0

（註）引自《官員錄》（明 10.4. 修訂）。出身籍括弧內為原本的出身地

※ 兵庫的數字為明 9.8. 的《官員錄》（明 10.4. 的《官員錄》多未記載出身籍者）。另，此表中將飾磨兵庫合為兵庫（明 9.8.21 飾磨縣與兵庫合併）。府縣中的○數字，為《官員錄》所載府縣序列。本籍屬籍者率（琉球藩除外）的平均為 50%

本籍者比率

長官及次官的藩閥性特色已經在剛剛提過。這裡要將焦點放在各府縣官員的本籍者比率，也就是各府縣官員當中，本籍出身的人佔了多大的比率的問題，並且指出其特徵。

（甲）首先引人注目的是，薩長土的本籍者比率是壓倒性的高。像鹿兒島的例子是一百四十三名官員中，本地以外的人僅有五名，山口也是一百零一人中只有九人。作為中央政府核心的這兩縣，本地出身者佔了九成以上，高知也有百分之八十八（後面會提到肥前的長崎）。可以說藩閥支配的本性在其出身縣份上也是無可動搖地存在著。

在這層意義上，靜岡縣也是比較高的。也可以說，在剛剛提過的大久保體制下，舊幕臣階級的厚實程度也是比照藩閥的角色所導致的。

（乙）三府及神奈川、兵庫、長崎、新潟的四港縣是怎樣呢？

一般來說，這些重要府縣的本籍者比率相當的低。與（甲）簡直就是鮮明的對比。東京、大阪及神奈川、兵庫每一個都是百分之三十幾（新潟是百分之四十七，但這怎樣都比平均百分之五十來得低）。換言之，這些重要府縣，由於它們的重要性及貿易港的特殊性質，所以派遣了很多藩閥的相關人士（不限於出身藩閥者）及實務、技術官僚到此任職。

京都及長崎都是百分之五十多，兩者都超過了平均數，但這具有京都官員人數是全府縣之最，二百四十四人的特殊性（不過，這裡也是府知事以下多為山口出身的人）。長崎是藩閥縣份，與（甲）指出的性質相符合，所以比率較高也是理所當然的。

（丙）從前面提到的來看，本籍者比率低的府縣就是中央支配力強的地區。反過來說，反抗薩長藩閥政府，當地人希望擔任官員者不多的地方，這個比率也就當然一定會低。可以解釋成比率最低，百分之二十多的埼玉、群馬，以及比率大約為百分之三十八～四十的山梨、千葉等關東地方是前者的性質比較強。而比率百分之三十～四十左右的宮城、福島、青森、山形、岩手等東北地方的縣份，則是後者的性質較強。

（丁）和歌山另當別論，曾為德川御三家的茨城、愛知都是百分之三十幾，這個可以從兩者的性質來思考。這樣看來，包括和歌山在內，宮武先生提過作為忠勤藩而藩名保存下來的鹿兒島、山口、高知、佐賀（這時為長崎）、福岡、鳥取（島根）、廣島、岡山、秋田各縣中，除了福岡、岡山、秋田是百分之四十之外，其他全部都在百分之五十以上。這絕非單純的偶然。當然，區分忠勤藩或朝敵藩的意識，也許不會在表面上表現出來。但是藩閥政府，無關有無意識到這一點，它就是一種以薩長土肥所謂的忠勤藩為核心的金字塔型支配架構。如此一來，這樣分類的支配構造，就可能會呈現出前文那樣的本籍者比率。

順便一提，比率最低的開拓使的情形，是依照《官員錄》中作為本籍屬地名的「開拓」而得的比率，這應該與長官黑田一樣，是從鹿兒島等其他地方移籍過來的。關於這個「開拓」籍，可以辨別出當中東京七十一人、鹿兒島六十三人、靜岡四十五人、長崎十七人。被稱之為薩摩王國的開拓使是北方藩閥、準藩閥的據點。

除了剛剛提到的之外，屬於高比率的縣分當然就是例外，一般來說是士族戶數較多的縣分（參見第三〇八頁的表36）。

大久保體制的特質

這樣子看下來，會瞭解大久保體制無論在中央還是地方，都完完全全的是藩閥性質。升味準之輔先生認為，明治一〇年代起的中央及地方官僚制度概括來說，是「握有中央處頂點的是藩閥出身者，下半層的地方官廳是當地士族，中間部分（中央官廳的中層以下，地方官廳的上層）混雜著出身於各府縣的人，呈現出幾乎是亂數表的出身府縣分布情況。」還說「這具有與一八七〇年代開頭相同的傾向」（升味準之輔《日本政党史論》第二卷）。換言之，可以認為明治初年起到明治十年代，大致持續著「亂數表」的傾向。當中升味先生的重點是，中央政府首腦層是藩閥的，但以下的部分就不一定是這樣了。

但是，從之前看下來的內容中會發現，儘管有「亂數表」的傾向——由於整頓官僚機構的影響，非藩閥出身的人也與藩閥相連結，而此一傾向日後變得更強——但包含本籍者比率的動向在內，仍可以說所謂的大久保體制在基本上，中央及地方都一起沾染上了濃厚的藩閥色彩。

然後，明治十四年的政變不僅表示了藩閥體制的新紀元，還讓這股傾向持續地影響下去。

現在，從明治十六年（一八八三）的士族奉職人員府縣別順序中，舉出第一名到第七名製成次頁表36。

敕任官(A)的第一到第六被薩長土肥以及東京、靜岡佔走是其特徵。接著，從奏、判任官(B)、(C)及等外以下傭員(D)這類下籍官員來看，東京、靜岡的排名逐漸提升至前面。而高知則從(C)欄開始就消失在表格外，佐賀、長崎也在(D)欄中被踢出排名。而且，奉職人員總數(E)中，看不到(A)欄高知的蹤跡，取而代之的是靜岡進入了排名之內，而薩長肥與東京、靜岡佔了前五名（東京與鹿兒島的排名交換了）。從戶數(F)的百分比來看，除山口之外，薩土肥每一個都在排名之外是不成問題，但從體制的性質上來看的話，除這個比率外仍可作為絕對數的指標之一。

這樣一來，從(A)～(E)各欄的排名與其變化的傾向來概略地看的話，此時的體制仍在大久保體制特質的延長線上，可以說薩長土肥（特別是薩長）的藩閥以及扮演著比照藩閥角色的東京、靜岡出身官僚成為了體制的中樞核心。而且，藩閥在高層佔的比重，一到下層就跟著移往東京、靜岡。還有，既然這表格顯示的是明治十六年的情況，那麼在已經提過的土肥動向中，就應該反映出自由民權運動及明治十四年政變的影響，十分值得深思。

雖然太過於用略為瑣碎的數字為中心來說明，但此處要闡明大久保體制這種東西，是如何將中央及地方一起牢固地染上超越一般學說中認為的濃厚藩閥色彩，並且同時探究舊幕臣階級

表 36　士族奉職人員府縣別順位（明治 16 年）

順位	勅任官 (A)	人	奏任官 (B)	人	判任官 (C)	人	等外以下傭 (D)	人	奉職人計 (E)	人	戶數 (F)	戶	$\frac{E}{F}\times 100$ (G)	%
1	鹿兒島	29	山口	491	東京	3,001	東京	3,342	東京	6,691	鹿兒島	46,600	山梨	50.0
2	東京	25	鹿兒島	388	靜岡	1,262	鹿兒島	2,018	鹿兒島	3,663	佐賀長崎	32,801	山口	49.1
3	山口	23	東京	323	山口	1,241	靜岡	1,416	山口	3,007	東京	25,471	千葉	40.3
4	高知	11	靜岡	265	鹿兒島	1,228	愛媛	1,413	靜岡	2,950	沖繩	20,342	靜岡	37.6
5	佐賀長崎	10	佐賀長崎	205	佐賀長崎	828	熊本	1,266	佐賀長崎	2,638	福岡	17,602	岩手	32.1
6	靜岡	7	高知	201	熊本	639	山口	1,252	熊本	2,038	石川	14,848	東京	26.3
7	熊本、福岡、京都	各 3	石川	187	石川	582	石川	1,246	愛媛	2,019	熊本	14,781	京都	23.0
47 府縣　計		134		3,999		20,002		34,569		58,704		424,915	平均	13.8
官員總數		158		4,786		28,493		56,880		90,317				

（註）依後藤靖〈家祿的整理與士族動向〉（收錄於《明治前期鄉土史研究法》）表 7 作成。數字為府縣別的本籍者，原典為《日本帝國形勢總覽》、《帝國第四統計年鑑》。但將%的錯誤修正。佐賀縣於明 16.5. 由長崎縣分出，此處為兩縣合計數字。全縣數 47 府縣的內容：北海道 3 縣（函館、札幌、根室）與 44 府縣

又是如何成為廣泛支撐這個大久保體制的基礎。在這層意義上，可以說經歷維新變革而誕生的統一國家，構成其本質的此一「有司專制」體制，正是聳立於幕藩體制這廣大地基的遺產之上。

那麼，內務省作為這種大久保體制的中樞，具有怎樣的機能呢？

內務省的機能

在明治七年（一八七四）一月十日的〈內務省職制及事務章程〉之中，規定了內務省的機構及權限。根據這份章程，內務省是管理國內的「安寧、保護之事務」，並如同之前第二九四頁圖13所示，是由六寮一司二課所組成的。其核心是一等寮的勸業寮及警保寮。並且權限擴及殖產興業政策的推動，也就是日本資本主義的育成及保護、行政警察權、府縣的指導，還有新聞及雜誌的發行與禁止。

關於殖產興業後面會再提到，而以勸業寮為中心來推動這項政策的大久保，他的意圖是為了要與歐美先進資本主義國家能相對峙，除了從上來推行資產階級化（富國）政策之外，就沒有其他辦法了。過去大久保於維新一開始提出大阪遷都論的時候，就馬上意識到了國際關係，並將「富國強兵之術」放在心上（參見第五五頁），他現在已經有過歐美遊歷的體驗，並立於三省體制的頂端，具體地著手進行這項政策。

內務省事實上是取代正院，並扮演它的角色，職責是以多元性官僚支配結構調整者的身分，進一步地賦予內政各項機能邁向富國及強兵的方向。這就是內務省的第一項機能。

警察權的掌握

第二項機能是從內務省掌握警察權後產生的。內務省設置以前的警察是在司法省警保寮（明治五年八月設置）的管轄之下。明治五年十月的〈警保寮職制〉（太政官布告第十七號）中提到，關於該寮的目的乃在於「令國中安靜，為保護人民健康，預防妨害安靜健康者也」。

但是，為了研究警察制度而渡歐的司法省警保助（助是在頭、權頭之下）兼大警視川路利良（一八三四～七九。薩摩）於明治六年九月一回到國內後，便於開頭為「夫警察乃國家平常之治療也」的著名文章中，遍及十項內容都在建議鼓吹警察國家。

這個建議書首先強調警察是國家興盛的必要條件。然後提出，警察應歸於內務省統轄；首都內要設置內務省直轄的警視廳；行政警察與司法警察要區分開來，前者由內務省，後者由司法省來分別管理；以防萬一，警察得配備鈍器，不妄動軍隊；消防納入警察管轄等的主張。

大久保對此抱持同感，於明治七年一月將司法省警保寮（二等寮）升為一等寮並交由內務省管理。同時間也設立東京警視廳，首都東京的警察權交由大警視川路掌管。

《東京警視廳職制章程並諸規則》（明治七年二月）的第二章中，提到行政警察的概念，以及與司法警察之間的區別。即行政警察是「預防人民之凶害，保全世間之安寧」，職務大致規定為保護人民的權利、生命健康的安全、約束風俗、政治犯的搜索及警戒防備等四項。並且當行政警察預防力量不及之處卻出現違反法律者時，該犯人的搜索、逮捕則為司法警察的任務。

設立當初，東京警視廳配有大警視以下幹部約五千三百名邏卒（明治八年十月後更名為巡查）、警衛，幾乎全為士族。但這些行政警察的氛圍，就如同在接下來引用的小川為治所著《開化問答》中守舊平民舊平的發言那樣。當時，民眾一般稱呼邏卒為波利士。

說起波利士對待我們這群違法犯紀之徒的模樣，他們頭戴帽子，呢絨的外褂裡頭是仙台平譯註三織成的褲裙，活脫脫是個官員樣貌。雖然用非常恭敬地態度來接待他們，但對於像我們這樣身上穿的是粗布衣服，說的是中風病患那種含糊不清地呻吟話語的人，他們只會胡亂地使勁推開，如果是您忽然站好向他們噓寒問暖，那可是會有大騷動的，他們馬上就會瞪大了眼睛，以尖酸刻薄的口吻及銅鑼般大聲的聲音狠狠地訓斥我們，根據情況還會用身上帶的棍棒打得人站都站不起來。

這裡頭已經是種怕「官」欺「民」的警察模樣。

現在的波利士是仗著有政府撐腰，將等同於主人的人民視如草芥，雖然應該是保護人民權利的道具，但卻反過來作些加害的勾當，實在是大吃一驚的事情，讓人目瞪口呆。

譯註三：宮城縣仙台市的特產，以平織法編織而成的高級絹織物。

近代法律的規定與實際情形之間，打從一開始就是這樣相背離的。

明治十年一月，廢除東京警視廳並設立了內務省警視局來取代它。十四年一月，經歷過再次設置警視廳的過程後，整頓成將向心力凝聚在內務省上的警察制度。在這段期間，農民一揆、士族叛亂，還有西南戰爭等接踵而來的情形，就像後文也會提到的那樣。

前文的整頓過程就是為了對應這些而來的，這代表著內務省更加增強了它作為壓抑反政府運動機關的性格。

支配地方行政

第三項機能是內務省透過先前提過的地方官僚，成為支配地方行政的中樞所在。

大久保在給太政大臣三條的建議書（明治九年五月一日）中提到：「凡內治之本，完全在於地方，若不舉地方之治，則不可期國之隆盛。」作為這個「地方之治」中樞的內務省，強化了它的指揮及監督權，更明確地說就是明治十一年七月二十五日的〈府縣官職制〉（太政官達第三十二號），而其行政系統圖則如左圖14所示（山中永之佑《日本近代國家的形成與官僚制》）。之後會提到的戶長、戶主與內務卿聯繫起來，並藉著「家」與此行政系統的結合，內務省掌握了全國國民。

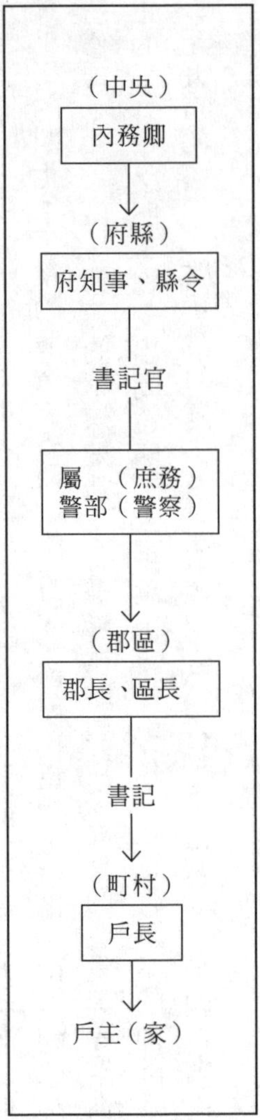

圖 14 內務省行政系統

三、殖產興業與北海道

兩階段的殖產興業政策

「大凡國之強弱由於人民之貧富，人民之貧富係於物產之多寡。」以這句話為開頭的大久保〈殖產興業相關建議書〉中，接下來更繼續強調物產的多寡，與人民投注多少心力於工業有關，為此，政府需要從上而下地進行強力的勸誘及獎勵。

這個建議書是明治七年（一八七四）五、六月時所提出的，所以在內務省設立半年有餘之後，因內外問題搞得焦頭爛額的大久保，終於表明要真正致力於殖產興業的意圖。不用說，這是因為他掛念著身為岩倉使節團副使之一時，親身經歷到的歐美先進資本主義國家樣貌。正因為如此，當中才有從之前的殖產興業政策而來的轉變。晚年的渡邊國武（明治七年出仕於大藏省租稅寮，日後為大藏、通信大臣）將大久保的公務生涯分為兩階段，而分界點就是歐美遊歷。換言之，在此之前的第一階段的目標是「統一全國的政權、兵權、利權，復興古代純粹的一君政治」。而之後的第二階段不用說就是「為了於世界上獨立並創建國家，富國強兵是必要的」，並且提到為了達成這項目的，大久保認為「定要從殖產興業上下手，必須確實地謀求其進步發達。」（前揭《大久保利通傳》下卷）

再稍微具體地來看這一點。

工部省的政策

先前，為了在幕末時期幕、藩經營的軍事工業基礎之上發展官營工業，設置了工部省來作為營運中心（明治三年閏十月時設置。明治十八年十二月廢止）。這個工部省一開始司掌「勸獎百工之事」，明治五年一月的〈工部省事務章程〉中變成「總管工業相關一切事務」，主要負責工學的開化；工業的興盛；各礦山的管轄；鐵路、電信、燈塔、礁標的建築修繕；船艦的製造修理；銅、鐵、鉛類的精煉鑄造；各種機械的製作；海陸的測量等等。從設置工部省到廢止的十五年之間，總支出高達四千六百萬円，當中花費在官營事業的創社及擴大上，就佔了二千九百餘萬円。其中也包含了官營事業的重點項目——鐵路（一千四百萬円）及礦山

（八百八十九萬円）。

鐵路早已有外國資本把觸手伸及利權，在維新官僚應付外國資本的同時，為了國內的政治統一以及軍事、經濟、文化上的開發，積極地推動鐵路鋪設，於明治二年十一月以後確立方針並著手進行。明治三年開始動工興建東京到橫濱及神戶到大阪之間的鐵路，並分別於明治五年及七年開始運行。明治四年完工的大阪到京都路線也於十年運行。鐵路的建設引入了英國的技術，特別採用了窄軌鐵路（三呎六吋）。雖有經濟及地理上條件的考量，但必須留意的是英國殖民地全部都是採用窄軌。

三宅雪嶺對於當事者（井上勝）說寬軌（四呎八吋）是不經濟的這句話，提到：「由後回頭看，不覺頗為謬誤哉。」（《同時代史》第一卷）

電信線路的架設也受到重視，明治二年開始，與鐵路一樣在英人技師的領導下，以東京為中心一個接著一個地開放通信。

礦山經營是從明治六年度開始積極起來，明治八~九年度時達到高峰。過程中還頒布了〈礦山心得書〉（明治五年三月）以及《日本坑法》（明治六年七月）。這些都強化了礦山官收、官營的方向，這在排除外國資本介入的同時，確保了鑄幣材料，還有讓國家獨佔作為輸出品的金銀銅等礦物資源的企圖。

於是工部省為中心的初期殖產興業政策，以呼應剛才大久保第一階段中，國內政治、軍事、

表 37　太政官、各省所僱外國人一覽　（明治 7 年）

各省＼國別	美　國	英　國	法　國	德　國	其　他	計
太政官	1人	1人	1人	1人	1人	5人
外務省	6	2	1	1	4	14
內務省	4	9	7	—	7	27
大藏省	7	16	—	—	4	27
陸軍省	—	—	36	—	2	38
海軍省	—	29	36	—	1	66
文部省	14	25	10	24	4	77
工部省	7	185	13	6	17	228
司法省	1	1	4	—	2	8
宮內省	—	—	—	2	—	2
開拓使	7	1	—	3	—	11
	47人	269人	108人	37人	42人	503人

（註）引自梅溪昇《僱用外國人①概說》。明治七年為僱用外國人的高峰，工部省的場合，超過 130 人的期間為明治 4 ～ 12 年。過了此高峰期後，僱用外國人次第由東京大學、工部大學校畢業生所取代

經濟上統一的這種模式來進行。而且推動過程中還將列強資本主義國家當成範本，並且因為不得不引入他們的技術，所以外國人技師及外國使臣的建議就起了很大的作用。像表37那樣，聘僱外國人大多數都造成了很大的影響。表格內英國人佔了半數以上，而且集中於工部省。這個依靠聘僱外國人的技術引進政策，與原有產業之間的距離十分明顯。正因如此，政策內容就不一定符合當初的目的。在經過反省及國外體驗過後，大久保籌劃了以內務省為中心的政策，這就是前文所謂的第二階段。

內務省的政策

這階段的殖產興業政策擴及了紡織、海運、開墾、畜牧、農業指導及博覽會等廣泛的領域。假使工部省的事業整體上來說是在強調應付外來壓力的「強兵」要素，那麼內務省的事業，就是輕工業部門的保

護及育成，以及勸農政策的推動等，更加偏重於「富國」的這一面。相較於歐美，痛感於日本工商業落後的大久保，在他以勸業寮為中心，從上而下推動資產階級化政策的企圖下，反映出來的是大久保底下掌控大藏省的大隈的農商工並進政策。換言之，就是認知到不將工商業雙方都振興起來，身為日本長處的農業也就發展不起來的緣故。

具體地來說，就是設置重點在於農業及加工部門的官營示範工場，也是直接輸出事業，還擴及府縣勸業費用及補助款、貸款。當時輸出的重點商品是生絲，而以生絲的品質改良、產量增加、技術傳授等為目的，於明治五年（一八七二）設立的富岡製絲場，以及旗下的新町屑絲紡織所，還有愛知及廣島紡織所都是知名的代表性官營示範工場。為了保護、育成農業及畜牧業而設置的內藤新宿試驗場及三田育種場，還有取香種畜場及下總牧場等都相當知名。

接著談到與直接輸出的關係，是要在當時沒有關稅自主權的居留地貿易底下，遏止以綿、糖為中心的進口並振興以生絲為主的出口。一方面，為此，農產品加工業的引進與改良變得勢在必行；另一方面，這也與節約經費密切相關，於是表現出從以往模仿西歐技術及外國人依存主義，逐漸轉移到自力主義的傾向（參見第四一七～九頁）。還有，與此互為表裡的貿易保護主義也被提起。而在海運業，政府積極扶植岩崎彌太郎（三菱），企圖排除日本沿岸乃至於大陸航線被外國船壟斷的情形，也是其中的一環。這亦與三井作為銀行資本的保護及育成相呼應。於是，從上而下的「富國」政策＝資產階級化，就扎扎實實地進行了下去。

北海道的開拓政策

這裡將目光轉向北海道。因為北海道開拓政策在某種意義上，相當明顯地刻畫出殖產興業政策的特徵及性格。

明治二年七月設置的開拓使（一開始是在東京，接著於五稜郭內的舊箱館奉行所中設置了辦事處，明治四年春天，與廳舍竣工的同時移至札幌。明治十五年廢除），實際上是「北海道的工部省」及「內務省」。政府於明治四年決定從下一年度明治五年起的十年間，在北海道投入一千萬円的費用（以往每年投入金額的五倍）。當地的經營由薩摩藩出身，大久保的部下，開拓次官黑田清隆（後為長官）所掌控，並於此地建立起薩閥的根據地。

黑田已經決定以美國的開拓作為北海道的範本，並且自己也去美國購置開拓所需的工具，並且一併聘用指導人員。即美國的農業部部長卡普倫（Horace Capron, 1804~85。在美國總統格蘭的推薦下，以開拓使教師頭取兼顧問身分，於明治四年七月赴任，明治八年歸國。在任四年多之中，曾到北海道三次）以下的聘僱外國人。測量、地質及礦物調查、農業、工業、煤炭挖掘、交通、運輸、土木以及其他，這些北海道開拓的各項基本事業，全都與聘僱外國人息息相關，並在開拓使、也就是「官」的主導下進行。

這個由「官」所主導的北海道殖產興業政策，是把這塊與原有產業無關的土地當成是引進近代產業的實驗場；或者是在意識到這是阻止俄羅斯南下的軍事據點的同時，當成是國內殖民地來經營。

所以在這裡，有生產從機械、造船、漁網等生產工具到味噌、醬油、啤酒、葡萄酒、罐頭等消費財，範圍十分廣泛的官營工場。而這些工場以札幌為中心，往函館及根室方向雨後春筍地開設。

圖 15　明治初年北海道開拓的變遷

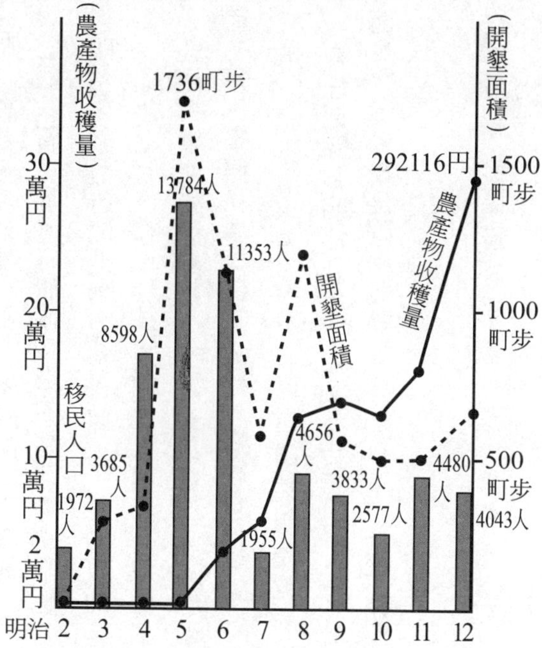

（註）依土屋喬雄《維新經濟史》所收諸表作成
原典為《開拓使事業報告》第 2 篇、《開拓殖民要錄》

生產工具的製造工場有十五間，消費財工場有二十四間，總計三十九間工場是由開拓使來經營（榎本守惠、君尹彥《北海道的歷史》）。

這些工場之中，像札幌的麥酒（啤酒）釀造所據說是青木周藏（一八四四～一九一四。日後為外務大臣，貴族院議員）寫信跟黑田說：「麥酒比日本酒更富有營養，不僅為國民健康上有益之事業，或能以麥酒撲滅那含有多量『阿爾格霍爾（酒精）』之狂水，即日本酒。不知是否亦為一好處哉。」而黑田也贊同這點才設立的（青木周藏《青木周藏自傳》）。

與開拓事業並行的北海道移民政策，從前頁的圖15可以清楚地發現從明治七年後有了巨大的改變。七年七月，移民扶助規則完全廢除，取而代之的是屯田兵制度的實施。借用黑田的話來說，就是「縱使移居身無分文之貧民數千人，經營自立之產怎樣都是件非常困難之事」（明治六年七月，寄與松本十郎等人）。在移民政策上，「官」主導的傾向也變得更強了。

於是，北海道的開拓是從以屯田兵制為首的士族移居，還有克拉克博士（William S. Clark。在任期間為明治九年八月～十年三月）及札幌農業學校（明治九年八月開設。北海道大學的前身），最後是囚犯勞動這種「官」主導型式的定型化，來改善形象。

重新檢討的開拓形象

但是，這個模式與形象必須重新來檢討。即使說是囚犯勞動，但它的背後有些什麼反而是問題所在。事實上，在循著民權運動的脈絡之中，才能開始重新審視這個問題。

屯田兵及移居士族並沒有擁有多少特權，還不如說因為他們大多是戊辰戰爭中的失敗者，所以這只是他們殘敗之軀能夠活下去的唯一出路。由於開拓使是薩閥的根據地，所以所謂的官員保護簡直就是癡人說夢。在比起屯田兵及移居士族還要更為薄弱的保護下，一般的開拓農民是怎樣與這片遙遠的大自然奮鬥？是怎樣賭上性命來開拓的呢？現在要問的就是這個問題。

他們對自己要求更為嚴厲的勤勉、節約、素樸、粗食等傳統生活倫理。不，如果不這樣做的話，就沒辦法繼續那種與酷寒及大自然拼死搏鬥的生活了。而且，還祭拜從家鄉神社繼承而來的分靈氏神，建造寺院，信仰基督教，或是以馬頭觀音及土地神等民間信仰作為精神依歸奮鬥下去。

看到《東本願寺北海道開教史》一書，會發現當中披露了明治初年作為門徒移居獎勵政策之一的〈醉歌〉十二首。

第一，父親母親，走吧走吧，那有很多佳餚，那有很多美酒，蝦夷哎走蝦夷哎走，不是挺好滴嗎（重複，以下同）。第二，哥哥姊姊走吧走吧，報答天皇大恩之時，報答佛祖大恩之時。

「蝦夷」與「這不挺好嗎」扯上關係，還成了囃子歌的意義匪淺。這當中對「救世」＝「這不挺好嗎」的期待，與這片新天地重疊在一起。

第九，高處薩摩芋，低處麥和米，隨心所欲地開拓。

這個歌詞是說高處要種植薩摩芋（＝薩閥），低處要種植稻米及小麥。看得到這唱出了對開拓使的諷刺，以及農民的種植熱情與自尊，不過或許太過於臆測也說不定。但是歌詞之中歌頌著開拓農民克服北方大自然的不屈不饒。

第十，女之始男之始，依循我日本神明之古例，開始吧。第十一，大人同意吾等亦可，有什麼好煩憂呢，哎唷有收成就更好啦。第十二，你到一百俺到九十九，收成哎唷有好多，可以多造好多房。

這些已經不用多做說明了。歌詞中有著男女生活上的堅強。這不是Boys be ambitious（少年唷，要胸懷大志），也不是Frontier Spirit（開拓者精神）。不對，是深藏著連這些都能嚥下的生存力。這股民眾的生存力與不屈不饒的堅毅，才是在底部支撐起北海道開拓（殖產興業）的力量。

對愛奴人而言的維新

還有一點，對於自古以來就住在這片土地上的愛奴人來說，維新又是個什麼東西呢？

「身負北海道開拓使命的開拓使，隨著廢除以往的乙名、小使、土產取等官名，部落的管理就完全委任給任命為土人取締的日人通辭。不久戶長役場接手管理後，酋長的行政職務及特別待遇都遭到廢除。連同承認愛奴人具有與日人一樣的私有權後，便廢除了部落特有的漁獵權並歡迎日人移居部落，而且還承認愛奴人的職業及遷徙的自由。同化政策開始積極地展開。」——高倉新一郎的〈這條道路上的大家〉中是這麼說的。

對於沒有土地所有權概念的愛奴人承認他們的私有權，這件事到底是什麼意思呢？廢除部落的漁獵權、歡迎日人的移居，並且承認職業及居住的自由帶來了什麼結果呢？這些疑惑，從愛奴人的角度來看同一位作者在二戰時的著作《愛奴政策史》（一九四二）的話，就能一清二楚了。不，連以殖民政策論立場來撰寫的這本書中，也到處都是政府政策無視愛奴人民的實際狀況，還用扭曲的表現來描述所謂的自由是「喪失的自由」、是「毀滅的自由」。

明治十一年（一八七八）十一月四日的布達譯註四宣布愛奴人在戶籍上與平民相同，而後於區分時則使用「舊土人」的稱呼。這真是具有代表性。這個歧視性名稱的背後，潛藏著明治政府深厚的支配意圖，並與沖繩一起支撐起這個政治構造的底層。而這在後述的〈琉球處分〉中，處分官松田道之的發言裡頭便看得一清二楚（參見第四四九～五〇頁）。

譯註四：明治十九年（一八八六）制定公文格式之前，太政官頒布的法律之中，以各縣廳為對象的法令。

第九章

徵兵令與地租改正

一、徵兵令與民眾

壬申戶籍與「家」

稱得上是幕末、維新史寶庫的山口縣文書館中，收藏了以毛利家文庫為首以及戰後當地收集而來的史料，到一九七六年為止，保存了約二十三萬件（二〇〇二年時約為三十五萬件）的珍貴文物。在這龐大的史料之中，有本冊子使用經過柿澀譯註一防水處理的厚紙來作為底紙，在每頁的單面上都貼有和紙並以村的字譯註二為單位。

這是文政八年（一八二五）十一月的相關辦法修正後，到明治四年為止所使用的戶籍帳簿，在長州藩這稱作「戶籍（とじゃく）」。這個戶籍帳簿是五人組帳（該藩是十人組帳），亦稱為宗門人別帳譯註三。和紙一面登錄一戶人家，從上面算下來四分之一處用墨水畫了條橫線，線上面的部分記載著田地與山林的面積及石高，還有船及牛馬的所有權；下面的部分逐一記載家族的宗門、人名、出生年月日以及遷徙情形等等。一戶人家的狀況是一目瞭然。

不過，取材長州藩戶籍形式的樣本，於明治元年十月從京都府遞出後，明治二年六月才由民部官轉達給當時維新政府直轄的府縣。歷史學者新見吉治博士推測，其起草者可能是此時出仕京都府的慎村正直（後為府知事）（《壬申戶籍成立之相關研究》）。慎村是長州出身且擅長民政，所以根據他在長州藩內的經驗，於維新後的京都府進行「永世之御記錄，庶民之系譜」（文政八年的長州藩戶籍辦法書中的話語。前文的樣本亦同）的戶籍制定工作，還想把這推廣到新政府管轄下的府縣，逐漸制定出全國劃一戶籍的企圖就可能達成。這是為了確立民政，也是為了取締依舊蠢蠢欲動的「脫籍浮浪之徒」，不可或缺的先決條件。

於是，明治四年四月四日，新政府公布了包含府縣及藩在內，首次的《全國總體戶籍法（全国惣体ノ戶籍法）》。根據這項法規，於來年的五年起到六年春天這段期間編成的就是壬申戶籍。這是以明治五年的干支（壬申）來命名的（這個戶籍法在明治十九年修正以前都在使用。參見拙著《長州藩與明治維新》）。

壬申戶籍中，無論是華族、士族，還是平民的身分，都以住宅及房舍為單位，並選定「家」的戶主，戶主代表著這個「家」，擁有與「家」相關的一切責任及權限。因此戶主需以自己為第一人來申報戶（家）內的總人數、姓名、年齡、與戶主之間的關係、職業，或是寺廟、氏神等事項。此外，「家」中成員的婚姻、收養子女及分家等等，家族成員所有的變動都必須報告

譯註一：柿澀是未脫澀的柿果或葉子榨汁，常用來當成是防水、防腐的原料。

譯註二：市町村底下再細分下去的區塊名稱。

譯註三：江戶時代透過宗門改（民眾宗教調查）而成的所屬宗教登記簿。原本是為了調查信仰宗教來遏止天主教的蔓延，後來具有戶籍名冊及租稅籍冊的作用。

上去。而這些全部在經過戶主的申報後，才開始具有法律上的效果。在這層意義上，對政府而言，戶主是透過「家」這種基礎的血緣共同體，能將民眾一個一個掌握住的最為重要的機關。

與宗門人別帳的差異

那麼，這個新的戶籍與幕藩體制下的宗門人別帳有什麼不同之處呢？

第一，宗門人別帳是以身分為基本而制定的，相較於此，戶籍法如同「臣民一般（指稱華族、士族、小卒、祠官及平民，以下準之——原注）」，就其居住之地而收錄之，旨在無所遺漏所說的一樣，國民先是被認作為「臣民一般」，而且採行居住地主義。這也是符合作為新政府口號的「四民平等」的措施，同時也不能忽略這是對於天皇的「臣民一般」。因此，華族、士族，還有平民的身分族稱，也記載在新製成的這本戶籍之中，在社會上到後來也一直通用著。

第二是「家」的原理中的儒教思維很濃厚。

這表現在戶籍的記載順序上。戶籍中採用尊屬、直系、男系為上的公文格式。換言之，就是接在戶主後頭的是祖父母及父母，再來為妻、子、孫、兄弟、姊妹等的順序，以卑屬、旁系及女系為下的書寫格式。與先前提到的京都府樣本是將父母擺在妻子之後，有顯著的不同。雖然江戶時代的宗門人別帳依照地域來登記的方式與戶籍法不同，但將隱居後的父母登記在妻子之後的情形倒是很常見，所以明治的壬申戶籍的儒教色彩，反而還比較強烈。

第三，宗門人別帳的相關事務是交由村吏及寺廟來負責辦理，但這次是由政府直接來控管，而在地方基層負責相關事務的就是戶長。換句話說，「家」就是經由戶主—戶長之手，再給地方官—中央政府控管的一種機構（參見第三一三頁的圖14）。之後於明治十五年（一八八二）七月三日的元老院會議上，副議長佐野常民（後為議長）表明了這件事情是「夫戶籍之事，起於一家，成於一町村，經由郡區又至於府縣，終於政府總提之所者也。」

區長、戶長與大區、小區制

可是佐野在剛剛發言的上一段，提到了下面這樣的內容。

凡戶籍乃以一家為基準，其上有戶長統之。戶長設置當初雖為戶籍調成，但因與陸海軍、文部、警察之事務有關，今則為行政上必須之職分。

這樣就可以瞭解戶長的工作是有多麼受到重視了。換言之，從內務卿經由府知事、縣令、郡長、區長後，到戶長的地方支配架構是收束於這個戶長—戶主之上（參見前揭圖14「內務省行政系統」）。戶長—戶主才是政府掌握全體國民的關鍵。這就是被稱為「明治政府統治國民的基層工作裝置」的由來（福島正夫 編《「家」制度之研究》資料篇一）。

不過，前文的戶長是因為剛剛的戶籍法才產生出來的，是各府縣內部新劃分出來的大區、小區制的主管之一。大區、小區制因地方不同，劃分出來的面積以及主管的稱呼也都各有不同，但一般來說小區的主管就是戶長。小區是將之前的幾個組、町及村結合起來的組織，而數個小區合起來就大區，大區的主管則是區長（小區大致上就是日後新的町村，大區大略相當於郡）。

這個大區、小區制與之前作為生活共同體的町村無關，是一種在桌上劃分出來的制度，所以即使舊村的村吏當上區長或戶長，他們與居民之間的聯繫還是很薄弱的。不，就是要削弱它。為了能夠斬除幕藩體制下的舊習，讓新政府的支配力能滲透到統治的基層，這才人為地制定了大區、小區制度。而且，區長是官選、而戶長是官選還是民選，則會因地方而有不同的情況。官選的區長及戶長仗著權力對居民恣意妄為的情形並不少見，所以一旦忽然發生一揆，馬上就會遭受襲擊，連戶籍簿都會成為一揆的攻擊目標。同樣的事情反過來看，與地區居民關係良好的戶長則會在戶籍的年齡上作假，主動地幫忙逃避兵役（參見第三三八～九頁）。

不過現在來看，於明治五年十月實施區長制的岩手縣例子中，區長的出身別。二十一區中，士族的有十三位，農民的五位，祠官一位，不明二位，過半以上都是士族。此外，於八年一月時，該縣改為十七區制，此時的戶長月薪是五円五十錢～六円（九年二月，增加到八円～十円）的模樣（《岩手県史》第八卷）。

但是，對於擁有之前町村歷史及地區傳統的生活共同體實際情形，或者是對擔任舊名主、庄屋的地方知名人士階層的勢力，對這個大區、小區制度不是無視就是輕視地對待，所以不符合實情，反而是大區、小區制度不得不做一定程度的修正。明治十一年（一八七八）公布了《郡區町村編制法》、《府縣會規則》、《地方稅規則》的所謂「三新法」。

徵兵令與血稅一揆

然後，明治五年十一月二十八日發布了全國徵兵詔書及太政官告諭。十五天後（這段期間，從陰曆切換為陽曆，舊曆十二月二日的隔天為明治六年一月一日）的六年一月十日發布了〈徵兵令〉。這是藉由徵兵制成立日本軍隊的第一步。

剛剛的太政官告諭在嚴厲地批判以往的武士外，還提到現在正是四民必須作為「均等的皇國一般之民」來報效國家的時候。因為當中有提到「血稅」一詞，所以誤會成「榨取血液」的謠言四起，所謂的血稅一揆就此爆發。

現在來看青木虹二著的《百姓一揆總合年表》，這個血稅一揆於明治六年有十七件，七年有二件，總計十九件。當中七年的其中一件是在秋田縣內，剩下的全部都在關西以西。《明治軍制史論》的作者松下芳男舉出其理由與(1)傳播性(2)中部以北及關西以西的民眾在徵兵觀念上的落差(3)西南地方的政治騷動（士族叛亂）之間的關聯性，但這卻不一定合乎道理。因為，(1)的傳播性的確是探究到了一定的程度，但卻沒有提及傳播性的主要因素。

還有，把(2)的觀念落差與西南地方對外戰爭（元寇及幕末的外來壓力）帶來的傷害當成是起因，卻把戊辰戰爭的問題完全去掉。對於東北地方的民眾而言，戊辰戰爭的傷痕及記憶應該還是歷歷在目的。關於(3)，只要血稅一揆是集中發生於明治六年，就沒辦法連想到和之後的士族叛亂會有多大的關聯。

於是，血稅一揆偏重於西日本這件事，就不得不從別的角度來看了。

第一，有必要理解明治六年的農民一揆全體，與多半發生於西日本之間的相關性。該年六十一件（包含村方騷動）的一揆中，尾張以北的一揆有十八件（當中在開拓使管轄下的松前地方有三件），以西有四十三件。這個偏重於西日本的傾向在於這地方一帶發生了旱災，而不能忽略的是，這也是發生一揆的一般性主要因素。米價上，肥後米在前年十月是二円八十錢，但明治六年五月時是四円五錢，到了十月暴漲到五円七十五錢（南部助之丞編《米相場考》）。換言之，血稅一揆的本質不是在於它被特殊化成「血稅」的這一點上，而這只不過是當時一揆的一個引爆點罷了。

在明治六年七月京都府何鹿郡的例子中，免除學校學費及「地券稅金」，牛馬所有者的買賣自由及裸體的許可，還有反對「新平民」的稱呼等各種項目之中，反對徵兵的口號也有被提出來。而在大分縣玖珠郡下的一揆情形（明治六年五月）中，認為是主謀者而被逮捕的農民日野禎助以下六名的自白書中，會看到「徵兵是把強壯的人帶去美國後割取他的油脂及肝臟。而且，派遣到各鎮台的場合，也是沒有個六、七年是不會被釋放的，所以一定是相當辛苦。」之類的話。

這裡混雜著「誤解」，反對徵兵是反抗新政府無視實際情形，從上而下推動政策的一環。而且，可以說徵兵對農民而言，具有一種勞役的性質，他們直覺反應地認識到這會威脅到日常生活。明治六年六月，名東縣下讚岐西部有五百九十九處遭受攻擊的血稅一揆情形中，布告場、事務所、小學校、邏卒派出所、戶長與村吏宅邸、船改所譯註四、告示場等接二連三地被破壞，清楚地呈現出「民」對於「官」的反抗情況。

「血稅」與外國人

第二是與外國人之間的關係。

如同在前文的例子中看到的，反對徵兵的一揆是因為「誤解」了告諭上面「血稅」一詞才掀起的。但民眾認知中的「榨取血液」也並不光只是從「血稅」一詞而來。

先前，在徵兵告諭發布前的明治四年（一八七一）十二月，高知縣高岡、吾川、土佐三郡一揆的原因，是兵務司主導的十八～二十歲男子調查被「誤解」成「割取外國人小孩的油脂」。此外，明治五年五月，大藏省勸業寮傳達給各縣的〈諭告書〉中，徵求女工到外國人指導的西式示範工場（富岡製絲場）工作一事，則是被謠傳成「女工被外國人吸走了新鮮血液」。

譯註四：明治初年設置於各府縣的主要港口，是商船、國內物流的監督及徵稅機關。

圖 16　血稅一揆分布圖

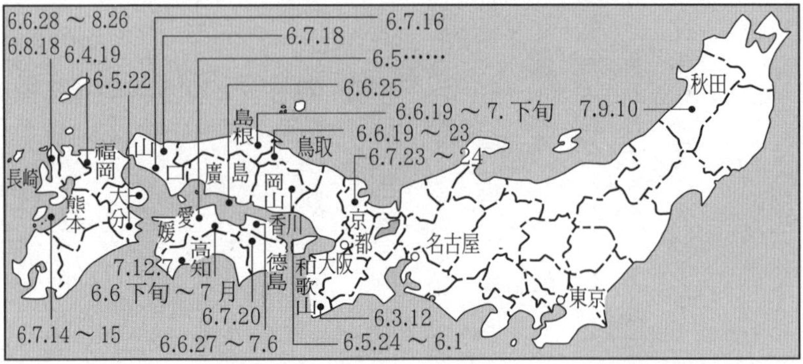

以歐美為範本的政府新政策，普遍地挑動起人民對未知事物的不安感。這股氛圍中，告諭又以「血稅」連結西洋來加以說明，於是更加重了這種情況。與血稅一揆糾纏不清的傳聞之中，「榨取血液賣與外國人」，還是「割取女性油脂讓外國使用」等等，很多這種與外國（人）連想在一起的謠言就是由此而來。這些的背後就是已經提過的，明治二年以後對新政府的不信任感。而這股不信任感又與不安感結合在一起。

因此，糾纏著「血稅」的謠言，實際上不是與外國人有接觸的地區，不如說是必須解讀成，與接觸有一定的距離，而且能夠獲得某種程度的外國人相關資訊的地區，這股不安及不信任感才會高漲。這層意義上，西日本的長崎、兵庫、大阪這種有外國人居住，還有川流不息的通商港口（居留地）及通商市場作為聯繫管道，而和這條管道有一定距離的周邊地區，才是最符合前文條件的。

順帶一提，如果列舉出西日本血稅一揆發生地區的府縣名，就是度會（日後的三重縣）、福岡、大分、北條（岡山縣）、愛媛、鳥取、廣島、名東（德島縣）、長崎（松浦郡）、白川（熊本縣）、山口、京都、高知的各府縣，都是與前文的聯繫管道稍微有點距離的地區。

因此，透過徵兵的實施，讓民眾瞭解謠言的真相後，這種狀況就馬上消失了。集中於明治六年的血稅一揆，到了來年就僅剩下兩件，會這樣迅速地消失得無影無蹤就是這個緣故。

第三是想指出明治七年二月七日的《東京日日新聞》上，有篇署名「黑江處士」、標題為〈血稅暴動乃縣吏之詭辯〉的社論事實（引自松下芳男《徵兵令制定史》）。也就是說，這篇社論認為比起血稅文字引起去年西日本暴動的說法，倒不如說這是「縣吏假借為藉口者也」，文中還提到「此等頑民之暴動，蓋又別有原因。」這篇社論也指出在尚未使用「血稅」字眼的時候，就已經出現「榨取血液之說」，並主張民心的困惑與「血稅」是兩碼子的事情。而縣吏是想以此為藉口，讓民意變成是種愚民的觀感，讓人識破這是地方政治負責人想要掩蓋一揆發生真正原因的政治性作為。

規避兵役

於是，民眾關於徵兵令的反應，與其說是血稅一揆，還不如說是想要規避兵役的念頭來得更為廣泛且深刻。認為一揆是積極作為，而逃避兵役是消極作為的這種普遍想法及評價，有必要重新進行思考。規避兵役才是民眾對於徵兵制的一種持續且能給予最有效打擊的反制作為。

而兵役的規避就在於，民眾是如何地活用徵兵令中的免役條件（是以《徵兵編制並概則》第三章的「常備兵免役概則」為中心來加以規範）。現在，為了能粗略地瞭解這涉及十二條的條件及相關項目，大致列舉如下。

(1)身高不足五尺一寸（約一百五十五公分，明治八年起為五尺）者。身體虛弱及殘障者；(2)官吏、特定學校學生、出外留學者及陸海軍校生等；(3)戶主及其繼承者、養子，還有家族中具有特殊關係者；(4)罪犯；(5)繳納二百七十円代理人費用者。

(1)及(4)雖也不是沒有問題，但這裡略去不談。從(2)則可以瞭解當時的官員還有候補者（多出身士族）是被賦予了多大的特權。

那麼，(5)是什麼呢？這是在說，繳納二百七十円後，不服兵役也無所謂。明治六年（一八七三）東京深川的稻米市場交易平均價格是一石為四円八十錢，所以二百七十円可以買下五十六石多。換算成現在的米價，昭和五十年度（一九七五）產地米價是一百五十公斤（一石）為三萬八千九百二十五円，所以大約是二百一十八萬円。拿出二百一十八萬円以上的金額就能免除兵役，這對平民來說是遙不可及的。而事實上，全國因代理人費用而免役的人，明治九年度（明治九年七月一日～十年六月三十日）為三十九人，下一年的十年度（明治十年七月一日～十一年六月三十日）僅為二十三人（引自《陸軍省第二年報》及《陸軍省第三年報》）。

這樣看下來，剩下來的是(3)。而實際上，民眾完全地活用了這個第(3)項。

「家」與兵役

在這裡，稍微更詳細地來看這個第(3)項。而符合這項的內容如下所示。

（甲）為一家之主者；（乙）嗣子及代位繼承之孫；（丙）獨子、獨孫；（丁）父兄因病或事故而代替父兄掌管家務者；（戊）養子（僅有約定並仍住於老家者不符）；（己）服役官兵之兄弟。

看到這些項目後，浮現出「家」的存在。在（己）中會發現，兵役與其說是對個人，還不如說是以「家」為單位來課徵的。而且，徵兵是以「家」為單位，所以具有「家」的負責人（戶主）或者是繼承人不用服兵役的原則。

為什麼呢？這就如同先前提過的，正是因為「家」是當時支配國民的基礎。而且，因為戶主是其關鍵，所以為了維持「家」的存續，而給予戶主及繼承人免除兵役的特權。

這樣一來，兵役就成了次男及三男以下的事情。當中符合條件的這些人，便於兵役體檢前分家、入籍別人家，或是復興斷嗣及無嗣的家系而成為戶主。當不成戶主改當養子的話也符合了（戊）項。因為這些行為廣為流行，所以當時誕生了「徵兵養子」及「軍隊養子」之類的詞彙。

日俄戰爭中執行炸毀鐵橋的任務卻被逮捕，並於明治三十七年（一九〇四）四月，在中國東北哈爾濱被槍決的橫川省三（一八六五～一九〇四。一開始叫作三田村勇治。慶應元年生於南部藩，曾因加波山事件受到牽連，後以新聞記者身分參加郡司上尉等人的千島探險。甲午戰爭時曾擔任隨軍記者，之後前往美國。回國後成為北京公使內田康哉的左右手。亦為基督教徒）也是徵兵養子的其中一人（明治十七年時）。他曾炫耀地四處張揚說：「俺去當養子啦，從今天起就不是山田勇治，也不用去服什麼兵役啦」（利岡中和《真人橫川省三傳》），就可得知當時徵兵養子的氣氛了。

詐欺、遷移戶口、失蹤

此外，也有利用在長男符合（乙）項資格核定為免役之後，就馬上廢嫡，或是為了分家以及復興絕嗣家系等理由，而送到別人家去，並讓次男以下一個接著一個符合（乙）項資格的方法。而且為了適用於（丁）項條款，也有人偽造父兄患病的假診斷書，或是提出虛構的殘疾及失蹤證明書。換言之，民眾對於政府的意圖是將計就計，以「家」為屏障來積極地逃避兵役。《陸軍省第三年報》也於免役者名單中，增加了戶主、嗣子、代位繼承之孫，或是代替父兄治理家務等細項。並提到這是因為「所謂假托法律，欲以欺官逃避兵役者」，及委託他人成為「暫時養子」來冒名頂替嗣子，或者是分家卻仍然一起居住者日益增多的緣故。

還有，連同當時戶籍的杜撰，戶長在文件上酌量地敷衍欺瞞的情形也很常見。明治十四年九月陸軍卿山縣有朋的意見書中就慼嘆地說，投票選出的戶長為博得人望汲汲營營於此事來幫忙逃避兵役，以偽造戶籍遷出入的文件為主，將上面的年齡數字一改為二，三改為四。

還不只是這樣。也有將戶籍遷往兵役適用地區之外的北海道（函館周邊除外）及沖繩的人，兵役體檢前逃亡、失蹤的人也很多。看到當時的法令，從府縣廳到各區戶長及町村，或者是警察署都經常發出約束此類行為的條文。此外，傷害自己身體來規避兵役的人也層出不窮。明治十年一月，陸軍卿山縣有朋對於這些事實感到非常不悅地說：「或厭惡服役，自毀傷其肢體，不然逃亡，而以其他種種詐偽來免於徵募者亦不少。」

規避兵役的實際人數

以上的實際狀況，透過陸軍省的年報來加以確認看看。

次頁的圖表（圖17）是明治九年度（明治九年七月一日～十年六月三十日）的全國（第一～第六軍區及函館）徵兵狀況。二十歲的役男總人數為三十萬一千兩百五十九人，當中符合免除兵役資格並記載於名冊上的人數是二十四萬九千七百七十三人，全國平均免役率是百分之八十二點九。免役率中以第四軍區（大阪，百分之八十九點八）最高，第二軍區（仙台，百分之六十九點五）最低。

免役率比較接近平均值的第一軍區（東京，百分之八十六點三），轄區內各府縣的徵兵狀況如第三四三頁的表38所示。其他的軍區於下一年度也大致上是同樣狀況，到處可見逃亡、詐

圖 17 明治 9 年度徵兵狀況

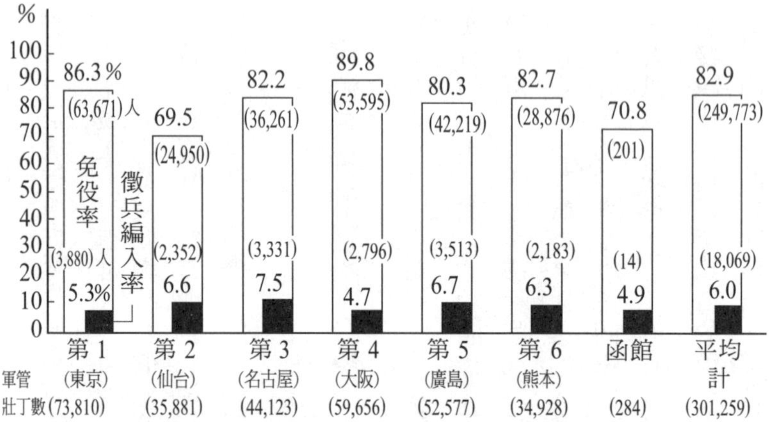

（註）依《陸軍省第三年報》作成。徵兵編入人員為常備軍與補充兵合計。即編入人員 18,069 人中，常備軍 10,688 人、補充兵 7,381 人

欺、裝病、偽造、詐騙、人心狡黠等等詞彙。

再來看看次頁圓形圖（圖18）上，這些符合免役資格並記載於名冊中的二十四萬九千七百七十三人的免役理由明細。這當中因為「家」的緣故而免役的人，總數實際上達到百分之九十三點八（二十三萬四千二百五十六人）。名目上及實質上都可以瞭解「家」是如何成為規避兵役的屏障。

兵役體檢是去掉這些符合免役資格的人之後實施的。而上方直條圖（圖17）的兵役編入率是指在去掉體檢不合格、事故、死亡、明年服役以及其他理由的人之後，實際上編入常備役及預備役的人數與二十歲役男總人數之間的比率。編入軍隊的總人數是一萬八千零六十九人（當中有七千三百八十一人是預備役），全國平均編入率是百分之六。

換句話說，明治九年度的二十歲役男，每一百人當中實際上經過體檢而服兵役的人僅僅只有六

圖 18　明治 9 年度免役名簿內容

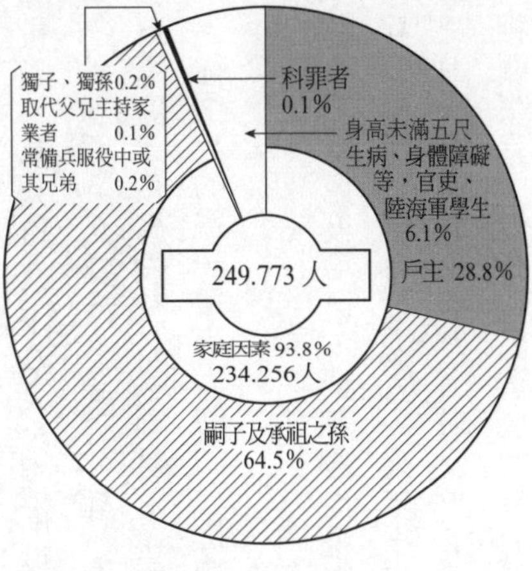

（註）依《陸軍省第二年報》作成

名。這稱不上是「國民皆兵」。

當然，從後頁的表38的(B)項也可以發現各府縣都有一些兵役志願者（《陸軍省第二年報》的數字上可以得知，這些人合計為二百七十七人。下一年度《第三年報》中，兵役志願者為六十一人，常備役志願者為七十八人，總計一百三十九人）。

因此，不能清一色地認為大家都在逃避兵役，還是有少許的兵役志願者在。但一般來說，規避兵役的風潮是壓倒性的。雖為後來的作品，但「徵兵徵役一字差，腰上軍刀乃枷鎖」這首詩，還是反映了這個實際狀況。

徵兵令修正及民眾的抵抗

《陸軍省第二年報》中看清此一實際情形，提到了下面的內容：

原本兵役這件事就是要逐漸慢慢地成為各地方的慣例，而官吏或幫助「徵兵之苦情」，或不對此「嚴格制止」，「唯以甘言，如逃一時之責，難脫姑息。」人民逐年

> 長於「詐偽」，強壯的人察覺到將會中選，於是「遁逃」；體弱的人則是確信落選而「得意洋洋地」來到體檢場。無論強弱都因其性質，巧妙地「賣弄狡猾」，以「規避之術」來恣意妄為。因此，本年這般三十萬餘役男中，徵召人數僅不到一萬五千名，仍要在「各方努力下」才終於湊足其數。（中略）從這樣的實際情形來看，「規避兵役之弊風」是日益嚴重，大概不用數年就定會至於哭訴「徵員之欠乏」的地步。

引文中已經加上若干的注釋。前文《第二年報》的明治九年度役男徵召的「定額徵員」有一萬四千五百三十七人。僅就剛剛的圖表來看，兵役編入人員是一萬八千零六十九人（不過，常備役是一萬六百八十八人，預備役是七千三百八十一人），所以大致上是超出這個「定額徵員」的數量。但是，《第二年報》告訴了我們各軍區不平衡的情形，「如第一、第二、第三及第五軍區，預備役有若干剩餘；在第四及第六軍區，預備役有若干缺員，患定額徵員之不充足」。從徵兵的這一邊來看的話，是無論怎樣都要消除這股民眾逃避兵役的歪風。

先前已於明治六年十二月、七年六月、八年十一月、九年四月時，即西南戰爭前的四年間，每年都有限制免役項目，試著遏止規避兵役的情形。而且陸軍卿山縣還於明治七年十二月發放《徵兵令參考》給各地方官，來年十月，更分送了修訂版。此外，明治十年一月時，負責代理陸軍卿山縣的陸軍少輔大山巖公布了《徵兵令參考》的追加及修正內容，而當中主要是兵役免役的相關事宜。儘管做出這樣的努力，但實際狀況仍是之前所看到的那種數字。可以推敲出民眾抵抗兵役的頑強程度及智慧。

然後，這種情形持續到明治一〇年代。根據近代文學史家西田勝先生的調查，規避兵役的入門書或說明書，從明治十二年起開始公開販售，十六～十七年達到頂峰。這個類別的書籍是當時的超級暢銷書，以《兵役修正，免操心（改正徵兵心配なし）》（中野了隨編，一八八四）的序文為基礎，西田先生算出「假設一本書平均賣出十萬冊，那麼就有兩、三百萬的發行量了。」（西田勝《近代文學的潛勢力》）

結局是，兵役制度度過了西南戰爭的難關，並在經過明治十二年、十六年、二十二年的徹底改革後才開始確定下來。

順帶一提，當時正式開始運作的日本軍隊定額，是三萬五千三百二十人（平時定額為三萬一千四百四十人，近衛兵為三千八百八十人），與當時的國民總人口（三千三百萬八千四百三十人）之間

表 38　第 1 軍管徵兵狀況

府縣	(A)	(B)	(C)	狀況
東京	中		3	為逃避徵兵的逃亡者相當多。
栃木	中	稀	1	以詐偽逃避兵役者多。
茨城	中	少		託以事故，不應召集者多。
千葉	中			厭苦兵役者多。
神奈川	中		1	雖有逃避兵役者，但多摩郡投訴苦情者最少。
靜岡（駿河、伊豆 2 國）	中	少		託以詐偽者 1～2 名，苦情不多。
山梨	中	稀		投訴苦情者不少。
埼玉	中	少	1	有假病以求逃避兵役者。
群馬	上		1	
長野（信濃國 6 郡）	中			患梅毒者多。
新潟	中			

（註）依《陸軍省第二年報》作成

(A) 的體格等級：100 名中 60 名以上合格為「上」；40～59 名為「中」；39 以下為「下」

(B) 兵役志願者的狀況　(C) 繳納代理人費用者

的比率（百分比）為零點一一。而與其他各國比較的話，英國是零點五九，法國一點二七，德國一點零七，俄國零點八八，義大利零點八二，所以可以說是相當地低。但是即使這樣，在明治初年的歲出中，軍事費用所佔比率最低是百分之十五，而最高為百分之二十六，可以算出大致上約不足百分之二十（鹿野政直〈日本軍隊的成立〉）。如同之前提過的，陸海軍省費用是能與內務、工部、大藏三省的支出相匹敵的（參見第二九五頁）。

國際上姑且不論，日本軍隊是處於民眾的抵抗及當時的財政狀態下，於最大限度的臨界點上成立的，不久後便以朝鮮問題為手段，迅速確立了「國民皆兵」的制度。

二、地租改正與農民生活

地租改正的目的

之前提過的京都府何鹿郡血稅一揆的口號之中，有看到免除「地券稅金」的字樣。這個一揆是起於明治六年（一八七三）七月，而這裡提到的地券，就是所謂的壬申地券。

壬申地券是從明治五年七月開始發行。與壬申戶籍一樣，是以該年的干支來稱呼。這個地券是貫徹一地一主的原則來發行的。換句話說，就是確定各筆土地有各自單一的所有者。因為是以土地領有制的解體為大前提，所以所謂的單一所有者，粗略地來說，與其說這是指該土地的直接耕作者，不如說是所有權者，也就是地主。換言之，地券是交到了地主手上。然後，藉著這個地券的發行，重新檢查了全國的土地，並且留意有無未登記及偷偷耕作的土地。

不過這個地券除了土地的位置、地號、面積、所有者姓名之外，上面還記載了地價。這個地價是所有者以買賣為前提而申報的。因此，地價會隨著地主預期上的不同，有過低的價格，也有反過來申報過高價格的。明治五年七月的大藏省命令中就提到地價需符合「方今適當之代價」。由於貢租仍是維持原狀，因此可以說滿腹疑惑是理所當然的。不過，福島正夫的《地租改正》一書中提到，這個過渡性質的壬申地券的發行使得「地方官吏深刻地認識到以往貢租制度中的不合理性，以及徹底改革的必要性」，結果是令「他們的租稅思想型態有了根本上的轉變」。於是在經過地方官吏集會後，便迅速地推動地租改正。

地租改正的最大目的，在於確立明治政府的財政基礎。也因為這樣，這個地租改正是否意味著封建土地所有制的解體，或者是說該如何理解地租及佃租的性質等，這些問題都與明治維新的性質有關係，而成為日本資本主義論爭的一個爭論焦點。

廢藩置縣後，明治政府集中了之前幕藩領主的領有權，成了統一的土地領有權者。關於貢租＝租稅改革，已於版籍奉還前後就有在討論，而一方面是幕末以來對於租稅過重表示不滿的農民一揆，另一方面是為了克服歲出增大的內部矛盾，再來還有為了建構出能與萬國對峙的強力統一國家，徹底的財政改革是不可避免且重要的課題。

因此，取代舊租法的租稅改革新構想，從廢藩置縣前後就日益增多（神田孝平的〈田租改革建議〉是明治三年六月，陸奧宗光的〈田租改正建議〉為五年五月等），這些改革案是以國內稅制改革及海關稅制改革（保護關稅）這二者為基礎。後者現在已經被納入世界資本主義的一環之中，並以確立進出口的〈保護稅則〉為目標。從當時的狀況來看，是沒辦法對海關稅本身有多大期待的。所以趨勢上，稅制改革的中心就不得不是國內稅制的改革。但是儘管如此，現實中也沒有地租以外的其他可能收入，所以當然還是以地租改正為核心（參見表39）。

背負著矛盾的改正

不過，廢藩置縣已將之前紛紜雜沓的租法內容的複雜程度，完全暴露在農民之間。這是因為置縣後，合併了之前的幾塊藩

表 39　國稅總額與地租、海關稅，及其他的比率

項目／年	國稅總額	地租總額比率	海關稅總額比率	各種稅總額比率	備考
明治 8 年	千円	%	%	%	
(1875)	57,025	88.2	3.2	9.8	地租改正事務局開始活動
〃 10 (1877)	47,041	84.6	5.0	11.1	減租之詔及布告
〃 13 (1880)	53,839	78.7	4.9	16.5	地價 5 年間不變的布告
〃 15 (1882)	66,125	65.5	4.0	30.4	通貨緊縮影響顯著
〃 17 (1884)	65,055	66.8	4.2	29.0	《地租條例》公布
〃 20 (1887)	66,255	63.6	6.2	30.1	《所得稅法》公布
〃 23 (1890)	65,730	60.4	6.7	32.9	最初的資本主義恐慌

（註）依丹羽邦男〈地租改正與農業構造的變化〉（《日本經濟史大系》5，近代上）所收表作成。
備考為新加入。地租、海關稅、各種稅總額的比率（%）皆為與國稅總額相對

地，或是反過來加以分割，使得農民自己能夠去瞭解租法的異同，及比較租稅的輕重。甚者，農民商品經濟的發展也迫使以往的租法出現破綻。這個時期的政府舊租法儘管努力地增收年貢，但在農民這邊抵抗的影響下，貢租收入反而還出現減少的傾向。

於是，在這樣的過程中，推行了明治四年（一八七一）七月的田畑勝手作譯註五及五年二月的土地永代買賣譯註六的解禁，還有剛剛壬申地券的發行等一連串的土地制度改革命令，但相較於這些改革命令從一開始就認可了資產階級的發展方向，還不如認為是作為當前稅法改革的前提而頒布的。所以當時的政府內部裡頭，帶著保守及革新兩派各式各樣目的的地租改正方法，正在互爭長短。

明治政府為了成為近代統一國家與萬國對峙，除了採行與先進資本主義國家相當的近代租稅體系以外別無他法。不過，問題在於作為創立稅目前提的國內商品經濟發展程度，以及岩倉使節團也無法突破的不平等條約下的進出口現狀，到底是否能充分地滿足近代租稅體系的前提要件。

譯註五：德川幕府採行的是石高制的米本位經濟體系，所以於寬永二十年（一六四三年）頒布了禁止農民在應耕種稻米的土地上種植其他商品作物，即為「田畑勝手作禁止令」。

譯註六：於寬永二十年頒布，禁止農民私自買賣土地。

還有，政府仍在支付舊大名及家臣團的俸祿，而且殖產興業的推動及軍隊和警察的創立，還有學制及其他開明政策的實施，如果這些都使得財政的支出增加變得不可避免的話，對於這些目標與稅制改革之間的矛盾就顯得無能為力了。而一肩挑起這個矛盾的地租改正，便作為國內稅制的重點而登場了。

地租改正法

這個地租改正法是經過明治六年四月到五月間的地方官吏集會（大藏省主辦。府知事、縣令、權令、參事等地方官及議員六十六名，加上大藏省相關議員共計七十七名人員參加）後，於該年七月二十八日公布。所謂的地租改正法是指稱〈上諭〉、〈太政官布告〉、〈地租改正條例〉、〈地租改正施行規則〉，以及發送給地方官第一線人員的〈地方官心得〉，這些加起來合為一套的規定。

眾所皆知，其要點是(1)相較於之前的貢租是以土地的石高為基準來課徵，地租則是以地價作為課稅的標準；(2)稅率除了特別情況外，無論豐歉都為百分之三；(3)相對於之前的繳納實物（稻米），現為繳納現金；(4)地租由發給地券的土地所有者來繳納——若以教科書的口吻來說就是這樣。

當中的意圖及理念，是要一面維持不少於舊貢租的總稅額，一面確保定額的地租現金收入，藉由統一的制度來平均租稅負擔的輕重，保障地券所有者權利的同時，實現地租改正的目的。因此就不觸及事實上已經形成的地主及佃農關係。不如說是基於這樣的事實，才實施以地券所有者＝地主為基礎的地租改正。

這樣說來就簡單了。事實上歷史學家服部之總曾說這是「以實地技術學來貫穿首尾，令人驚訝且煞費苦心的作品。」還說「地租改正條令就像將棋名人出題的詰將棋譯註七，乍看簡單卻很困難，困難之中又藏著實際上很簡單的關鍵。以『近代性』的僥倖（紛れ）著法是絕對解不開的，不過順著隱藏起來的封建收租學的最佳著法看下去，就連僥倖著法的意義都會一清二楚。僥倖著法中最重要的一步的第六章規定物品稅，每超過二百萬 就降低同額的地租，並且約定最終地租甚至會降至百分一的程度。相對於此，第八章卻規定每五年要以這五年的平均米價來修訂地價，但這兩章的規定連一次都也沒有執行過就遭到廢除。如僅僅一次有執行過這些規定的話，大家就會覺得身為立法者的陸奧宗光欺騙後世學者專家這件事是相當稀奇少見的了。」（服部之總〈陸奧宗光〉）批評出這種諷刺的內容。

這個地租改正事業，於明治十四年（一八八一）六月時，以地租改正事務局（明治八年三月，設立於大藏、內務兩省之間。總裁是參議間內務卿大久保利通，御用掛是參議兼大藏卿大

譯註七：將棋的排局（在殘局基礎上加工編排而成的各種局式）稱為詰將棋。僥倖著法是指攻守雙方皆為下出最佳著法，但攻方仍然勝利的著法。原文「紛れ」的意思是僥倖。

隈重信，出任三等官的是大藏大輔兼勸業頭松方正義）的關閉而正式宣告結束。市區也一並施行，慢一步開始的林野改租則持續到明治十五～十六年。

那麼，這個地租改正實際上帶給農民生活怎樣的影響呢？以東北地方加藤家及關東地方的野口家為線索來看看吧。

加藤家與地租改正

加藤家是山形市南方約十七公里，山形縣南村山郡西鄉村大字高松部落（上山市）的一戶農家。西鄉村是北部及西南部約三分之二為山谷，東北部則為耕地的地形。加藤家在以《万日記控帳》為首的眾多史料中都留有記錄，而最大限度地利用這些史料並仔細地分析的，是大場正巳的《農家経營的史的分析》。現在，透過此書來還原明治初年加藤家的生活看看。

明治十年（一八七七）的家族組成如圖19所示。當時加藤家的耕作面積是水田一町二反八畝多[譯註八]，旱田三反多，總計一町五反九畝多（詳細為自己所有田地九反六畝多，佃耕地九畝，抵押田地五反四畝）。大場先生認為，明治十八年村山地方的一戶平均耕作面積約為八點四反，所以雖然耕地有四成是依賴別人的土地，但還是可以將加藤家的經營規模看成是「中農到中農上層」。

但是，這只是單就經營的耕地面積來看，實際上加藤家的農業經營中，副業的養蠶、製紙

蠶、製紙佔了很大的比重。現在，將明治五年與明治十一年的總收支，以比率來呈現看看（參見次頁圓形圖圖20）。可以發現，收支連同副業的比重都在緩慢地變大。耕作相關的農業經營比率則是相對地縮小，或者是沒有什麼變化。透過副業的影響，更加受到商品經濟浪潮的洗禮。

加藤家此時在高松部落是擔任消防組頭的職務（明治十四年受命。三〇年代時擔任高松村總代、西鄉村農會評議員等職），所以在部落上的地位也大概猜得出來。

譯註八：一町等於十反，一反等於十畝。一畝約為九十九點一七平方公尺，所以一町二反八畝約為一萬二千六百九十四平方公尺。

圖 19　明治 10 年加藤家族構成

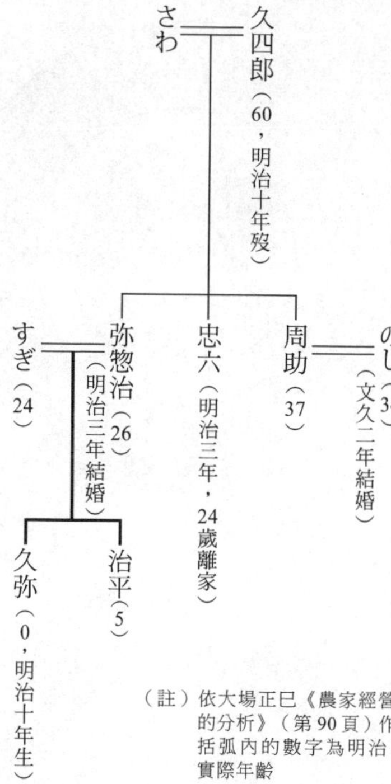

（註）依大場正巳《農家經營的史的分析》（第 90 頁）作成。括弧內的數字為明治 10 年實際年齡

表 40 加藤家地價、公租負擔（明治 11 年）

地價、公租諸負擔	金　額	對地價比率
明治 10 年地價	323 円 40 錢	—
地租	12.49	3.9%
村入費	46	0.1%
區費	2.30	
大區費	14	
其他	3.14	
計	18 円 53 錢	

（註）依大場前揭書第 68 頁作成。表中其他為地籍表調費、國道整備費、鄉社祭典、祠官給料等。並且明治 5 年的公租負擔為 4 兩與 11 貫 100 文

把以上的內容放在腦海中，接著來看稅捐的比率。

明治初年的平均耕作面積推測為一點三～一點五町，當中自耕及租佃地的詳細情形幾乎無從得知，所以可以當成耕作經營本身沒有太大的變化。儘管如此，剛剛圖表的明治五年與十一年的稅捐比率中，後者卻增加為三點五倍。而明治十一年稅捐各項負擔的內容，如前頁表40所示。其中三分之二是地租，所以這個比率的急速增加，就不得不看成是這段期間推行的地租改正（山形縣於明治九年夏天完成改正）的結果。而且，由於明治十年的所有地地價是

圖 20　加藤家的收支率

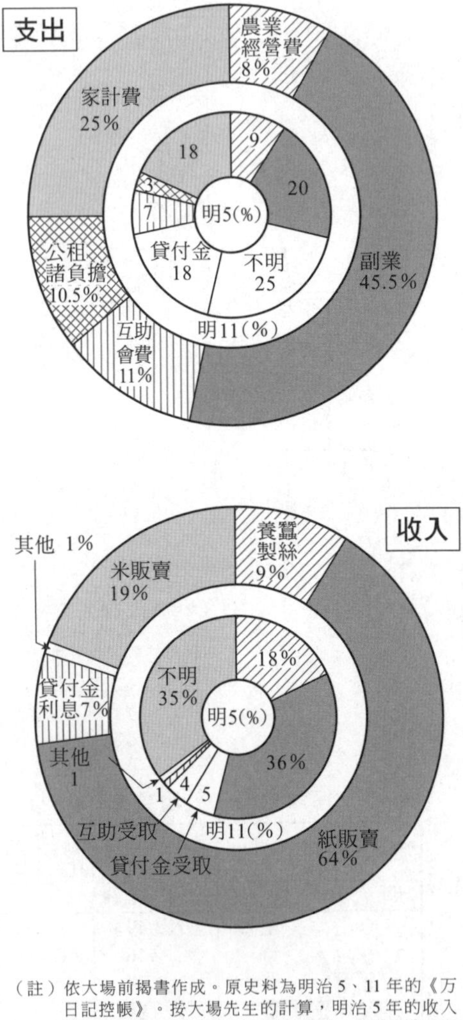

（註）依大場前掲書作成。原史料為明治 5、11 年的《万日記控帳》。按大場先生的計算，明治 5 年的收入額為 171 兩 2 分 1 朱與 294 貫 248 文；支出額為 150 兩 2 朱與 313 貫 797 文。明治 11 年的收支額，請參照第 355 頁表 41「加藤家、野口家的收支」

三百二十三円四十錢，而同年起的減租政策，將稅率降為百分之二點五，但這筆十二円四十九錢的地租金額，卻顯示出稅率不但沒有降低，反而遠超過舊有稅率來到百分之三點九（原因不明）。

山形縣整體的舊貢租為一百一十八萬五千九百七十八円，而地租改正後的新地租是一百萬五千六百七十六円，降低了百分之十五點二，但村山地方的舊貢租是四十一萬五千零四十七円，新地租卻是四十二萬四千四百零一円，反而增加了百分之二點三（永井秀夫〈地租改正與寄生地主制〉）。可以說增加的那一部分在加藤家身上表現出來。

野口家的情況

簡單地來看另一個野口家的情況。

這一家的經濟生活狀況在戶谷敏之的《近世農業經營史論》中有精闢的分析。位於東京郊外八王子西北方約四公里，大約快到武藏野，即將進入多摩丘陵處的野口家（當時地名為東京府南多摩郡川口村字犬目）是從「舊藩時代起就屬於官吏世族的家系，明治年間還當過村會議員」。

明治前期的野口家族是戶主由藏，妻子蔦，長男正造（明治九年生），次男哲次（明治十一年生）以及戶主的母親竹等五人所組成的。擁有約一町八反五畝的旱田（畑）及約八畝的水田，當中約七反的旱田是用來種植大麥及小麥。戶谷先生說這是「稍微上層的自耕農」。如同從次頁表41所記載的生活費收支，可以得知野口家與加藤家一樣都深陷於商品經濟的漩渦之中（加藤家的養蠶及製紙銷售所得約佔總收入的百分之七十三，而野口家的養蠶、製茶及織布所得佔了總收入的百分之四十二多）。

特別的是，野口家償還借款的部分佔了很大的比率。

根據戶谷的說法，野口家明治九年的稅捐各項負擔是明治四～六年的兩倍，基本地租的四円八十七錢二厘是幾乎沒有變化，而是新增加了會所村入費分攤金額及戶數稅（二円二十九錢九厘八毛）、小區村費分攤金額（三円二十九錢五厘）、學校資本金利息（五十四錢一厘五毛）等等費用。

不久，這個村落較晚也開始實施地租改正，明治十一年起課徵新地租。如表42所示，水田地租雖有降低，但旱田地租卻顯著地增加。地租改正後，變得必須支付約略兩倍的地租。

無論是加藤家還是野口家，由於處於商品經濟的潮流之中，比起農耕其他副業收入所佔的比率相當地大（兩家都受到開港以後生絲輸出大增的影響），以地租為首的稅捐，雖然沒有對生活費及經營費造成太大的負擔，但其絕對值的增加卻是相當明顯的。

最起碼單看這兩家的情況，可以清楚地瞭解地租改正非但沒有減輕稅捐上的負擔，反而是一直在增加。

表 41 加藤家、野口家的收支

	項目	加藤家(明治11年)	比率	野口家(明治11年)	比率	備考
		円 錢厘毛	%	円 錢厘毛	%	
收入	穀物販賣	46.33 (1)	19.4	9.0405	7.2	(1) 米販賣入
	養蠶	20.769	8.7	35.058	27.8	
	製紙販賣	152.885	63.9	—		
	植茶、織賃	—		18.2965	14.5	
	貸付金利息	16.06	6.7	.28 (2)	0.2	(2)「賃金受取」中是否有利息不明
	雜項收入	—		26.5762 (3)	21.1	(3) 地租改正調查日其他的公務收入，如富士代参料等
	借入	—		22.5	17.9	
	其他	3.215	1.3	13.7495	10.9	
	不詳	—		.5145	0.4	
	計	239.259 (245.980)	100	126.0152 (126.0197)	100	
支出	農業經營費	14.767	8.3	9.485	7.3	
	副業費	80.906 (4)	45.4	—		(1) 楮購入費
	家計費	45.036	25.3	52.038	40.0	
	公租負擔費	18.538	10.4	13.4983	10.4	
	互助會費	18.871	10.6	2.915	2.2	
	雜項支出	—		9.2879	7.2	
	負債支付	—		42.1335	32.5	
	不詳	—		.478	0.4	
	計	178.118 (179.477)	100	129.8357 (〃)	100	

（註）依大場前揭書第 63 頁及戶谷敏之《近世農業經營史論》第 484 ～ 6 頁作成。原史料為加藤家《万日記控帳》（明治 11 年）、野口家《万出入記帳》（明治 9 年）。「計」中的括弧為原史料資料

表 42 野口家因地租改正造成的地租變化

年＼田畑	田	畑	計
	円 錢厘	円 錢厘毛	円 錢厘毛
明治 10 年	1.678	1.7135	3.3915
〃 11 年	.97	5.866	6.836
增減	(−).708 (−42.2%)	(+)4.1525 (+242.3%)	(+)3.4445 (+101.6%)

（註）依戶谷前揭書第 484 頁作成。增減欄括弧內為相對於明治 10 年地租的比率

地租改正的作用及結果

不過，一般而言的話，地租改正發揮了以修正租稅來平均財富的作用，但增減過後的地租總額仍大致繼承了舊貢租的額度（請留意，加藤、野口兩家成為地租增加的例子是因為兩家在地租以外還增加了很多稅捐各項負擔。而這種各項負擔的增加成了各地一揆發生的原因之一）。縝密地分析地租改正的福島正夫《地租改正的研究》中，關於這一點提到明治八～九年（一八七五～七六）的時間點上，大體上「可以看到維新政權的地租改正構想大略地如預定計畫地實現，並且成功地維持了舊租額」。

根據該書的說法，地租改正導致的財富平均化，若是以地圖上的富山、石川、滋賀、三重連成的這一條線為界，將東西日本分開來看的話，包含這條線在內的西部是減租地區，東部則為增租地區。此外，從土地分類來看的話，農業及郡村住宅用地的租稅稍微減輕，市街住宅用地及山林平原則是從無稅地變為有稅地，總體上來看是維持著平衡的狀態。

於是，雖然土地稅賦的平均化是「勉強而為也要貫徹到底」，但就階層上看到的情形是，個別的案例另當別論，整體來看之前的偏差並沒有縮小，伴隨著現金繳納稅款的制度，反而替地主及富農打造了有利的條件。結論是「幕藩體制之下，以偏輕偏重為前提而扭曲地發展的地主制，通過地租改正而表現出全面性發展的展望。國家權力也看到了這點而推動此一傾向」。

以地租改正事務局七等官出仕，身負地租改正重任的有尾敬重，記錄著他晚年談話的《本邦地租的沿革》(一九一四)是一本相當有意思的小冊子。根據這本書，從別的觀點看到的地租改正又是什麼樣子的呢？

依照有尾的說法，舊幕府領地的舊稅整體上過低，所以地租改正將之提高。但與此相反地，大藩中的山口、金澤、福岡、熊本、高知、和歌山及鳥取七藩，則是「因改正而負擔減輕的人相當地多」。有尾的言下之意是大藩之中，這些藩的舊租實在是太過苛重。而緊接著又提到小藩的舊租比起大藩還來得更為嚴苛，從這段敘述來看，是在說小藩的舊租才是最應該必須減輕的。但實際上到底有沒有變成這樣呢？

有尾說：「剛開始進行時是有點斟酌情況而令稅賦變輕。但到了中間，各種的調查也變得縝密了起來，也看清楚了真正的情形，於是就制定了相應的稅賦。後來的縣份則是因為社會上民心變得多少有點討厭地租改正，因此之後的稅賦就有稍微降低的樣子。也就是說，一開始是輕稅，中間變重，之後又降低的感覺。」

雖說有一些特殊條件在，但地租改正最快實施的是山口縣，而最慢的是鹿兒島縣。這件事與有尾的話合起來看的時候，就沒辦法斷言當中沒有一定的政治考量(有尾說，與山口縣同樣為早期實施的宮城縣的租稅是「沒有這麼低的」)。所以必須承認，地租改正也還是政治色彩極其濃厚的藩閥政治的一環。

收穫、米價、利率

再一次回顧個別農家的稅捐負擔吧。

這個地租改正的關鍵實際上在於地價的計算。剛剛的有尾說，地價的計算中存在著收穫、米價、利率的「三要素」。

所謂的收穫「與實際收穫量不同，而是假定收穫量，也就是土地等級應有的收穫量，並於認定村落方面申訴之收穫量為應當水平後加以修訂。若對此無任何異議則視同接受」。根據〈地方官心得〉第十二章的檢查範例，田地一反的稻米收穫量（或租佃地的場合為佃農米）乘上米價後，從中扣除稻種費、肥料費（上述佃農米的情況則沒有這項）、地租及村入費（地方費）後得出年間收益，而這年間收益用百分之六（上述佃農米的情況是百分之四）的利率來做資本還原後的數字就是地價（參見次頁圖21）。換句話說，就是從等同一反土地淨利的收入中，算出應該持有多少資本，並將此資本額視為地價。

不過，從剛剛粗收益中扣除的，只是作為農業經營費用的稻種費及肥料費。檢查範例中，這是粗收益的百分之十五。那麼來看看先前加藤家及野口家的情況。

加藤家的農業經營費，約為穀物販售收入的百分之三十二。野口家的情況則是約為穀物販售收入的百分之五十七（米糠費用若不包含在經營費裡面的話是百分之三十三）。無論是哪一邊，農業經營的必要經費，都不可能像是檢查範例那樣的百分之十五。此外，在檢查範例中，像是加藤、野口兩家看得到的農具費用及工資也都是零。農具購買費及好修理費用這類必要經費都沒列入，檢查範例是以空手農民徒勞工作的情況來做計算的（參見表43）。

圖 21　檢查例算式

收穫代金為 x，地價為 P

檢查例第1則（自耕地）

$$P = \left(x - \frac{15}{100}x - \frac{3}{100}P - \frac{1}{100}P \right) \div \frac{6}{100}$$

（地價 850%）（收穫代金 100%）（種肥代 15%）（地租　地方費 34%）（利率）

自耕農取分…… 100－(15＋34)＝51%

檢查例第2則（小作地）

$$P = \left(x - \frac{32}{100}x - \frac{3}{100}P - \frac{1}{100}P \right) \div \frac{4}{100}$$

（地價 850%）（收穫代金 100%）（小作農取分 32%）（地租　地方費 34%）（利率）

地主取分…… 100－(32＋34)＝34%

（註）依有元正雄〈地價算定方式〉（《日本歷史的視點》）作成

表 43　加藤家、野口家的農業經營費與比率

家(金額)／費目	加藤家（明治 11 年）	野口家（明治 9 年）
	円 錢厘毛	円 錢厘毛
農具費	3.337	.555
種苗費	.45	.06
肥料費	1.18	1.40
諸材料費	2.601	(2.1775)
勞資	7.199	1.0025
計	14.767	5.195 (3.0175)
穀物販賣收入	46.33	9.0405
相對收入的經營費比率	31.9%	57.5% (33.4%)

（註）依大場前揭書第 63 頁及戶谷前揭書第 486 頁作成。野口家的農業經營費為第 355 頁表 41 的 9 円 48 錢 5 厘中，扣掉認為是副業費的金額。諸材料費為米糠費，計以及比率內的括弧數字為減去這些費用的數目（米糠費是作為農業經營或副業使用不明）

米價也有問題。這是因為稻米的行情會有波動。因此，會隨著在不同的時間點上開始的地租改正事業，而讓計算標準也跟著不同。一般來說，會是從明治三年～七年為止五年間的平均額，但這個的地域性差異也很明顯。根據剛剛的《本邦地租的沿革》來看的話，米價平均價格最高的縣份是群馬縣，為五円四十四錢；最低的是若松縣（日後福島縣若松地方）的二円五十錢，兩者之間有這麼大的落差。因此，一縣就有一種標準米價的話，那麼因土地交通便利與否，就會出現兩種或四種不同的價格。最嚴重的地方會因郡別有所差異。位於前文米價最高的群馬縣及最低的若松縣之間的栃木縣情形，就是有尾引為實行上最困難的例子。反對地租改正一揆的原因之一，就在於這個米價標準的變化。

創造出來的地價

檢查範例中的百分之六（或為百分之四）的利率也比實際上來得低。

這樣一來就可以瞭解，地價是創造出來的東西。而這正是明治六年十二月大藏省規定出地價百分之三的稅率時，為了「不減舊來歲入之目的」而必然產生出來的操作手段。形式上，當初的辦理手續是採行農民申報與地方官當局雙方同意的方式。但在實施過程中，放棄了這種申報＝同意的方式，而以當局這邊的估計量，配合著當地生產力及條件的不同，來規定土地等級、村位及郡位，並且根據這些等第來組織性地分配下去的方式，成為了基本做法，大概也是理所當然的吧（這個方法表示出的村落平均每反收穫量，被稱為「御示反米」，而農民這邊稱之為「強加反米（押付反米）」）。

再一次引用有尾的話：

> 關於以前文三要素逐漸地完成調查的土地，於官方計算出整個村落的地價之後，再蓋上同意的印鑑。當時為了讓世人便於瞭解，還加上了舊地租額及新地租額作為對照，即便他們對此表示不滿，仍以「改正前及改正後的稅額比較就是如此，趕快給我同意」的態度來催促他們簽字。儘管如此，還是會出現我的村落不可能有這麼多的收穫量，請降低一成五左右，不然只好從事不法等等各式各樣的抱怨，不過卻很難得到官方的同意。
>
> 地租改正事業中最為困難的就是在要取得這類同意印鑑的時候。到了這個階段後，不管出現怎樣的不滿，都會跟他們說，這樣的話請你們體諒，降低額度是怎樣都辦不到的。假如是同意修改，就會說至今好不容易才制定的東西卻給你們破壞掉了，因此就現在這個季節，縱使動用些許權力也一定要強迫你們接受。然後在這個時候，為了讓農民們同意的權宜之計，就是不停地到處宣揚地價五年一改這件事，並說現在雖然有點辛苦，但這不是永遠的地價。陛下認為這是適當的地價才實施的，而且就五年的時間。若是這個地價真的是與事實不符的話，五年過去之後總是會做出處理的。要忍耐的就是這五年而已……。

身為改正事務局的一人，舔一下土壤就知道該地地價的超級老手有尾，因為他那實際上處於第一線的言詞，才更具有真實感。

忍耐五年之後

但是，忍耐五年之後，政府做了什麼呢？

明治十三年（一八八〇）五月的第二十五號布告已經決定好這五年，也就是到十八年之前的地價。這預期到西南戰爭後的通貨膨脹會引起米價暴漲，所以加大了修正後的地租金額，不過不能忽略反對地租改正的自由民權運動造成巨大壓力這件事情。布告的但書中提到，只有府知事及縣令的呈報地區，能以一町村或是一郡區為限進行特別修正。並且於明治十七年三月公布〈地租條例〉（太政官布告第七號）。當中的序文若無其事地強調，之前的地租改正法與此條例相牴觸者，皆全數廢除。

地租率減為百分之一的公約，及五年一改條款都消失了。正當需要修正地價的時候，卻只留下了「應事先布告其旨」的這一句話。撕毀這條公約是政府意識到「有太多問題必須要在變得複雜之前來處理」，所以採取「在不過於引人注目之下銷毀之前改正法」的手段（有尾前揭書）。不難推測政府掛念的，應是明治十五年以後接連不斷越演越烈的各種事件。

林野改正將之前農民共同入會的土地，及提不出個人所有證據的山林及平原等地，全都歸為政府所有。此外，地租改正費用則全由農民自己負擔（參見第三五一頁的表40）。因為地租改正完全沒有觸及地主及佃農之間的關係，所以佃農的生活還要承受從地主轉嫁而來的負擔，生活上並沒有變得比較輕鬆。

現金繳納地租的方式，實際上也逼得中下層的農民，不用說稻米，甚至必須賣掉土地來繳納稅金。西南戰爭前後隨米價暴漲而來的利潤，最後還是到了從容的地主及富農，還有將能變賣成現金的稻米一手壟斷的政商身上。而之後的通貨緊縮，更加促使農民解體，推進了日本資本主義的原始積累。

於是，法律承認農地的私有權，以及全國統一地強行推動舊貢租轉換為現金繳納地租的這個「令人驚訝且煞費苦心的作品」＝地租改正，其結果是開拓出日本形成寄生地主制的道路，成為形成日本資本主義特質的一部分。

第十章

「文明開化」的內幕

一、未解放的解放令

娼妓解放令

明治五年（一八七二）十月二日，明治政府以太政官布告第二百九十五號發布了〈娼妓解放令〉。這是禁止娼妓——也就是公認的賣春婦等契約勞工的人口販賣行為，解除她們的債務，將她們解放出來的命令。

這件事情的開端是秘魯籍船隻瑪麗亞·路斯號（Maria Luz Incident）事件。這艘船載滿著買來的中國苦力。而為了修理船隻，該船進入橫濱港時，逃亡的苦力向英國軍艦求助，並在日本進行審理。日本這邊裁定釋放苦力並送還本國。秘魯政府對此表達抗議，並反駁日本也在從事販賣人口行為，指出吉原及各地遊郭譯註一的存在。手忙腳亂的明治政府，因此頒布了前文的〈娼妓解放令〉。據說娼妓們一起將行李裝到車上回到家鄉，吉原等地也付之一炬。

所以這個〈娼妓解放令〉至少不是自發性的行為，更不用說這一點都不是認同娼妓的基本人權而頒發的命令。娼妓等人的僱主，是不能向她們要求歸還債款，但政府說這句話的場合，是在說娼妓等人是「喪失人身權利者，與牛馬無異。沒有人向牛馬要求歸還財物的道理。」所以可以說，講起政府的人權感覺，一開始就知底細有多少。因此，連退路都老早就準備好了。

因為是當事人希望的結果，所以對這句話就不多作計較了。

要是北海道這個維新的社會邊緣人集散地，這件事就變得更為奇怪了。現在的北海道廳的紅磚廳舍中，收藏著開拓使時代眾多的貴重公文。根據其中一件的內容，開拓使好像對這個娼妓解放令表現出相當大抵抗的樣子。一開始以道內是相當特別，所以希望這項命令在北海道能作為例外，但一知道行不通後，這次就公布了四條的規則。當中提到解放後也沒有棲身之所的人，但仍願意待在舊主及債主處的話，在與出資者商談過之前的欠款後，可以用服務期限的形式來償還債務，是「不悖情理且寬大地」。

北海道廳總務部行政資料課的鈴江英一（二〇〇二年時為國立國文學研究資料館史料館長）提到：「究竟娼妓們是如何簡簡單單地還清債務呢？司法省的布達應該將欠債一筆勾銷了。不悖情理且寬大地交易買來的娼妓，僱主是不會傻到放她們自由的。就連函館支廳都指出其中的矛盾。說要取消這個的指示是不可能會從東京辦事處（開拓使實質上的本廳）發出來的，這個起草文。」（北海道總務部行政資料室 編《紅磚瓦（赤れんが）》第十一號），之後介紹上述的公文。結果是這個辦法在運用面上得到默許，而要官員們瞭解北海道「實情」的黑田清隆開拓次官的意圖，則是用紅筆添加了上去。原則與現實的悖離一清二楚。

譯註一：「吉原」為江戶時代公開允許的妓院集中地，位於現今東京都台東區。「遊郭」是集中官方認可的遊女屋（妓院），並以圍牆、水溝等包圍的區塊，目的在便於維持治安及風紀。

因此，明治初年的布告及條例等等的文言文，若沒能充分地理解到這樣的事實，而被其字面上的開明性所吸引，就說不定會誤解其本質了（會出現這樣開明的法令條文是迫不得已的，而且原則與現實悖離的這一點，實際上也是日本近代化特質之一）。

解放令的內幕

提到原則與現實的悖離，明治四年（一八七一）八月的「穢多」及非人的解放令（太政官布告第六十一號）也是如此。這是指廢除了「穢多」及非人這類江戶時代社會階層外的身分稱呼，並視同平民。

在這項法令頒布之前，其背後有著遭受歧視的部落人們長期奮鬥的歷史。早在幕末時期就出現了各種各樣形式的解放論，也有像大坂渡辺村的村民那樣，向幕府上繳貢奉金來換取消除「穢多」名號的訴願。前文提過的第二次征長時，長州藩的一新組及維新團（參見第八七～八八頁）也是其中之一。明治三年時，山城國（今京都府南部）蓮台野村的年寄元右衛門等部落村民，遞交了身分晉升請願書，懇求社會地位的解放。

這個請願書的前一年，也就是明治二年四月二日午後，公議所內針對修正里程數的議案而鬧得沸沸揚揚。由於里程數因地區而沒有固定的計算標準，所以該議案想要將一里定為三十六町，但議案中還包含了下面這個問題。也就是之前「穢多」部落是不算在里程數內的，所以現實上即便該處有部落存在，地圖上也會當成是不存在地來計算里程數。當時身分歧視的真相清晰可見。

所以說這不合理是理所當然的，但與此相關，會議上也表明了「穢多也同為人類」（飫肥藩議員稻津濟）、「穢多也應如平常人同樣對待」（高崎藩議員長坂鉄之助）這類看法，以及若是他們想成為農民商人，只要提出申請即可（前橋藩議員四天王兵亮）等的意見。議案於五天後通過，表決結果是贊成一百七十二位，反對七位，中立六位以及沒有意見的十三位。

此時，會計官權判事加藤弘之（當時名為弘藏）於公議所提出了「非人穢多廢止之議」的議案，強調不以人來對待非人及「穢多」是「違背天理」的，而且在面對外國時也會覺得羞恥。

這位加藤以《真政大意》（一八七〇）及《國体新論》（一八七四）等書，對於以歐洲直接引進的天賦人權論為基礎，國學家之流的國體論進行了徹底的批判，並且明快地敘述人民的自由權利，上述的議案也是這種想法下的產物。不過，另一面的他卻對明治七年的民選議院設立建言書，以尚早論＝愚民論來加以反對。而且，明治十四年時中止上述兩書的販售，並且以達爾文的進化論為基礎，開始主張人權並非天賦，適者生存的「優勝劣敗」才是真理。他這樣的經歷不是努力讓現實向基本原則靠攏，而是在現實面前連基本原則都放棄了，不然就是與明治政府因現實而改頭換面的基本原則同軌而行了。

「一君萬民」的「平等」

然而，卻不能漏掉這個基本原則的「四民平等」是內藏著以下的內容。

於橫河秋濤所寫的《開化的入口》（初編一八七三，二編一八七四）中，登場的是代表「文明開化」的開化文明（原名文太郎）及其友人西海英吉，還有對這些年輕人瘋狂崇拜「文明開化」而感到不悅的文明之父遲川愚太夫及安樂院鈍念。這些人之中，英吉四處宣揚江戶時代那種「把人們像天子、將軍、大名、旗本、直臣、陪臣一樣的順序排在寬梯上頭，而普通老百姓之下還有非人、乞食、穢多、番多譯註二等等，分成好幾層品第」的體制，已經被「王道復古的政治」所打破，現在的時代是「陛下一人，底下萬民皆等同於陛下之子，就連穢多也不是長著尾巴的，有繳納年貢的話，就同樣為天子之民，等同於陛下之子。」

維新的「四民平等」，實際上是「一君萬民」，也就是「陛下一人」＝天皇，與「萬民」＝平等的組合。這也是天皇與公議結合起來的支配思想的另一種表現。

於是，這個打著「平等」的旗號，大家口中的解放令，也就大致能夠推測出它的未來走向。事實上，滋賀縣某個部落的情形中，該項布達就被刻意拖延到來年的六月，在部落村民到縣廳申訴後才抵達。此外，在奈良等縣，雖然布達一度傳達到了部落，但卻被告知「這要延後五萬日」（五萬日等於一百三十七年）。一般民眾也反對和被歧視的部落村民變得「平等」，這也被列為一揆的口號之一。

解放令一方面打著瓦解幕藩體制，創造天皇制的旗號，另一方面實質上卻去掉了最重要的部分。部落的人們被改名為「新平民」，戶籍上也註記著「舊穢多」、「新平民」等字樣，暗地裡與一般民眾區分開來。此事隱晦地留下了深遠影響的同時，之後也像詛咒一般持續地束縛著人們。

二、學制與文明開化

學制的實施過程

明治四年（一八七一）七月，設立了文部省，五年八月頒布了〈學制〉（太政官布告第二百一十四號，也稱為〈學事獎勵相關序言〉（学事奨励に関する被仰出書））。學制上企圖仿效歐美的大中小學區及學校制度（全國分為八個大學區，各大學區再分為三十二個中學區，各中學區則分為二百一十個小學區。大學區內為大學校，中學區內為中學校，小學區內為小學

譯註二一：亦稱為「番太」。江戶時代被僱用負責夜間警備、巡視火災、水門的人。多為非人身分。

校，各個學區都設立一所學校）。而且，無華士族、農工商及婦女之別，於是「邑必無不學之戶，家必無不學之人」。還取代儒教的學問觀，強調學問是「立身之財本」這種個人中心的實學主義，並藉此來鞏固國家「富強安康」的基礎（明治五年日月不明，由文部省給太政官的請示書）。

不過，一目瞭然地這是紙上談兵，一旦放諸實行後，馬上就會四處碰壁。實際上實施學制的過程中，不得不以之前的寺子屋譯註三及私塾，或者是鄉學校（地方熱心人士設立、維持的學校）等作為基礎，就學率於明治六年時，男女平均約為百分之二十八（男生百分之四十，女生百分之十五），到了明治十一年也才不過百分之四十一（男生百分之五十八，女生百分之二十四）。青森縣弘前於明治七年建校的和德小學校的情況中，學生全為男生，女學生一個也沒有，說是「看到入學學生的家庭，以士族及商人佔壓倒性的多數，百姓、工匠的子弟則是幾乎沒看到。」（千葉壽夫《明治的小學校》）

即便是上述的就學率，具有學籍的人也不是全部都會去上學（實際上的出席率約為學籍者的百分之七十），真實情況中的就學率是更加的低，明治十一年時，也只不過是學齡兒童的百分之三十而已。學校的建築、維持費用也是由居民來負擔（文部省的補助金額於明治六年約為百分之十三，此後為百分之十以下），學制還規定學費是每月五十錢或二十五錢的高價位，這當然會引起民眾的反彈。而這個時候的一揆會把學校當成攻擊對象也是因為如此。實際上可以收到的學費則因地區及學校而有差異，大略為一錢到兩錢左右（仲新 監修《日本近代教育史》）。

明治七年二月的《民間雜誌》（慶應義塾出版社）中，福澤諭吉門下的中上川彥次郎曾說：「不將人們的空腹放在心上，徒然設立學校，鼓勵讀書，又會有什麼作用呢？」並強調「當務之急是讓一般人民豐衣足食，以此來興辦教育。」

這些學校中的教科書，比起以往使用的往來物譯註四，就如同被稱之為翻譯教科書時代，普遍地使用先進各國書籍的翻譯，及改編作品或者是介紹。福澤諭吉的《西洋事情》及《勸學》等就是其中之一。

教科書與地方文化

可是，這些教科書的出版傾向，透露出頗有意思的事實。仲新的《近代教科書的成立》中，彙整了明治前期約兩千八百種教科書的調查結果。根據資料顯示，出版件數於明治六年（一八七三）時倍增到兩百零九件（前一年為一百零一件），而於明治九年的兩百五十九件達到高峰（參見次頁圖22）。

譯註三：江戶時代讓平民百姓接受教育的民間設施。寺子屋的稱謂多半使用在京都、大阪、伊勢近畿地區。

譯註四：往來物指平安時代到明治初期為止的基礎教科書，平安時代多以公家往復書簡為範文，江戶時代後也加入許多農耕、商業相關知識。

圖 22　明治初年的教科書出版傾向

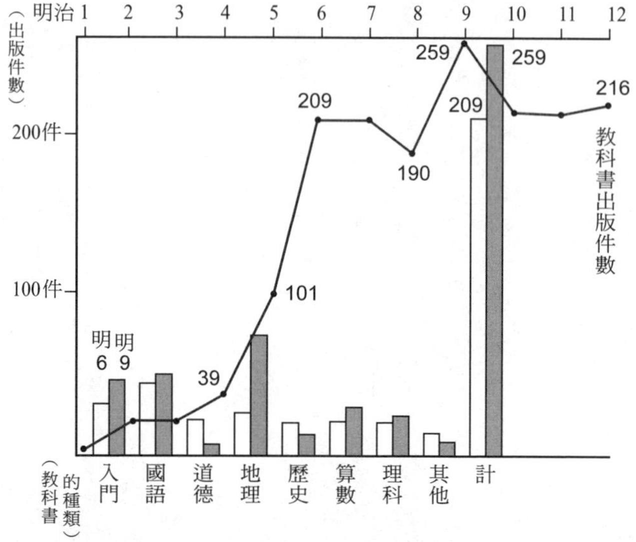

（註）依仲新《近代教科書的成立》（第 167 頁）作成

國語（入門書中一半以上是與國語相關）及地理的教科書最多，歷史相對來說比較少。國語科目中又以作文、習字的教科書最多，地理則是地方誌最多。明治九年被明治政府聘僱為東京醫學校內科醫學正教授、二十八歲的貝爾茲（Erwin Bälz），在那一年十月二十五的日記中寫到：「現代的日本人關於自己本身的過去，已經什麼都不想知道了。非但如此，有教養的人還以此為恥」（菅沼竜太郎 譯《貝爾茲日記》）。歷史教科書較少一事和日記提到的內容並不是毫無關係。當時記載於府縣小學教則上面的歷史教科書，萬國史（日本以外的外國史）相對地比較多，大概也是因為這個緣故吧。（參見次頁上面的表44）

出版地當初是以東京佔大多數，但漸

漸地大阪、京都及其他地方出版的教科書也變多了，明治七年以後還達到了半數以上（參見右圖23）。而這裡提到的其他地方是指名古屋、金澤、甲府、靜岡、栃木、福岡及新潟等地。這樣看來，或許可以說這些地方是舊幕府時代積累了高度文化遺產的地區。

當然，模仿東京編纂的教科書後，再於地方上出版的也很多，所以很難一概而論，但仲新的書中還指出：「明治前期的教科書，通盤地來看地方性是極為濃厚的。」而這句話的背後透露出，縱使新政府如何地在政治上集中權力，文化層面上也沒辦法將具有悠久傳統的地方色彩

表 44　小學教則揭舉的歷史教科書總類

級	種別＼年次	明治 8	明治 9	明治 10	計
下等小學	日本史相關	8	21	12	41
	萬國史相關	9	21	12	42
	兩者皆包含	7	2	—	9
上等小學	日本史相關	5	19	13	37
	萬國史相關	3	12	10	25

（註）依仲新前揭書作成。「學制」中下等小學、上等小學皆為 4 年期。下等小學畢業後進級上等小學

圖 23　明治初年教科書的地方別出版傾向

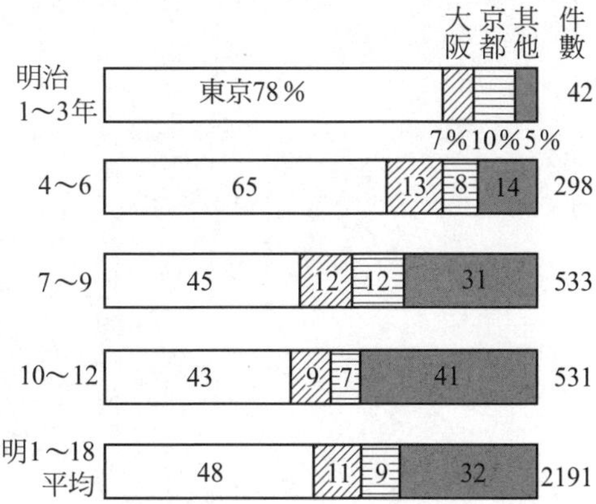

（註）仲新前揭書（第 168 頁）作成

與圖22出版件數的差異，乃因調查未完及出版地、出版年不明者剔除之故

給一併集權化。不對，應該可以說是地方上形成了獨自的文化。

基督教的信奉也是原因之一。前面提過對於天主教解禁，新政府是採取循序漸進的模式來處理。基督教是由士族及青年階層，特別是佐幕派或是錯過維新的藩子弟們首先信奉。這就像是山路愛山（一八六四～一九一七）在他的《現代日本教會史論》一書中所提到的，基督教成了那些處於「逆境」及「失意遭遇」之中，對「浮世繁華」及「俗世地位」毫不奢望的人們的信仰。主要是接納新教，而當中清教徒的思想與士族精神相結合。

橫濱、札幌、熊本的三個佈道團（バンド）最為有名，其中之一的熊本佈道團於明治九年一月時，有三十五位（也有一說為四十位）青年在熊本郊外花岡山上宣誓信奉的決心。他們於晚年被評價為「養成人材以備第二次之維新，企圖以此於他日將勢力擴張至中央」（小崎弘道《日本基督教史》）。很清楚地當中表現出了戰勝第一維新及與「中央」相抗衡的態度。就是因為這樣，他們擴大傳教後，隨之而來的是冷眼相待及箝制。

明六社的特徵及性質

在明治政府腳下的東京鼓吹「文明開化」的是明六社（於明治六年發起，故名為明六社。學會刊物《明六雜誌》於明治七年三月創刊，八年十一月的四十二號後廢刊）。明治七年二月明六社正式開始運作，當時的十名成員如後頁的表45所示。關於這個明六社成員的「社會學特徵」，日本近代思想史家植手通有指出了以下的幾點（植手先生認為表中的森有禮比起作為學者，不如看成是位政治家，所以不予探討）：

(1)除了箕作麟祥以外，大都生於一八二〇年代～三〇年代中葉，並於嘉永六年（一八五三）的培里來航時正要邁入青年時期。明治元年（一八六八）時，正值三十歲到四十歲出頭精力充沛的年齡。

(2)大致上都出身於下級士族，在批判封建身分制度的同時，雄心勃勃地想要出人頭地。

(3)修習儒學，但之後致力於洋學（東洋傳統思想與西洋近代思想之間的緊張意識）。

(4)他們大多開創了一條從兵學進入蘭學，又從蘭學轉換成洋學的道路。

(5)在幕末的最後階段，他們作為幕臣任職於幕府的洋學機構，或是擔任翻譯方的人很多。

(6)到幕末為止，去過西方增長見聞的人有半數以上。

——一共以上六點（植手通有《日本近代思想的形成》）。

植手先生專注的，是明六社與維新政治領導者的差別，而這些明六社成員所描繪出的構想，是由薩長為中心的政治領導者來實現的，所以還說到：「被明治維新推翻的幕府，在決定維新後日本的道路上，作出比倒幕派各藩更多貢獻的弔詭是成立的。」希望讀者能想起先前第八章〈內務卿大久保利通〉中，提到的舊幕臣階級的作用。

可是，擁有這種特徵的明六社性格，可以用下面這段逸聞表露無遺。箕作麟祥於《万國叢話》第二號（明治八年十月）中，發表了一篇〈國政轉變之論〉的革命肯定論文章。由於政府的大師都支持這樣的意見，所以民權派人士便於《評論新聞》第四十號（明治八年十一月）中，大大地介紹了這篇文章，並奉承附和文章的見解。因此在政府內部掀起了批評輿論，一時之間還涉及到箕作的去留問題。但是，「箕作的意涵並不是在認可革命並支持激進的民權論，而是從啟蒙的精神來提到也有這樣的意見存在」——如此說明的大久保利謙，定義明六社的性格是「官僚自由主義」（引自〈解說〉，《明治啟蒙思想集》）。

一般可以說「官僚」與「自由主義」是相反的概念，而雙方結合起來就成了明六社的性格。因此，明治七年的〈民選議院設立建言書〉被提出來的時候，加藤弘之、森有禮及西周主張反對論，津田真道表示贊同，而西村茂樹表達同意的同時，則是問到「措施方法」為何。而且，即便是贊成論者，也不是就會參加之後的民權運動。果真是

表 45　明六社發足當時的成員（明治 7 年）

氏　名	父(含養父、組養父)的身分	生　年	A	B
箕作秋坪	津山藩醫（養父）。50 石後 30 人扶持、50 兩	文政 8 年 (1825)	29	44
西村茂樹	佐野（佐倉藩支藩）藩士。150 石後 200 石	文政 11 年 (1828)	26	41
杉　亨二	長崎庶民（町醫者）	文政 11 年 (1828)	26	41
西　周	津和野藩醫。100 石	文政 12 年 (1829)	25	40
津田真道	津山藩士（御料理人）	文政 12 年 (1829)	25	40
中村正直	幕府御家人。30 俵 2 人扶持	天保 3 年 (1832)	22	37
福澤諭吉	中津藩士。13 石 2 人扶持	天保 5 年 (1834)	20	35
加藤弘之	出石藩士。220 石後減半	天保 7 年 (1836)	18	33
箕作麟祥	津山藩醫（父的養父）	弘化 3 年 (1846)	8	23
森　有禮	鹿兒島藩士	弘化 4 年 (1847)	7	22

（註）依植手通有《日本近代思想的形成》作成。A、B 各為培里來航、明治元年時的虛歲

「官僚自由主義」。

明六社在明治八年政府頒布了《讒謗律》及《新聞條例》使得言論統制變得嚴格後，提出了「屈節」或「為政府之罪人」二選一的選項。最後是選擇了與前者相近的第三條道路，中止了學會刊物《明六雜誌》的發行，並解散明六社。由於明六社的性格，這也是理所當然的做法。

「文明開化」與「富國強兵」

明治六年三月二十九日，柏林東南方約一百五十公里的薩根市（Zagan），井上省三在這裡寫給養父的信中，是這樣說的：

> 在我朝，連三尺童子口中亦曰文明開化，雖言此乃富國強兵之術，但於歐洲，尋訪文明開化結於何樹之上者，少矣。（木代修一編《井上省三傳》）

井上日後成為東京千住製絨所所長，並且是日本毛織物製造的先驅者，而他的這封信頗具意涵。這封信在說，在日本就連一百公分高的小朋友也把「文明開化」與「富國強兵」當成是一樣的東西在說。不過在歐洲，像日本這樣認為「文明開化」是長在某棵樹上的果實並且到處尋找的人很少。

首先，培里來航的時候，相較於美國這邊藉著展示火車模型及機械類來誇示文明程度，而透過扛著沉重米俵的相撲力士，還有進行相撲比賽來展示強大力量與之抗衡的幕府所象徵的，是歐美與日本之間文化異質程度的巨大落差。再者，為了一口氣填平這道鴻溝，明治政府的意圖中散發出來的特徵，就是想要直接引進跳過了「文明開化」培育過程的文明果實。而且，正是因為這與「富國」及「強兵」直接相關，所以政府率先帶頭提倡。

大久保利通於歐美遊歷時，親眼見到這道文明鴻溝後，流露出他們自己已經再也無法領導以及更換成員的必要，木戶孝允則是不住地感嘆歐美的「文明開化」與日本膚淺的「文明開化」之間，差距過於懸殊。但是，回國後一握住權力寶座上的權杖後，又用這個「文明開化」來偽裝自己，並從中炫耀政府的進步及權威。天皇神權權威的另一面用斷髮及洋服來裝扮，外國人聘僱的壟斷，或是洋裝、紅磚造建築、鐵路、電信、電話、瓦斯燈等等以東京為中心飛快地引進，也都是因為這個緣故。被稱為「日本橋附近的文明開化」的背後，是蘊含著深厚的意義。

這個「文明開化」因為強烈地意識到對外的顏面，所以也展露出鉅細靡遺地規範民眾生活的一面。明治五年十一月，司法省決定於東京府施行的《違式詿違條例》就是這樣。這項法令於六年七月的太政官布告（第二百五十六號）中適用於地方並成為《地方違式詿違條例》（各縣可酌情增減內容，以地方長官之名公布）。「違式」是指違反規定，「詿違」是指妨礙或欺瞞他人的行為，於是禁止春宮圖之類的販賣及男女混浴的澡堂，刺青及裸體，還有婦女的斷髮也都列為罪名，連在屋簷外堆放木頭、石材及薪炭類的人都會被逮捕。而在自家門前打掃及疏通下水道的人也會被問罪。隨地小便還有讓孩童於商店門口及交通要道上大小便的人，也當然被逮捕。由於也有「無端參與他人爭論者」之類的項目，所以也不能毫不留神地插嘴別人的爭端。可以說變成這樣子的情況後，「文明開化」對民眾來說就是一件相當麻煩的事情了。因此也有傳聞說，在裸體上面纏繞一條絲線後，就不算是一絲不掛，這樣子就可以在街上行走了。

但是，在看過當時將上述條例一條一條地以圖示說明的各種出版品後，反而腦海中彷彿浮現出當時民眾的生活樣貌。

「文明開化」與民眾

一方面也出現「舶來品狂熱」。也就像「吃豬肉才文明啦，那傢伙這時候撐著蝙蝠傘在走路呢，真是文明哩！穿著鞋子就進到屋子去，這樣做還真是麻煩的文明啊，再加上帶來的小狗也進屋子去，嗅嗅護身符，還把佛壇也搗毀，還真是了不起的文明呀！模仿西方人，或是耳朵聽到的新鮮事，眼睛看到的新鮮事，連與別人不同的事全都做的話，不管哪個還是這個都是文明開化哩。」（加藤祐一 講解《文明開化》）說的這樣。

之後會提到的明治十二年（一八七九）八月，福澤諭吉向愛知縣春日井郡四十二村的農民提出節儉的方案時，拿出了許多的舶來品，並提到只要不使用這些東西的話，就能做到節儉（參見第四二七～八頁），可以瞭解當時舶來品一口氣湧進各村，掀起流行的模樣。

但是，當這個「文明開化」象徵的舶來品不僅僅是「物品」，而是作為人權思想及參政權的要求而滲透進人群時，這之中就喚醒了作為「民」對於「官」的自覺，從上而下的「文明開化」政策也就不得不露出破綻。有一則地方新聞冷嘲熱諷地表現出以下的內容。

哎呀，有大事啦有大事啦！大日本有大事啦！野蠻之國要變得文明了，頑愚之民要變得開化了，天動之說要變成地動了，三十號晚上要出月亮了譯註五，攘夷之論要變成和親了，鎖國之說要變成開港了，江華暴動要變成條約了，狗朝鮮要變成帝國了，武藏野原要變成都城了，腰刀要變成橡木棒了，XX乞食要變成平民了，大名武士要變成食客了，知德漢儒要變成頑固守舊了，自由論者要被關到牢裡了，勤王大義要變成民權了，專制政體要變成立憲了。日本豈可不說是大變動嗎？（《熊本新聞》明治九年六月十八日，收錄於熊本女子大學鄉土文化研究所 編《明治的熊本》）

這遠遠超過了政府及明六社啟蒙主義者們的主觀看法。這真的是「文明開化」引起的「大變動」。

譯註五：由於陰曆三十日（晦日）是不會出月亮，故意謂不可能之事。

第十一章

東亞中的日本

一、對東亞的看法

萬國對峙與國權恢復

維新政權以「公議」這個關鍵字為操縱桿，將天皇這個統一國家的絕對象徵，與國家獨立這個國家的象徵重疊起來，並形成了一種支配思想的這件事，已經於前文提過了。當時對外口號的「萬國對峙」與這種支配思想是一體的兩面。

不過，這個萬國對峙掛念的是，開國以後將日本囊括進資本主義世界的國際關係，而這個國際關係被表現成「宇內之條理」。這意味著遵循世界趨勢並以國際法（萬國公法）為依歸，而按照這個方法，才是能夠確立國家獨立的最高方針。當時，先進列強對日本的蠶食鯨吞，是從幕末以來就在進行的，而為了達成這個萬國對峙，國權的恢復就是國家面臨的課題。

戊辰戰爭前後，多達三十七個藩向列強購買了武器及軍艦，或是為了填補藩的經費而借了四百多萬円的外債處理費也是其中的一環。舊幕府老中小笠原長行（壱岐守）原與美國公使書記官波特曼（Anton L. C. Portman）交換了江戶到橫濱間鐵路鋪設，及授予壟斷經營權的約定，但「王政復古」後，維新政府拒絕了這項約定的再次確認，而這也是其中之一環。

此外，普魯士人蓋特納（Gaertner R.）的北海道七重村租借地回收，還有環繞礦山開發及經營權的國權恢復也是。礦山的開發及經營權與排除外國資本有關，而大家都知道這在明治五年（一八七二）三月的〈礦山心得書〉，及六年七月的《日本坑法》之中都有規定。

對歐美的屈服與對東亞的看法

的確這當中都看得到為了達成萬國對峙的國權恢復。但是，在看到處理方法後，會發現維新政府大多依賴英國公使巴夏禮，憑恃英國資本的地方很大。明治初年，也在幕末以後通商條約的延長上，與歐洲各國締結了條約，其中尤其像是明治二年九月，與奧匈帝國之間的《友好通商條約》那樣，被巴夏禮的壓力所左右而不得不簽訂了比幕末《安政條約》還要更為不利的規定。這不用說是想藉著最惠國條款，來將這些規定擴及到英國為首的歐美相關各國。

即便是被當成外務卿副島種臣國權外交代表案例的瑪麗亞．路斯號事件（參見第三六六頁），在背後也有英國資本的強烈需求。這是因為懼怕中國的苦力買賣造成的中國勞動力崩潰，會阻礙到前進中國市場的英國產業資本需求。

同樣地，明治八年五月與俄國締結的《樺太、千島交換條約》也不例外。確定日俄國境的問題，從幕末以來就一直懸而未決。進入明治時代後，對於俄國的積極侵逼，日本束手無策。儘管明治三年二月設立了樺太開拓使（來年八月廢除），但卻與前一年七月設立開拓使後便積極經營北海道的態度截然不同。這在開拓次官黑田清隆的樺太放棄論中，表現得一清二楚。

當然，對於俄國的南下，政府內部是不會沒有強硬的論調。但結局是日本放棄了樺太（庫頁島），並作為千島群島全島的交換（參見圖24），而下定決心的背景是，自早期起巴夏禮及美國公使迪龍的勸諫造成了很大的影響。明治八年起到隔年的小笠原群島歸屬問題的解決，就相當仰賴當時美國政府對該島的放棄宣言。

圖 24　樺太、千島交換條約

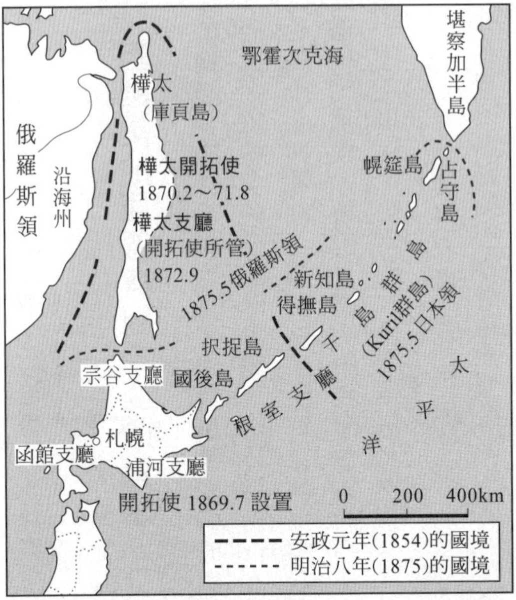

（註）參照兒玉幸多 編《標準日本史地圖》

「海外萬國皆皇國之公敵」是明治二年二月岩倉具視意見書中的陳述。這句話與江戶時代的華夷思想截然不同，而是維新政府對於國際關係的認知。萬國對峙便是以此想法為基礎，而現實中為後進國家的日本，對於恢復國權的處理方式，是規定出其本身與先進列強之間的力量關係，這也包含了對歐美各國的屈服。

這個標榜萬國對峙的國權恢復，它的理想模樣是轉過頭來面對東亞的時候，這次把自己定位成與歐美一樣的先進國家，並且效法他們來進行對亞洲政策，而這裡存在著定義近代日本的嚴重問題。

岩倉在上述的意見書中提到，中國及朝鮮是自古與日本通好的鄰國，現在的中國「國勢萎靡不振」，而朝鮮是「羸弱且小」。在亞洲中，日本是「同文之國」，所以應「重修舊好，以立鼎立之勢也」。但是，實際上日本從維新一開始採取的態度，之前本書以征韓即制韓來表現（參見第二八二～三頁），就認為朝鮮與日本統一國家的形成是不可分割的，而且把朝鮮當成正是邁向「萬國經略」的跳板。將征韓即制韓付諸實行這件事情，是受過歐美資本主義洗禮的日本根據著中華思想，想要在中國中心的東亞世界（冊封體制）上建立起橋頭堡，目的在於打破中國宗藩性質的支配體系，單就這一點受到歐美各國直接及間接地支持。《中日修好條規》就是這個的第一步。

中日修好條規

這個《中日修好條規》是由修好條規十八條、通商章程三十三款及海關稅則所構成，於明治四年（一八七一）七月二十九日簽字。

根據這項條約，(1)與中日兩國在這個時候之前跟歐美列強締結的條約不同，既無強制性的條款，還是主動簽訂的條約；(2)兩國都處於被列強強制簽署領事裁判權及協定關稅的從屬狀態，由於中日是彼此互相承認領事裁判權及協定關稅，所以是對等的地位；(3)條約中明確記載兩國的領土完整及相互援助——具有以上三點特色。

日本為了這個條約的締結一著手準備對清廷的交涉時，巴夏禮就試圖介入其中，但是這次政府拒絕了。而且，首先由外務卿澤宣嘉、外務大輔寺島宗則及外務權大丞兼文書正柳原前光等人，於明治三年八月到十月間，負責事先的外交談判。接著於四年四月任命大藏卿伊達宗城為欽差全權大使，伊達全權大使並於下個月從東京往中國出發。

相對於此，清廷方面的全權大使是直隸總督李鴻章。李鴻章與曾國藩都是清廷洋務派官僚的代表性人物。當時清廷內部，存在著與日本的交涉基本上要徹底維護東亞宗藩支配體系的意見；以及改變這個想法，認為要在全新的國際原理上與日本樹立關係的見解。李鴻章、曾國藩等人是站在後者的立場之上，並藉此想要與歐美各國相抗衡。上述《中日修好條規》內容中的特色就反映出了這一點。

可是，之前清廷與歐美各國締結條約之際，都是根據對方出示的原案再來審議的。所以日本也仿效這種方式，想要以日本這邊包含不平等內容在內的原案為基礎進行交涉，但是清廷拒絕了日本的原案，於是談判是按照清廷的原案繼續下去的。

因此，交涉是順著清廷的步調來進行並簽訂條約。但就在簽定之前，日本強制推行了廢藩置縣，而岩倉成了外務卿。岩倉並於明治四年十一月出發前往歐美遊歷。歐美遊歷的課題之一是條約改正問題，而《中日修好條規》的修正案，也以此為前提進行了檢討。

推動這項修正案的是岩倉外務卿的繼任者、前參議副島種臣。他的修正案刪除了《中日修好條規》第二條被歐美指責為中日同盟的條款，而第八條的雙邊領事裁判權中，則改為中國放棄在日本的法權，第十一條的開港港口禁止攜帶刀械的條款也被刪除，並且新加入最惠國條款等等。

帶著這項修正案的柳原，於來年的明治五年再度負責與中國之間的交涉，但才剛簽定完畢的《中日修好條規》修正案，卻得不到清廷方面的回應。更不用說這項修正案的前提，包含了岩倉使節團與歐美之間的條約改正問題，所以條約改正實際上是不可能的話，這項修正案也就更是如此了。結果是明治六年四月，副島以大使身分赴中，交換了《中日修好條規》的批准書。

圍繞在條規上的特徵

簽訂過程中值得注意的是，第一，雖然日本被歐美列強強加了不平等條約，但對於清廷則是把自己置於與歐美列強一樣的地位，想要把不平等條約強加在清廷身上。晚年，就連大限重信也在《開國大勢史》（一九一三）中追述往事時提到，對清廷要求最惠國條款是「不講理的要求」，也就是「俗話說的自私自利」。即便是明治一〇年代，歐洲各地還是普遍有著日本是不是中國一部分的想法，所以清廷對於日本這種態度嗤之以鼻，是理所當然的。

第二，條約依照清廷方面的原案來看，還包含了一種中日同盟的意涵，但歐美各國反對這點，並且一直想要造成中日之間的不和。其目的就像在美國國務卿費雪給駐日公使迪龍的訓令

（一八七二年十二月三十日）中看到的一樣，要讓日本遠離清廷的排外政策，維持與世界各國之間的自由通商。正是由於資本主義列強阻礙了東亞的合作，才令東亞各國個別地處於從屬性的市場地位。

第三，對於上述歐美各國的政策，日本不僅沒有強化與清廷之間的合作，還反過來屈服在他們的壓力之下，把《中日修好條規》第二條解釋成並非軍事同盟，而僅僅是單純的「善鄰之意」（伊達全權大使的說明）來迎合歐美各國。比起置於東亞之中來對抗列強，日本認為自己更貼近歐美世界。

第四，這項條約還有對朝鮮的目的存在。很明顯地是想透過與擁有朝鮮宗主權的清廷締結「對等」條約，來讓日本取得比朝鮮更高一級的國際地位。明治三年四月，外務省向太政官弁官提出〈對鮮政策三箇條伺〉。其中的第三條甚至還用了「皇國支那互定比肩同等之格後，朝鮮必當降等用禮」而無異議的表現。

日本對歐美列強屈服的態度，在對待東亞時卻有了一百八十度大轉變，不僅以征韓即制韓的想法為基礎，對朝鮮韓採取了比起清廷，有「必當降等」差別的外交姿態。

二、出兵台灣及江華島事件

八瑤灣事件

明治四年（一八七一）十一月，琉球島民遭遇船難，漂流到台灣東南部海岸的八瑤灣後，發生了六十六人之中多達五十四人被原住民殺害的事件。這個消息於來年四月，由人正在中國負責《中日修好條規》修正談判的公使柳原前光上報給外務省。而趁此時機在「琉球國」的處置上大作文章的事情，會於下一章詳細提到。日本完全有效利地用這次八瑤灣事件，推動對琉球的皇權擴張政策。明治六年三月的備中小田縣漂流民被台灣原住民劫掠的事件，更加地促進了此事的發展。

明治六年三月，外務卿副島種臣以特命權權大使的身分出發前往中國。他雖聲稱去中國是為了祝賀同治皇帝的親政，及交換《中日修好條規》的批准書，但實際上八瑤灣事件的交涉也是主要目的。副島此行有美國人李仙得（Charles W. Le Gendre, 1830~99）隨行。李仙得在擔任美國駐廈門領事期間，因為有過慶應三年（一八六七）美船羅妹號（the Rover）在台灣南部觸礁，而船員多數遭到殺害的事件經驗，所以這次的八瑤灣事件，也主張對台灣採取強硬的手段。

也就是說，他認為以現在的國際間情勢來看，列強應該不會干涉日本朝亞洲發展，所以慫慂日本政府利用八瑤灣事件，出兵佔領台灣。李仙得是透過美國駐日公使迪龍的介紹，被副島以外務省二等出仕（年薪一萬兩千円）的官階僱用，並以北京談判的使節顧問身分隨行，於是副島的企圖在哪裡就顯而易見了。而且，美國會對日本出兵台灣表現積極，是期待能夠藉此讓中日關係產生龜裂。

副島四月時抵達天津，交換了《中日修好條規》的批准書。五月進入北京城，下個月，在回國之前就台灣問題展開了交涉。然後，一抓到清廷方面認為台灣是化外之地、這次事件是政教不及的化外之民所為的把柄後，也不給清廷辯解的機會，七月便回國了。

台灣與朝鮮

這個時候正好明治政府內部因征韓問題大生波瀾，並與副島關於台灣的上述內容一起，被理解成清廷不打算干涉朝鮮的內政及外交後，反而是在征韓問題上火上加油，政府就因明治六年十月的政變而分裂了（參見第二八九頁）。

因此而暫時延後的台灣問題，到了七年一月內務卿大久保及大藏卿大隈擔任蕃地問題調查委員後，二月六日，由兩人連署提出〈台灣蕃地處分要略〉，當天閣議決定出兵征台。

上述的〈要略〉是由九條條文所構成的。簡單地說就是(1)「台灣土蕃部落」是清政府「政權未逮之地」，既為「無主之地」，與「討蕃撫民之役」來加以「報復」，也是「日本帝國政府的義務」；(2)清廷方面關於「琉球的從屬與否」向來多有意見，但堅決主張琉球「自古以來為我帝國之所屬」，絕不回應清廷方面的說法；(3)為了出兵台灣的準備，於當地進行調查以備開戰之日——以上的內容而已。

然而應該要注意的是，決定這個〈要略〉的前後，大久保及大隈還聯名提出了〈朝鮮遣使相關調查書〉。因征韓論分裂四個月後，決定了對台灣發動軍事行動及對朝鮮派遣使節（不過「不用使節之名」），這將非征韓派及征韓派在本質上是相同的這件事情表露無遺。

出兵台灣

時間是佐賀之亂爆發、發布命令出兵鎮壓的不久之後。而且，大久保想親自前往鎮壓。《大久保利通文書》的編者說明大久保這種態度是：「當時身為內務卿，具有責任及地位的利通，認為此乃可恢復近來政府低落之威信的絕好良機，以一大決心深切盼望能出發征討。」但這並非單純僅止於國內問題而已。正是因為知曉士族叛亂爆發的來龍去脈，大久保等人才會一改前年反對征韓論的態度，轉而對台灣及朝鮮問題採取強硬姿態。

明治七年四月四日，陸軍中將西鄉從道（一八四三～一九〇二。隆盛之弟）成為台灣蕃地事務都督，事務局置於正院之內。隔天，參議兼大藏卿大隈成為該局長官，李仙得從外務省轉任於此事務局。九日，西鄉從東京出發。抵達長崎後的他，率領日進、孟春以下各艦，連同約三千六百人的兵力出航。此外，從美國太平洋郵船公司僱用了輪船，還在李仙得的介紹下新聘僱了兩名美國海軍軍人，並與英國東洋銀行（The Oriental Bank Corporation）橫濱分行定下契約，從香港分行借貸了墨西哥銀五萬元以內的金額。

但是，對這次的台灣出兵，國內外都有反對聲浪。參議兼文部卿且為長州派巨頭的木戶孝允認為，現在為九州生變之時，舉兵外征之事是搞錯了源頭而反對，四月十八日遞交辭呈（來月撤職）。陸軍卿山縣有朋也反對，伊藤博文也持消極態度，但他們沒有像木戶那樣辭職下台。

另一方面，英國駐日公使巴夏禮表明對這次出兵台灣的反對意見，原因是擔憂會對在台灣擁有眾多貿易商的英國貿易造成影響。其他各國的駐日外交團也要求中止出兵行動。

尤其最讓日本政府感到震驚的是美國的態度。美國駐日公使賓漢（John Armor. Bingham。迪龍的繼任者）於四月十八日宣布局外中立，並拒絕供應輪船及李仙得其他兩名的聘僱。美國態度上的大轉變，是因為英國的反對，及清廷譴責美國的舉動起了很大的作用。

四月二十八日，平定佐賀之亂回到東京的大久保，看到事態的改變，決定中止出兵行動，並將這個意思傳達給長崎的大隈事務長官知曉後，自己也趕往日本西部。五月四日，他與大隈及西鄉從道碰面，但西鄉已經讓各軍艦先行出航，大久保也不得不承認此一既成事實。三個人協議決定讓李仙得返回東京、派遣柳原公使前往中國及西鄉的渡台，如果引起任何問題的話，則由大久保負擔全部責任。可以瞭解在國際勢力與西鄉從道訴諸武力的夾縫中，就連大久保也陷入窘境。

圖 25　出兵台灣路線圖

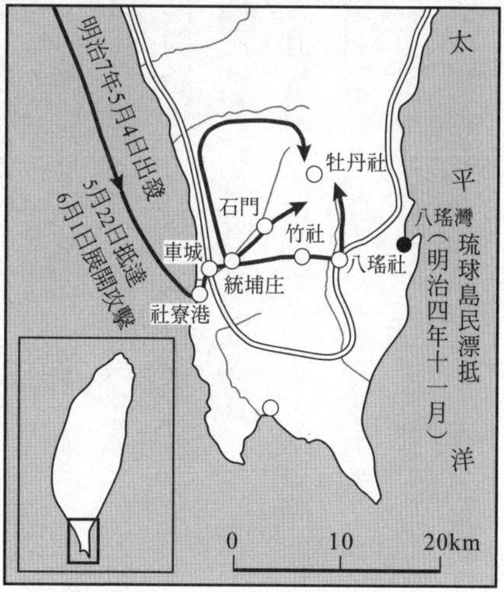

（註）參照兒玉幸多 編《標準日本史地圖》

五月二十二日抵達當地的西鄉，於六月一日起將軍隊分為三路征討台灣，以牡丹社為首的各地原住民在一個多月後敗北投降。村落被西鄉軍焚毀殆盡（參見圖25）。令西鄉軍傷腦筋的是，與原住民的反抗一起而來的瘧疾。根據《西鄉都督與樺山總督》所收錄的資料，當中記載戰死十二名、病死五百二十五名，淹死一名，總計五百三十八人。

民心的動向與出兵的結果

當地的消息變成各式各樣的傳聞傳回日本。譬如說：「我國兵丁多為牡丹生蕃所欺瞞殺害」、「蕃人隱於草木之中發毒箭。中箭者無一生還」，或者還有「瘴癘（因氣候及水土不服而引起的傳染性熱病）之氣侵襲，士兵死亡過半」、「有毒蛇會咬死人，我軍多人因此而喪命」等等。

這些都是刊載於《東京日日新聞》（七月二十五日）的岸田吟香電訊〈台灣信報〉第二十五號中所彙報的消息。因為這些消息的緣故，當岸田回國之際，前來拜訪的友人都在詢問他在台灣的情形如何，說：「因為在東京聽聞情況十分惡劣，讓人非常地為你擔心，不過幸好你能平安無事地歸來。」岸田則是感慨相信這種謠傳的東京市民「這般令人討厭的不良情緒」，但這當中也能窺見對於出兵台灣的部分民心。人民絕對不是贊成這次出兵的。日後東京三多摩的民權主義者千葉卓三郎（一八五二～八三。〈五日市憲法草案〉的起草者）在他的演講草稿上提到，不管是《樺太、千島交換條約》，還是這次的出兵台灣，「不僅連一個都未曾徵詢過斯民且未告知」，這次的事件是「外給支那，內欺斯民，且國財之所損亦不計其數」，攻擊政府的「專制專擅」。

而對於日本的出兵台灣，清廷任命沈葆楨為欽差辦理台灣等處海防兼理各國事務大臣，負責處理台灣問題。並於明治七年五月底，與前往中國的柳原繼續展開交涉，針對琉球及台灣主權的問題，中日雙方的主張毫無交集。這段期間，台灣出兵大捷的消息從當地傳回後，日本政府內部的對清強硬論於是抬頭。

但是情勢拖延下去的話，則有列強干涉變強的擔憂。在這種事態下，大久保自為全權大使，於九月抵達北京後，直到下個月都在不停地交涉。雖然談判觸礁，但最後藉著英國公使威妥瑪（Thomas F. Wade）的調停，而於十月底有了結果。條約內容是清廷承認日本征台是義舉，支付賠償金額總計五十萬兩（約七十五萬円。被害者家屬的撫卹金為十萬兩，日本軍隊建設的道路及建築物等的補償金額為四十萬兩），而日本軍隊撤退。

《台灣國際政治史研究》的作者戴天昭在這本書中提到，日本因為這次的出兵台灣，而被迫陷入國際上的孤立，千辛萬苦後才以能保存「面子」程度的條件來解決問題，但從這次事件中間接得到的利益卻不少。另一方面，清廷藉著支付上述的賠償金而暗地裡拋棄了琉球，同時也因為這次的賠款，成功地把台灣東南部地區納進中國主權之下，並且獲得列強的承認，所以「牡丹社事件最後是中日兩國皆有得失，但受到傷害的卻始終都是台灣人民」。

江華島事件

而在朝鮮，從明治六年（一八七三）底起，朝鮮高宗李熙的閔妃（大院君的外戚）一派，趁著大院君排外政策及內政失敗的機會，策劃驅除大院君勢力。朝鮮內部矛盾的越演越烈以及政治鬥爭，使得大院君一派的勢力衰退。趁此空隙，明治政府派遣軍艦前往朝鮮，逼迫朝鮮開國。

日本在《中日修好條規》及台灣問題之後，與清廷間的關係告一段落。還有，大阪會議上要求優先重整國內體制（大阪會議是指明治八年一月到二月，大久保利通透過伊藤博文及井上馨等人的斡旋，與木戶孝允及板垣退助在大阪進行多次會晤，協議今後的政治改革方案。而以此為基礎的漸次立憲制詔書，於同年四月公布）。並且，與俄國之間的《樺太、千島交換條約》

一簽署後（同年五月七日）的五月二十五日，突如其來地，雲揚艦駛進了朝鮮的釜山港。下個月，第二丁卯艦也停泊在這裡。

不久後，雲揚艦就航行到漢城（今首爾。一九一〇年起名為京城）入口處的江華島附近進行測量工作，最後與朝鮮方面交戰。江華島的砲台遭到破壞，日本軍佔領了永宗城並燒毀民宅，擄掠了大砲等物後返回長崎（參見圖26）。

這次的江華島事件的發生，是日本方面有計畫的挑釁行為。關於這次軍艦的派遣，是外務卿寺島宗則在得到三條太政大臣及岩倉右大臣的首肯後，與海軍大輔川村純義（後為海軍上將，薩摩出身。當時的海軍卿出缺）進行協議，以最高機密下令的，還有存在於雲揚艦艦長井上良馨（海軍少佐，後為元帥、海軍上將。薩摩出身）與川村海軍大輔之間的「默契」，而且是征韓即制韓路線之下，對朝鮮的直接導火線。

圖 26　江華島事件相關要圖（1875年）

這次事件的結果是，政府任命陸軍中將兼參議的開拓長官黑田清隆（薩摩）為全權大使，元老院議官井上馨（長州）為

副全權大使，於明治九年（一八七六）二月，派遣八艘船艦及二百六十二名士兵到江華府，締結簽訂十二條的《日朝修好條規》（江華條約。次月交換批准書）。陸軍卿山縣有朋為了防備談判破裂，於熊本、廣島鎮台從事出兵的準備。

日朝修好條規的邏輯

這項條約的第一款主張「朝鮮國乃自主之邦，保有與日本國平等之權利」。所謂的「自主之邦」在日後也是日本一貫的主張，但這代表著否定了清廷對朝鮮的宗主權，而非對朝鮮主權的尊重。下面森有禮的發言透露出當時政府的想法，令人玩味。

在締結上述條約的前一刻，駐清公使森有禮於明治九年一月，就朝鮮對於清廷的藩屬問題，與李鴻章進行了會談。想要以否定清廷的宗主權，來事先阻止清廷對朝鮮問題的干涉。

李：「我們東方諸國中國最大，日本次之，其餘各小國，均須同心和氣，挽回局面，方敵得歐羅巴住。」

森：「據我看來，和約沒甚用處。」

李：「兩國和好，全憑條約，如何說沒用？」

森：「和約不過為通商事，可以照辦，至國家舉事，**祇看誰強**，不必盡依著條約。」

李：「此是謬論，持強違約，萬國公法所不許。」

森：「萬國公法亦可不用。」（王芸生 著，長野勳、波多野乾一 編譯《日支外交六十年史》第一卷）譯註一

這次的會談中，李鴻章還對森有禮提到：「貴國仿效台灣事件之例，動則攪亂其鄰邦，好似欲趁機奪其領地之狀。」（渡辺修二郎《東邦關係》）

維新後，與歐美各國之間的對應基礎是《萬國公法》，日本根據當中的國際原理，想要以修正不平等條約來達成萬國對峙的目標，來看看這個日本對東亞各國態度的驟變。之前森有禮在美國已經親身體驗到條約改正這道牆有多厚了。或許就是因為已經體驗過的緣故，所以對於李鴻章想聯合東亞各國來對抗歐美的建議，才會以力量理論來回應。

圖 27 十九世紀後半的日本、朝鮮、中國

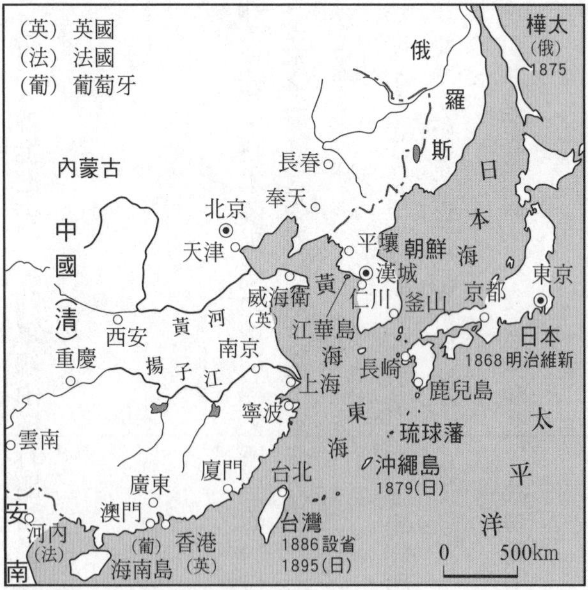

（註）參照亀井高孝 編《標準世界史地圖》

還是或許就像李鴻章所擔心的，日本想憑藉著台灣問題的氣勢，一口氣解決朝鮮問題。

但不管是什麼緣故，對於東亞而言，這件事情簡直就是意味著日本是第二個培里。事實上，在任命黑田為全權大使的那天，據說外務卿副島就對美國公使賓漢提到，想要仿效培里來航事件，而向美國公使館商借培里的報告書作為參考。而且，條約上也原封不動地加進了當時明治政府與歐美各國條約改正的重點，包括領事裁判權及協定關稅問題等的不平等內容。

先前，明治七年（一八七四）三月時，法國與安南（越南）之間締結了條約。當時，法國無視於清廷對安南的宗主權，而圍繞這個問題中法之間起了爭執（不久後，一八八四～八五年，演變為中法戰爭）。《日朝修好條規》的締結，就是在這段衝突激烈的時期。很明顯地，日本趁著中法對抗的間隙，效法法國無視清廷宗主權的做法，並套用在朝鮮的情況上。

而且，日本強迫朝鮮開國的行為，能替美國、法國，還有英國及俄國隨著亞洲貿易進展而來的朝鮮開國要求，發揮開路的作用，所以是在得到這些列強直接或間接的支持後才進行的。以當時日本實際情況，征韓即制韓政策的執行，唯有在這種國際條件的支持下才得以實現的。

譯註一：本段文字中譯引自吳汝綸 編《李文忠公全集》台北：文海出版社，一九六二。

政治的背景

這裡要提一下江華島事件的政治背景。

明治八年二月的所謂大阪會議，是在明治七年以後的自由民權運動及東亞國際情勢之中，藩閥巨頭大久保為了強化其體制，企圖與反對征台而返鄉的木戶達成妥協的產物，還把因征韓論分裂而辭職的板垣退助也拉了進來。板垣在擔任參議後不到八個月，就又辭官求去，木戶則是對朝鮮問題表現積極。台灣問題因為與琉球有密切關聯，而成為薩派的重點事項，甚至可以說是在薩派的主導下來進行征台之役。這也是木戶反對征台的一部分理由。但朝鮮問題倒是從江戶時代以來，就與長州藩的關係匪淺，對長派巨頭木戶而言，他想讓自己握有這個問題的主導權，並加以處理。

木戶自己作為使節負責與朝鮮之間的交涉。他這個時候的日記及書信中，流露出對朝鮮問題的冀望，以及抱病之驅會令他無法完成目標的焦慮之情。木戶的主張是，由於朝鮮與台灣的內情不同，所以要充分觀察形勢之後，再訂定先後順序來處理。十一月十三日，因突然間的左腳麻痺而行走困難的木戶，不得不放棄自己的遣韓使節之職。

次月的決定使節問題上，得到大久保支持的黑田成為全權大使，木戶推薦井上為副全權大使。糾葛著薩長之間的暗中較勁，這項人事案是他們妥協下的產物。前面舉過的《東邦關係》對此加上了「蓋擔任國家大事者，依例必限於薩長二藩之人」的說明。而且，《明治初期日韓清關係的研究》的作者彭澤周在書中分析，明治政府針對江華島事件的政策，具有挑釁朝鮮不惜一戰的薩派強硬路線，以及外交手段上與朝鮮強行締結條約的長派路線，也就是「在薩長兩閥對立下，產生了具有『和』『戰』的兩面性的外交手段」。

這裡所謂的「和」或是「戰」，並不是指其中一方否定另一方的情形，而是在說一種互相補強的關係。其基本性格徹頭徹尾就是一種從歐美體驗到的力量理論，顛倒過來在東亞大肆宣揚時，就成了一體的兩面。而這與明治政府藩閥體制的本質相關之處，有著對東亞政策的深厚因素。

第十二章

維新的落幕

一、民選議會的理論及士族叛亂

「獵捕野狗」及傳閱文件

明治六年（一八七三）三月十日，長崎縣轄下壹岐島民，聚集在國片主神社的馬場之上。接著十二日，島上每個五人組都有一人帶著印鑑聚集於此處，十五日也是一樣，帶著印鑑的「代表」集合在一起。集會的警備極為嚴密，文件上記載，即便從各個地區來打探消息也不得其門而入，是個「嚴密的會談」。在這個集會上，「專就租稅相關之事，討論了很多」。

於是，團結起來的島民於三月十八日，島上一個人也不剩地全都聚集到武生水村的國津意加美神社的馬場上。大家一起決定以鄉野浦為起點，接著湧進八浦及各個港口。聚集起來的島民約有兩千人（參見次頁圖28）。

他們把這次行動叫做「獵捕野狗」（犬狩），「所謂獵捕野狗乃是湧入尋常人家家中，難以估量其暴行」。這個時候出現了寫著「國內以防萬一之注意事項」、如接下來這樣的傳閱文件（回狀）。看了這份文件後，就能清楚瞭解「獵捕野狗」的意思了。

傳閱文件上提到，「天朝宗旨」原在於令萬民皆能安穩度日，目的雖是「國家太平」，但官員們卻夾帶自己的私欲，「惑上苦下」，言稱「御一新」地恣意妄為。並舉出了以下六條內容：

(1)本壱岐國自古以來就是依戶任意地徵收作物收成（租稅）。因為這裡的人民是「傻子」，所以與其他地方不同，既痛苦又飽受煎熬，連「普通的服裝」都穿不起。

(2)但是，大家已經察覺到了。也開始思索「孝悌仁義之道」，已經不會被那群官員所欺騙，不會對「外國人唯命是從」了。現在說是因為「御一新」所以要除舊弊，搞得這個那個都要變動，光靠這樣子是不能治理國家的。這不是在說東照宮（德川家康）的教誨，縱為五十年來的常規，但如果沒有一字一句都進行修正的話，就會成為亂源嗎。

(3)其他地方是「三份作物收成」（三成的貢租）。在這裡也是從三年前就是這樣決定的了，必須讓在路上的那些官員們知道這件事情不可。

(4)這裡的戶長及書記、小頭等官員之間，也是說了很多謊話來欺騙大家，甚至連在平戶的官員，都完全只考慮到自己的事情。我們應該明白的事情是，他們只要一看到錢，不管是「往左還是往右」什麼都會照做，一點也不可信任。所以，想想什麼才是正確的，只要是不

圖 28　壱岐關係圖

合情理的事情，不管是誰說了什麼，都不要接受。

(5)我們要先商量好，如果有什麼變故的話，要通知大家在任何時候都能集結起來。讓那些官員太過於為所欲為，就會變得只因為這些話而淪落到被抓起來的地步。

(6)要維護「天朝宗旨」，不要老實地聽信現在「盜賊模樣的官員」所說的話，每個人都要能清楚地明白道理。今天於「穀物磋商」的會場，作為國內以防萬一的注意事項，記載於此。

雖然在文意及文章的連貫性上讀起來不一定順暢，但大致內容是這個樣子（土屋喬雄、小野道雄 編著《明治初年農民騷擾錄》）。

對政治主體的自覺

島民從三月十八日開始展開行動。島民的動向十萬火急地從戶長向區長，區長向縣廳，再通報到大藏省。慌張的縣廳，由縣官帶領五名邏卒來到島上，但事到如今，這種方法已經起不了作用了，不過還是接連不斷地派遣鎮壓的官員上島。

大約過了十天，島上的騷動平息了。三月二十九日從長崎縣上呈給大藏省的報告書中寫到：「此節之暴舉，乃地方人士煽動所至。端緒將發之模樣，當地隸卒本多三右衛門外三人，預料為此件之魁首，故押解入牢。」從中可以瞭解憤憤不平的下級士族，與島民的不滿結合起來的情形（太政官記錄局 編《太政類典》二之一四九，明治六年四月四日事項）。

先前看到的雙重危機（參見第一二三頁）已經擴及到九州的離島上了。

但是，到了此一時節，儘管有著心中不平的士族煽動，島民也不再是政治的客體了。人們透過團結看清了之前的支配原理，開始自覺到自己是政治的主體。這當中大肆標榜「天朝宗旨」並以此作為批判官員的利器，看得出把之前的支配理論反過來重組為自己所用的民眾智慧及頑強不屈。而這就是那股「救世」潮流的全新展開。

在這股潮流之上，一邊借用歐美傳來的最新知識，並且最具自覺性及系統性地主張此一重組後的支配理論，而且還擴展成一股運動的是，以明治七年一月十七日民選議院設立建言書為開端的自由民權運動。

民選議會的理論

關於民權運動，因為論述上的需要，先停下來看民選議會設立的理論。

就如同大家知道的，以征韓論的意見分歧為契機，造成了明治政府內部的分裂，因而辭職下台的參議板垣退助、後藤象二郎、副島種臣及江藤新平等人啟動了民權運動的開端。但若不是前文提到的潮流在其背後支持的話，即便民權運動如何地提倡成立民選議院，鼓吹「建立人民共同討論的權利」並賦予「士族及豪門的農商等人」參政權，也一定會被限制在所謂「上流民權」論，也就是「周全國權即為完整民權」這種隸屬於國權論下的民權論框架之中。當時的政府最為懼怕的是，這個民權論會與慢慢持續高漲的反政府活動及反抗民眾結合在一起，之前支配思想的核心論述實質上已被抽離，或許還反過來轉化成被統治階層的武器。圍繞於民選議院設立建言書上的正反雙方意見中，可以清楚地看出這一點。

建言書上的「僅為有司之專裁及人民輿論公議之伸張，其賢愚不肖究竟如何呢」，將「有司」=「專裁」，與「人民」=「輿論公議」作一對比，並以民選議院來尋求後者制度上的保障。在維新政權一開始就被提出來，作為支配思想的關鍵字，並且在開始鞏固支配基礎的同時，就消失不見的這個所謂「公議」的關鍵字，這次是被民權運動提出，開始用來作為運動的理論性武器。

換言之，天皇—公議的理論，因民選議院而被被統治階層實體化，並試圖將政治主體奪回人民這一邊。公議具有從支配的操縱桿，搖身一變成為民眾用來抗爭的長矛的可能性。正因為如此，以尚早論來反對民選議院的明六社成員加藤弘之，提到了下面的內容。

他先是說在民選議院決定的公議是「不足為取的愚論而已」。然後提出了以下的論點。換言之就是主張完全的「腓特烈的公德心」，也就是像普魯士開明專制君主腓特烈二世（Friedrich II von Preußen, der Große, 1712~86）所做的那樣，以支配者的「公德心」來「自我縮限並從事政權，伸張人民的私權，洞開言路，勸勵教育，這才是能令我國儘速成為一開明國家所需要的。」政治的主體終究還是在支配的這一邊，並且全憑這個「公德心」來謀求開明化。

大井憲太郎與加藤之間眾所皆知的論爭，是在爭辯公議的主體指的是「人民自主之權」（大井）；抑或是「人民自主之權」乃「人民的私權」，所以公議到頭來還是在指腓特烈二世的「公明正大之心」（加藤），實際上也就是這兩者的對立而已。

的確，加藤的這個想法及理論，就是當時明治政府政策的想法及理論。然後對於這一點，民眾是如何地反抗，並且是如何透過將人民私見、私議的公議化理論，與政府理論放在一起比較的方法，來推動運動及抗爭的？這些會在下一節具體提到。這裡要先轉移目光來談談與這種民眾抗爭同時進行的另一個反政府活動——士族叛亂。

士族的動向

關於明治初年士族的反政府活動，已經在第三章〈民心的去向〉中提到。就像從「草莽」或是「脫籍浮浪之徒」這類字眼清楚透露出來的，這是在統一國家形成過程中，被切除掉的多餘部分，因為他們的抵抗而引起的叛亂。這些活動主要是採取攻擊藩廳及暗殺高官的形式，其與眾不同的特徵就是在於它那具有雙重性質的危機，而當中還暗藏著與「救世」最深層潛在勢力結合在一起的主要因素。甚至具有像是長州各隊叛亂的情況那樣，把民眾捲入其中，演變成內亂的可能性。

但是，征韓論分裂之後的士族叛亂，在性格上有著明顯的不同。後頁表46是包含士族叛亂在內的士族動向一覽表。於其中看到的是征韓的強行以及維護士族特權的主張。佐賀之亂是如此，熊本神風連（敬神黨）之亂也是如此。就連包含地租改正及徵兵令，還有《樺太、千島交換條約》等這些對於內政及外交批評的前原一誠（一八三四～七六）的荻之亂，當中潛藏的聲音從沒落士族階層的立場來看，是一種對於士族被迫窮困潦倒，但政府首腦卻在權力寶座上沉溺於私利私欲的憤懣。

政府確實是於明治五年（一八七二）十一月的〈徵兵告諭中〉提到：「腰配雙刀，稱作武士，抗顏坐食，甚至殺人，官不能問其罪者。」大聲斥責士族就像是遊民無賴之徒，並一個接著一個廢除他們的特權。然後在明治九年三月的〈廢刀令〉後，接著於八月公布了象徵領主制度告終的《金祿公債證書發行條例》。然而這是厚此薄彼的法令。金祿金額千円以上（約二百石以上）的最上層人數為三十一萬三千多人，僅佔了總人數的百分之零點二，而且不僅如此，他們的總交付金額是一億七千四百餘萬円，佔了總金額的百分之十八。以每人平均金額來看的話就是六萬多円，但相對於此，未滿百円階層（人數佔百分之八十三點七）的平均金額，才只不過是四百一十五円。

因此，一般士族階層大多因為惡化的通貨膨脹，及所謂士族的商法而不得不賣掉公債。只有極少數的舊特權領主階層，才能以這公債為資本，踏上大地主及資產階級的道路。這種情形在湖東小史（舊彥根藩士石黑務。維新後為福井縣令）的著作《世帶論》（約於一八八七年刊行）中提到：「近來家祿奉還之士族，能蓄其金並以為資本興起自立之產業者，真乃僅僅少數而已。」大多走上沒落之途的士族，對於政府的措施懷抱著鬱積的不滿，也是理所當然的。他們的目光，現在正聚焦在位於日本西南一隅，鹿兒島縣的西鄉隆盛身上。

這個「士族的軍事國家」（參見第一六二頁）是聘請下台後返鄉的西鄉，並以私學校（以篠原國幹主導的槍隊學校，以及村田新八主導的炮隊學校為中心，還在縣內各地建有分校，明治八年時本校與分校合併後，學生人數達到約三萬人。此外還有賞典學校及教導團學校）的組織為基礎，呈現出「西鄉王國」的面貌。而縣令大山綱良（明治十年二月被罷免，三月發布岩村通俊的任職令）也與西鄉聯手。無論是地租改正、秩祿處分還是縣政革新，中央政府在這裡都沒辦法干涉，而且還推行例外的措施。政府內部長州派首腦木戶等人，不僅是對鹿兒島的縣政，就連西鄉都予以嚴厲的批判及譴責。同時這也讓內務卿大久保受到嚴厲地對待，所以當聽到西鄉起兵的消息時，過去的盟友大久保會表現出毅然決然的態度，想來也是理所當然的。

西鄉旗下聚集在鹿兒島的兵力以私學校黨為首約一萬二千人。不久當來到熊本的時候，與從九州各地而來的士族會合，總人數達到了四萬多人。看到這個「南海之近況愈發狂濤」的情形後，明治十年二月七日，大久保寫了一封下面這樣意思的信，給人在京都出差的伊藤博文。

表 46　征韓論分裂後的士族動向

明治 6 年 10 月	征韓論分裂
(1873)　12 月	熊本鎮台內部暴動。佐賀，征韓黨結成
明治 7 年 1 月 (1874)	佐賀，憂國黨結成。同，中立黨結成 喰違事件（岩倉具視遭襲）
2 月	佐賀之亂
明治 8 年 1 月	中津士族動搖。福岡，秋月士族動搖
(1875)　3 月	萩士族動搖
6 月	鹿兒島，私學校設立
8 月	福岡，矯志社、強忍社、堅志社設立
明治 9 年 3 月	警視廳不穩
(1876)　10 月	神風連（敬神黨）之亂，秋月之亂、萩之亂、思案橋事件
明治 10 年 2 月	西南戰爭
(1877)　2 月	熊本隊、熊本協同隊、佐土原隊、延岡隊、福島隊呼應西鄉軍
3 月	龍口隊、人吉隊、飫肥隊、高鍋隊、都城隊、福岡隊呼應西鄉軍
4 月	中津隊呼應西鄉軍
5 月	報國隊呼應西鄉軍。長州町田黨蠢動
8 月	土佐勤王黨、愛媛飯淵武田黨蠢動
明治 11 年 5 月 (1878)	紀尾井坂之變（大久保利通遇刺）

（註）依後藤靖《士族反亂的研究》所收表補訂。參照前揭《明治維新與九州》

這次的事情演變成戰爭的話，師出既無名也無義，對於天下、後世還是國內外，都沒有一句話能站得住腳的，所以實際上的對錯已經很清楚了。因此，政府堂堂正正地公開罪行，鳴鼓討伐他們後，又有誰會非議這樣的舉動呢。在這層意義上，這次的事件對於朝廷而言，實在是不幸中的大幸，連我的心中都忍不住偷笑了起來。（依原文翻譯為口語）

不言而喻，大久保推測桐野利秋等人的造反，西鄉應該並不同意。但不管西鄉是怎麼想的，他人只要還在鹿兒島，就會讓「其影響波及全國，一時之間天下定會瓦解。宛如無異於戊辰東北戰爭之時也。」而這裡如果判斷有誤的話，將攸關「皇國之安危存亡」，所以立即發布了追討命令。

二月二十六日，元老院議官柳原前光以敕使身分，被派遣到鹿兒島。這是為了傳達征討的布告及西鄉、桐野、篠原等人官位的剝奪，還有對縣廳下達指令等臨機應變下的措施。柳原在三月十八日給右大臣岩倉具視的回報書中，是用下面這樣的內容來記錄決定造反的西鄉心情，「正當此時，反亦得誅，不反亦得誅。不如大舉先發制人。遂決意東上」。

內心偷笑的大久保與西鄉的這個處境，可以說歷史上的勝者及敗者在這個時候就已經決定好了。

在熊本以及九州各地激戰了半年多後，九月二十四日，受到征討軍總攻擊的西鄉等人，於鹿兒島的城山戰死，當時西鄉五十一歲。

根據圭室諦成的《西南戰爭》一書，政府軍的兵力為五萬八千五百五十八人，並動用了十九艘船艦（一萬四千一百一十二噸）及軍費四千一百五十六萬多円。《陸軍省第三年報》的報告中，記載政府軍的死傷人數合計一萬六千一九十五人（其中戰死或重傷不治者為六千五百二十七人）。相較於此，西鄉軍約四萬多人中的死傷者，大略為一萬五千人，這從他們「但求一死的氣勢」就可以瞭解戰鬥有多麼的激烈了。

就這樣，被西鄉軍輕視為「死老百姓」的鎮台兵徵兵制軍隊勝利了。

陸軍上將西鄉隆盛及陸軍少將桐野利秋、篠原國幹聯名率兵上京的消息傳到縣廳，是明治十年二月十二日，而當天人在京都的陸軍卿山縣有朋於奏書上寫說，這次南方的叛亂「不可不預料將成天下之大亂」，但結果卻並非這樣。各地不滿的士族並沒有呼應這次的亂事。

但是，雖然這次叛亂的規模很大，但與明治初年的各隊叛亂時，卻有著完全不同的樣貌。恰好此時氣燄正盛的農民一揆並沒有與叛亂結合起來。不，可以說就是為了要將他們分割開來，才於西南戰爭爆發的前一刻頒布了地租減租的詔敕（參見第四一九頁）。內務卿大久保很清楚地預見了局勢的走向。但，更具決定性的因素是在於這次叛亂的性質。叛亂爆發後不久的明治十年三月，在東京迅速發行了西野古海編輯的《鹿兒島追討記》（第一卷，一八七七），書中提到以下的內容：

今日學校黨變動之由來，非良民為伸張其自由，亦非公眾為保護其民權，亦非政府為定國憲，更非為興起我等自由也。結局乃在於為養存各自之私權，為享有各自之私利私榮，僅為發洩各自之私憤並報私怨也。

短短二十頁的這本小冊子還肯定地說，不管「暴徒」如何地找藉口，這都只不過是為了維護士族的特權而已，因為他們「冀望其黨羽外，天下之華士族平民悉為其奴隸。」所以叛亂的本質在於「營私二字」。那麼在看到下一節〈「私議的公議化」抗爭〉中所提到的農民目的後，他們不想淌這場渾水也是理所當然的。

這場西南戰爭的結束，也替士族叛亂畫上了休止符。木戶在這場戰爭中病死（五月，享年四十五歲）。大久保也於來年明治十一年五月遇刺身亡（四十九歲）。維新三傑之死也是維新落幕的預告。

二、「私議的公議化」抗爭

維新的「美事」與「難事」

現在，舉出明治六年（一八七三）以後，所謂地租改正時期的農民一揆（包含都市騷擾、村方騷動）的件數後，如次頁的表47所示。表格中多達三百餘件的一揆，其中大約半數都與土地及租稅有關。徵兵令及學制，或者是對這個時期的其他各項政策的反抗當然也包含在內，但基本上仍舊直接或間接性地與地租改正牽扯在一起。

地租改正即便舉出前文提過的地價這點來看，計算要素也是極其複雜的（參見第三五四頁以下），所以一揆的主要因素在趨勢上，也就不得不多樣化了起來。這些一揆，普遍來說在明治九年時是最高峰，但不管是從表47的件數來看，或者是從後面會提到的農民抗爭內容來看，縱使是明治十年前後的〈減租令〉頒布以後，運動還是不屈不撓地持續展開著。支持農民對地租改正進行抗爭的基礎是很牢固的。

看到前文曾引用過的有尾敬重的《本邦地租的沿革》後，會發現在岡山縣及德島縣，由於連縣廳都包含在內的抵抗運動，使得縣參事以下的官員或是縣令遭到罷免及調動。在長野縣及三瀦縣（後來編入福岡縣）也發生了地租改正事務局與在地的對立。這個中央與在地的對立中，甚至連地方官都沒辦法無視農民方面的抵抗。

《明治初年地租改正基礎資料》（加上補卷共四冊）中，收錄了各縣遞交給地租改正事務局的「詢問」，以及派遣至各縣的事務局人員的〈出差報告書〉等等資料。看了這些資料後，就會清楚地明白農民方面是如何頑強地表達異議、傾訴不滿、抱持疑惑、不願聽從並嘗試抵抗的情形。

伴隨著地租改正的進行，從明治八年左右起，反對這個改正的一揆開始蔓延開來。一到了九年之後，每個月都會在全國的某處爆發一揆。其中尤以五～六月的和歌山縣，及十一～十二

表 47　明治 6～14 年農民一揆件數

年	件數
明治 6 年 (1873)	61
〃 7 年 (1874)	25
〃 8 年 (1875)	29
〃 9 年 (1876)	28
〃 10 年 (1877)	49
〃 11 年 (1878)	16
〃 12 年 (1879)	43
〃 13 年 (1880)	26
〃 14 年 (1881)	28

（註）明治 10 年止依青木虹二《百姓一揆総合年表》；11～14 年依同作者《明治農民騷擾的年次研究》。一揆件數包含農民一揆、都市騷擾、村方騷動

月的茨城與三重（伊勢暴動）兩縣最為知名。

地租改正事務局總裁兼內務卿大久保利通，曾跟心腹內務少輔前島密說：「地租改正是維新之美事，然而亦是難事。」並且在面對接二連三的農民反抗後，最後決定調低地租稅率。大久保在給三條的建言書中都不得不說到：「貧民益衰，富民益頑，政府只恨此事，愁訴亦此事。至最近幾日，各處群聚蜂起，人心之亂殆如亂麻」（明治九年十二月二十七日）。正當此時，一面是熊本神風連、秋月，還有荻之亂接連而起；一面是茨城與三重為中心的農民一揆氣勢高漲。三重的伊勢暴動在這時候還波及愛知、岐阜縣等各地區，並擴大成處刑人數實際上達五萬餘人的大抗爭。

減租令與行政改革

明治十年（一八七七）一月四日下達詔書，發布了當年的太政官布告第一號，內容是從這一年起，地租率由百分之三降為二點五。被傳唱為「竹槍颯地一聲刺出二分五厘」的這個明治政府的讓步，是操作民心的樞紐。這不僅讓士族叛亂得不到力量，也是因為感受到農民一揆深處讓人畏懼的地方。就連西南戰爭爆發後不久，木戶孝允都還說：「沒有像竹槍連這樣讓人懼怕的東西。」

但是，不能忽略掉大久保同時間認為這是「轉禍為福」的「千載好機會」。他之前於明治九年三月提出了關於〈國勢情況實力如何〉及〈各省事務張弛如何〉的建議，同年十二月又重新起草〈行政改革建言書〉，整理出以內務、工部兩省合併為守的十四條「大綱」。雖然沒能實現上述兩省的合併，但從十年一月十一日（減租詔書的一週後）開始著手政府的行政改革，廢除教部省及警視廳後，以內務省接替這兩機關的事務為第一步，還有「簡化政體之組織」、「辭退外國人」等等，大久保實施了上述「大綱」中舉出的大部分內容。透過這些財政及機構的改革，革除了維新以來十年間的弊端，把「模仿歐亞表面的事物」蛻變成「適合日本國」的，就是他的目的（引用處來自上述〈行政改革建言書〉）。

「公議」與「私議」

但是，不管大久保的目的及政府的改革如何，農民方面的反抗還是持續發生。上述有尾的書中也回憶起當初雖然頒布了減租令，但「依然不接受並堅持下去的是愛知縣春日井郡、三重縣朝明郡、山形縣的北村山郡及最上郡、越後北浦原郡、鳥取的久米郡及八橋郡、和歌山縣的牟婁郡、兵庫縣的印南郡、還有除了福井縣的敦賀及若狹以外，福井縣所轄的地方全體等等。」尤其，「這些之中最為嚴重的，是愛知縣的春日井郡及山形的北村山與最上二者。」除此之外，或許也應該加上一揆毫不間斷的熊本縣阿蘇一帶。

上述愛知縣的情況後面會再詳細提及。而山形縣的代表是北村山郡若木新田的板垣董五郎，明治十一年三月時，他接受東根町外七十九個村落減租請願的委託，一切費用全部自行負擔地持續申訴了兩年（響田慶恩、橫山昭男《山形縣的歷史》）。站在石川縣下越前七郡（舊敦賀縣。日後編入福井縣）反對運動最前線的，是有「越前第一大富豪」之稱的杉田定一（鶉山）。這也會在後面提到。

可是，在看到政府、縣廳方面對於這個地租改正反對運動的邏輯後，會發現政府的改正程序上，認為地租改正完全是依據「公議」（公議輿論）以期達到「公平」的，所以斷定反對這項政策的都是「偏見私議」，是種「私論」、「私見」的主張。這種邏輯在前文各縣的「詢問」及地租改正事務局人員的〈出差報告書〉中隨處可見。換句話說，政府方面認為，政府當局的一切行為全部都是公議而正當化，其他全為私議及私見而要被排除。可以說是由「官」獨佔的公議。

愛知縣春日井郡的抗爭

這個公議（官）及私議（民）之間的對立，是經過怎樣的過程而展開的呢？接下來將一邊從近藤哲生的《地租改正的研究》中舉出具體的事例，一邊來看關於愛知縣春日井郡四十三個村落的情形（只要沒有特別事先說明，以下的史料都引自於上書）。

這裡的地租改正反對運動，是從明治十年六月二十二日開始的。當時的縣令是安場保和（熊本縣出身。岩倉使節團一員，後為元老院議官），底下有大書記官國貞廉平（山口縣出身。接任安場的縣令），兩者都是對政府忠心不二的官僚。春日井郡的改正負責官員是荒木利定（九等出仕。熊本縣出身。舊堺縣的地券負責人，且為縣令的近親），抗爭農民方面的領袖則是擔任過郡議員、議長，以及第三大區（春日井郡）區長（但是地租改正過程中辭職）、擁有約十四町土地的大地主林金兵衛。

問題的開端，是要求將縣廳制作的《收穫分賦書》分發給各村落的命令。這個《收穫分賦書》在表面上是採取交付農民協商的形式，但最後還是用對應該縣整體預定地租的方式來修正（參見表48）。從一開始郡議員提出的收穫預定額(A)來看的話，該縣的確定收穫額(C)卻對水田作了比實際上高出兩成但不到三成的修正，而旱田（畑）則是增加了一成到二成七。對於農民方面從(A)讓步為(B)，(C)的決定實在是太過於無視農民方面的要求。這當中的公議是什麼，已經可以看見其真面目的片鱗半爪了。

在林金兵衛居住的和爾良村（舊上條村。明治九年與鄰近的新田村合併後的村名）中，以郡議員林金兵衛為中心，村議員及村內地主共同協議拒絕這份《分賦書》，不久反抗運動到十一年四月時，已經擴大為四十三個村落。

這段期間，對於持續抗拒縣廳「說諭」的和爾良等村落，縣廳認為抗拒一事是「一村之私見」而予以無視，仍依照收穫分賦表來分配新地租。對此舉動，和爾良村於十一年一月七日提出「詢問」。內容提到：「『私見』是怎麼一回事？這是把一郡的議員認為不『平當』（平等）的收穫分賦，還有村民具體陳述的內容都『確定為私見』嗎？」縣廳方面也駁斥說：「這是根據『一郡之公議』決定的村位來分配的，而縣官、郡議員的意見不遵從『系出同源的收穫地價分賦』就是『私見』」。村落方面又再度針對這個「私見」來反駁，縣廳方面也重複一樣內容的答辯。

表 48 春日井郡村位各等級單位面積（反）收穫量 （單位：石）

	村位	1	5	10	13
田	A	1.800	1.405	0.910	0.614
	B	1.886	1.462	0.932	0.614
	C	2.230	1.750	1.150	0.790
	C/A（%）	124	125	126	129
	C/B（%）	118	120	123	129
	村位	1	5	10	15
畑	A	0.990	0.746	0.443	0.139
	B	0.990	0.758	0.468	0.178
	C	1.100	0.893	0.635	0.377
	C/A（%）	111	120	143	271
	C/B（%）	111	118	136	212

（註）依近藤哲生《地租改正的研究》（第 100 頁）作成。原史料無題（林家文書）

A 明治 10 年 4 月 14 日，郡議員提出預定收穫

B 〃 5 月 3 日，郡議員提出修正預定收穫

C 〃 6 月 16 日，縣確定收穫

田的村位分為 1～13、畑分為 1～15 的等位。此處摘記。畑的收穫換算為米；% 以小數點後 1 位四捨五入

公議的真相

農民方面的代表於明治十一年二月前往東京。在這裡，林金兵衛與福澤諭吉等人展開接觸。四月，四十三個村落的運動擴大影響到其他的三十個村落，春日井郡一帶因地租改正的不滿而動盪不安。六月，農民代表出現在中央的改正事務局。他們在這裡受到了東海地區的負責人松平正直（內務權大書記官。石川縣出身）及小山正武（八等出仕，三重縣出身）的說諭。松平十分肯定地提到下面的內容：

> 關於改租，地位銓評順序之設立，從各府縣之適宜後，假令不設其順序，或不履行順序，亦未必不成妨礙。或於縣份，全不設如此之法令。唯因一二官吏之議定後成事，而絮絮不休如此瑣碎小事乃到底無益之事也。

非常恰當且清楚地呈現出官員大肆宣揚的公議底下所隱藏的真相。之前與「一村之私見」處於對立位置的公議，正是「各府縣之適宜」下的產物，有沒有遵循手續並不是問題。簡言之，就算是只憑一人或二人的官吏而決定的事物，只要是官方決定的話，全部都是公議。因此農民方面是不可能會接受的。

七月十八日，面對農民廣泛且長期的抗爭，地租改正事務局採取了讓步的方法。答覆他們說，批准郡各村地主全體協議要求的重新調查，並會依調查結果制定分賦案，與當初的原案比較後再行定奪。返回家鄉的代表受到高達兩萬多名的農民夾道歡迎。

七月二十七日在四十三個村落的人民總代表集會上，說明上述政府的答覆。二十九日，代表前往縣廳。但是縣廳與農民方面之間，對於答覆的解釋卻不同。相對於農民方面的理解是認為重新調查是指從頭再做一次，縣廳則主張只有收穫額度需要修正。雙方仍然是平行線。

地域性分裂與階層性分裂

八月，地租改正事務局下達了三項指令。第一，能否更改修訂分賦由郡會決定；第二，如果決定不予更改，仍以私見反抗郡會決議時，請向警察告發檢舉；第三，即便如此仍不想納稅的情況，則依《公開拍賣法》處理。

近藤哲生認為，第一點雖然與縣廳的理解相反，但同一時間事務局料到該郡會的協商是不會成功的，而第二及第三點則是打壓措施。

不知道是不是這個緣故，郡會一再地流會。這是因先前已經決定好減租的春日井郡西部的郡議員所使出的缺席戰術。近藤先生推測其背後有「縣廳的支持」。農民出現了地域性的分裂。

九月，改正事務局再度對縣廳下達指令。其中就分賦重新調查的意涵，做了接近縣廳方面解釋的回答。然後下令郡的協商期限到十一月二十五日為止，在這個期限之後「一切皆不採用」。而且協商談判破裂的情況下，就以先前訂好的分賦書來調整地價簿，並於十二月二十五日之前上繳稅金。不用說，當然還加上了違反此項官方命令者將受到懲處的內容。

但既然是郡內的各村收穫分賦的更訂，那麼上述的地域性分裂就不可能會消失。因為如果減租的話，那麼可以預料得到減去的稅金就會轉嫁到之前才剛決定要減租的西部地區。進入十月後，分裂更加嚴重而無法進行協商。眼看期限一分一秒地逼近，四十三個村落的村議員，於十一月十七日派遣代表前往改正事務局。同一時刻，村議員以下的農民逐漸跳過郡議員的指示，決定於下一個二十五日，直接上告來名古屋行幸的天皇。

另一方面，郡議員林金兵衛等人則是前往京都，這是為了向正在陪同天皇巡幸中的地租改正事務局總裁大隈重信（大久保的繼任者）呈交私下請願書。請願書上記載他們呈報農民有向天皇直接上訴的跡象，並擔憂「愚昧之村民」會傷害「原本請願的主旨」。

近藤先生認為，當中是身為寄生地主的郡議員階層的「妥協路線」，以及想讓運動從請願「發展」成直接上訴的村議員以下一般農民的「躁進路線」之間的分裂。上述的地域性分裂之上，還加上了階層性的分裂。

福澤諭吉與農民

福澤諭吉為了林金兵衛等人，代筆撰寫寄給內務少輔兼元老院議官前島密（越後〔新潟縣〕

出身。明治十一年一月起兼任為地租改正事務局出仕，二月到來年的十二年三月為止，還兼任勸農局長）的請願書草稿也是這個時候的事情。

這份草稿中記載，以現在的趨勢走向，是不會有「安撫村民之類的可能性」，所以作為同意地租改正的補償，希望謀求能以特別措施，由政府提供借貸款項，並且請願中能暫定以舊租額來繳納等的方法，「村內長老等人絕非是要逼迫官員」，「我們眼下擔心的乃是安撫一事」。還以我絕非村民總代表，所以希望能私下會見作為文章結尾（《福澤諭吉全集》第二十卷）。因此與其說是為了農民，不如說這只不過是福澤提案希望政府能更換成令農民更進一步分裂的安撫妥協政策。

事實上，福澤另一方面還於明治十一年十一月十七日，寫了下面內容的書信給這位前島：

說實在話，之前小生的說法是太亂來了，所以才沒能實現請願。直接向禁裏大人上訴之類根本沒什麼作用，但是默默地向貧窮士族靠攏又不會有什麼好事情。像這樣故弄玄虛地說些大話，到最後卻什麼事情也辦不到，實在有點丟臉。不過，事實上官員這邊情況也不太樂觀，也只能從現在開始設想藉口，不過這次的事情真的很棘手的樣子，金兵衛等人也作了適當的處置，村民也盡可能地告誡他們安分一點了，萬一還是平靜不下來而發生了事情，也不可能天一亮外頭就會有辦法的。不過長老的職責就是為了徹底致力於安撫的這件事情，還望閣下明白（前揭《福澤諭吉全集》第十七卷）。

這篇文章我想是不用說明了。文中提到會約束農民的暴動化，讓他們放棄直接上訴，而且還告誡不要觸及此時的民權運動，並希望「官員這邊的情況」也能逐漸地準備好自己的退路。

福澤大概一定沒想到，上述給前島的請願書草案及這封書信，會在晚年收錄進自己的《全集》裡頭而暴露了內幕。如果這也算是開明知識分子的農民指導或是政治調停的話，那就沒有比這樣更愚弄民眾的事情了。況且福澤在這個事件解決後，為了參加運動的四十二個村（少了一個的原因會在後面提到），交給林金兵衛等人涉及九條的〈節約調停條款〉（明治十二年八月）的公約。公約當中提到近來流行的「舶來」煙酒、糖果及消遣玩具全部都不要買，洋服、蝙蝠傘、靴子、圍巾、肥皂及火柴等等也不要用，更不要在意被說成是趕不上流行的鄉巴佬。

假如不使用舶來品，「這些事情由小處著手，則能達到村落的節約。大處著手則是挽救關係到日本全國會計的權宜之計」，但問題在於福澤對春日井郡農民抗爭運動的評價是下面這樣。他說：「一大群人吵吵鬧鬧，集於此處奔於他處，把浪費掉的大把寶貴時間拿去賺錢的話，又不會有多大損失。」（前揭《福澤諭吉全集》第二十卷）——把賭上生命的農民抗爭，看成是單純浪費時間，並且把這些換算成金錢來衡量其損失程度的想法。

僅僅數年之前，高喊著四民平等、一身獨立的那位「文明開化」的旗手福澤諭吉的風采已不復存在。他現在已經表現出對國權論的偏好，雖然他的主張逐漸朝向官民調和論，但在這裡他是十足的政府代理人，或者只能說他淪落為打手。

回到文章主題吧。

流產的直接上訴

先前將私下請願書呈交給大隈後回到村落的林金兵衛等人，於十一月二十三日前往歧阜。因為天皇一行人正好來到歧阜，當中有經福澤介紹而認識的小泉信吉。林金兵衛等人從小泉那裡接到安撫村民的指示，還被警視廳拜託要盡力阻止直接上訴的發生。林金兵衛等人便即刻與郡議員協商，決議阻止直接上訴的行為。

二十五日上午十一點半左右，從四方八面聚集了為了直接上訴而來的四、五千位農民。在林金兵衛等郡議員拼命地阻止後，直接上訴一事告吹。

之後，從十一月到來年的明治十二年三月為止，雖然林金兵衛等郡議員與村議員以下農民之間產生了對立，但大致上是在林金兵衛等人的指導下進行運動。自不待言，林金兵衛等人雖仍不停地請願，但這個郡議員層還是把重心放在農民的安撫上面。

政府對四十三個村落的壓迫也變大了。二月，有一個村落最終還是脫離了陣營。也制定了對付林金兵衛等人的策略。

第三區區長天野佐兵衛等人聽從縣廳的意思，提出了妥協案。結局是由舊藩主德川家貸出五萬円（但依照償還條款，實際上為三萬五千円），並且以明治十四年起會重新調整作為條件，宣告了這個春日井郡地租改正反對運動的完結。而當重新調整的時候，要以「集議公論」來決定地價，而刪除當初最重要部分的這一點，是具有象徵性的。

四點的特徵

以上的過程之中，浮現出幾點特徵。

第一點，地租改正是在法律上確認農民（地主）的土地所有權，並以此為中心暴露出了政府、縣廳及農民階層之間的基本階級矛盾。

第二點是反對運動進展過程中，由於權力高層使出的政治手段的影響，造成了農民階層內部的分裂（地域性及階層性）。而且由於之前具有寄生地主傾向的上層農民（郡議員階層）與權力高層的妥協，開始輪流地安撫農民。始終想要抗爭的是村議員以下的一般農民階層。

第三點，在上述的基本矛盾及從屬矛盾互相糾扯的過程中，要注意發揮一定政治作用，以福澤為代表的開明知識分子。這些知識分子雖然是第三者的立場，但卻站在安撫的基本立場上，成為權力高層的辯護者（或是打手）。實際上，福澤也在千葉縣的長沼事件中，採取了同樣的態度及手法（明治七年以後，在圍繞長沼漁業權的問題上，縣廳與農民之間產生了對立。對立之中，福澤站在縣廳方面的基本路線，在農民這邊推動會增加農民負擔及深化村與村之間對立的妥協方案）。這也是日本近代思想史家 Hiroda Masaki（ひろた まさき）口中的「明治啟蒙主義的凋零」模樣。（〈日本啟蒙主義的凋落〉）

並且第四點，村議員以下的農民抗爭，總而言之，就是透過直接向天皇上訴的手段來進行的，這一點是不能忽略的。向天皇告御狀的這種手段，也一直影響著之後的民眾運動，但在這次的情況中，假如直接上訴真的發生了，那麼除了把它納入支配理論之外就別無他法了。原因在於天皇正是——如同先前已經本書中闡明的——存在於權力高層高喊的公議理論的最終歸著點上，就是在自己身上體現公議本質的存在。正因為如此，對於和爾良村拒絕接受分賦書而來的恫嚇，就像下面這樣，也就是「向至尊之詔書作對」的人就是「逆賊」，是不能居住在「皇國之內」的。不是滾到美國、歐洲等海外之地去，不然就是接受《分賦書》。可以瞭解官＝公議，及至尊（天皇）＝皇國是連成一條直線的。

這種事情並不是僅僅只有和爾良一村才這樣。石川縣下越前七郡的情況中，負責人也說估量收穫反米（所謂的強加反米）是「縱令富士山崩，估量亦不變；以鐵槌敲打，估量亦不碎。」還放話說：「不接受者即為朝敵，故應赤裸其身流放至外國。」而立論的依據也是說估量收穫反米「此皆為官吏之眾議輿論也」。（雜賀博愛《杉田鶉山翁》）

那麼，難道已經沒有能與之抗衡的理論了嗎？

私議的公議化

帶領上述越前七郡運動的是鶉山杉田定一（一八五一～一九二九）等人。他們於明治十二年（一八七九）八月四日，向石川縣一等屬三橋久實（愛媛縣出身）遞交了〈不服理由書〉，並在四項陳述之中，十分肯定地提到下面的內容：

無論為官還是為民，大家皆平等為人類也。既平等為人類，即便與人民申訴之事有所差異，也無官員之估量絲毫無一謬誤之道理（第三項）。

而且，天皇的聖旨既然是為了要「令賦無厚薄之弊，令人民無勞逸之偏」，那麼官方的這種處置，就不能貫徹這個理念，故為「不服之理由也」。反過來利用了支配的理論。於是，這份理由書便以不服從的正當性來貫穿全文。

這樣一來，在改租手續上獲勝的一方，便於來年的十三年二月十七日，於福井市本覺寺召開了越前七郡的聯合大會。大約一萬有餘的人數雲集於此，其檄文開頭就高聲地主張：「夫人之權利因結合而保全，人之幸福緣於親睦而長生。」因此，檄文斬釘截鐵地斷言以下的內容。各村各郡同心協力，「對非理之所為，絕不屈服其權利，公道之所在則不顧一私之利害，進而將此擴大，竟歸公平至當之改租，小處為之則保全一身一家之自由幸福，大處為之則致全國闔國富強之基，欲以竭盡國民本分也。」這是堂堂正正的呼籲。

在這裡，照著權力高層意思獨佔公議的官方支配理論，被徹底地突破了。因而道破了以下的事實，透過人民的團結來達成私議，而私議擴張下去，也就是私議的公議化，才是確保人們自由及幸福，才是鞏固國家富強根基的原因，才是盡到國民的本分。

看到這裡的話，就已經完全清楚這是與自由民權運動的基本理論相重覆的。事實上，鵜山在自宅的酒倉開設了自鄉學舍，在那裡聚集青年學子，接納各地有志之士，而這成為了越前自由民權運動的基礎。

三、「琉球處分」代表的意義

三種意見

「從現在能夠確認的史料上來看，明治政府首次將琉球問題列入政治議程的時候，是一八七一年（明治四年）七月廢藩置縣前後。」《沖繩縣史》第二卷（一九八九）中是這樣說的。由於納入議程的形式也不是一般的領土及外交問題，可以說與先前提過的蝦夷問題的關心是不一樣的。

可是，讓政府的關心一口氣變得積極的，是前章〈東亞中的日本〉中提到的八瑤灣事件。相關的資訊在明治五年四月十三日，由駐中公使柳原前光向外務省報告，並於約五十天後的五月三十日，向正院遞交了大藏大輔井上馨的「琉球國」相關處置建議。井上在建議中，講述完之前琉球與薩摩、中國相關的歷史、語言、風俗及地形等等之後，提到經過「百度維新」洗禮過的現今，是不能就這樣放著琉球不管的。表現出要一掃從前的「曖昧陋轍」，並應重新採行「擴張皇國規模之措施」的基本態度。在其方法的說明上，提到要避免作出挾帶威力的「侵略所為」，傳喚琉球「酋長」質問他的「不臣之責」，並且在說諭之前的歷史及「順逆之大義」之後，應儘速地將琉球的土地人民納入管理，然後令其制度、稅制同於「內地一軌之制度」。

井上的這個建議中看得到，此地乃「一方之要衝，皇國之翰屏，譬如手足之於頭目」的表現方式。這裡將琉球比為小笠原及樺太，內含著這是更為重要的邊疆據點的意義（松田道之編《琉球處分》）。

井上建議的前後，外務卿副島種臣也於明治五年將琉球國王尚泰（一八四三～一九〇一）列入華族，並且呈報日本應掌握琉球外交權等「牽涉機密」的意見。正院隨即向左院諮詢這個琉球問題，而左院於明治五年六月答覆。答覆內容全部共九章，列舉其要點如下所示：

(1)「琉球國」是「兩屬」於日本及清朝底下的，其「兩屬」的形式是「以名服從於清，以實服從於我國」。

(2)現在這個「兩屬」是為「名義不正」，若是要只從屬於日本就有與中國開戰的危險。即使能免於戰爭，程序上也會引起糾紛而毫無意義。日本只要能給中國「虛文之名」，而取「要務之實」即可。

(3)外務省對琉球的處理方式是，要以「屬國之待遇」來對待琉球，並停止琉球與外國之間的「私交」即可，但要把琉球國主改為琉球藩王或華族則有異議，但若是琉球王（或稱中山王）的話就沒關係。「琉球國主乃是琉球之人，不可與國內之人混同視之」。

(4)日本應冊封琉球王，並允許他接受清朝而來的冊封，將琉球「分明地視為兩屬」。

(5)對於「我同盟之東西洋各國」，以「信義」行「公然之交際」的話，就不會侵擾「我所屬之土地」。因此，「抵禦外寇之備」是不必要的，九州鎮台只要派遣少數兵力前往琉球國內鎮撫即可。

就左院這份答覆的理解，無論是與先前的大藏省（井上）還是外務省（副島），都明顯地有所不同。雖然外務省的內容並不清楚，但大藏省的井上是建議以皇權擴張為基礎，試圖將琉球納入版圖。相較於此，左院的建議很明顯是要在事實上承認琉球為「屬國」，肯定之前的歷史事實並且與琉球保持一定的距離。翻閱《御內用日記》後，會發現當時的琉球支配者認識，到明治四年九月以後，因為日本的「變革」而令琉球這塊土地處於朝廷的支配之下，並且還希望能像之前一樣地維持「附從」於薩州的形式（收錄於《那霸市史》資料篇第二卷第四部）。可以說從結果上來看，左院的意見與琉球支配者階層的希望是相近的。

《近事評論》的見解

對於以上大藏與外務兩省以及左院的三種意見，還有一種與這些看法不同的意見。這見於民權派雜誌《近事評論》第二號的〈琉球藩之紛議〉（明治九年六月十日）。

《近事評論》的這篇見解認為，如果日本擁有管理琉球的道理的話，便應堅決地管轄該地並保護人民，如果是清廷有這種權利的話，就應讓與清廷。換句話說就是不應該採取「曖昧模糊之術策」，而實際上則是把重點放在下面這樣，應當留意的看法上面：

其人民或不好依賴他國之保護，若眾心之所向有欲獨立自治之兆，則我等之務在於育成其萌芽，先天下承認其獨立，向天下證明不應以強凌弱，以大併小之大義，（下略）。

不論這裡提到的「人民」還是「眾心」，指的當然是琉球，可以說是尊重琉球民心趨向的自治獨立論。而且從「強」「大」與「弱」「小」的比較角度，來批判明治政府的「琉球處分」政策。因此，《近事評論》對琉球藩廳表現出同情的態度，並且還主張應該採取「保護該藩人民之權利，周全其幸福，令其永遠毫無遺憾的處置。」（第五號，明治九年七月一日）

琉球政策的特徵

明治政府的琉球政策演變過程，以後頁的年表（表49）來呈現。現在，試著從中舉出幾個代表性的問題。

第一個特徵，一開始由外務省握有主導權的對琉球政策，到了明治七年（一八七四）的台灣問題以後，轉移到了內務省的管轄之下。轉移過去之後，政府便遵循過去大藏省（井上建議）提出的皇權擴張方針，始終地貫徹其強硬政策。並且從「琉球處分」這個當事人本身賦予的稱呼中表露無遺。這是在中日之間的緊張關係中，明治政府對琉球強硬態度的最佳證據。具體上來看，一個是之前中琉關係的毀棄，另一個是「把琉球納入天皇底下中央集權國家機構的框架之內，並為了能迅速且容易地貫徹『朝旨』而謀求〈藩治職制〉的簡樸集中化。」（《沖繩縣史》第二卷）

但是由於這兩點撼動了琉球藩王府支配體制的骨幹，所以支配階層頑強地抵抗。因此，明治政府一方面對於琉球問題的國際化，耗費了相當大的精神（後述）；另一方面則是在應付士族叛亂、朝鮮問題，還有反對地租改正一揆等日益緊張的內外情勢的同時，卻又不得不面對處理這些問題。

內務卿大久保利通隻身深入北京後，並從回國一個月後的明治七年十二月十五日到來年的這段期間，接連不斷地向太政大臣三條實美提出「琉球處分」的相關意見，甚至連「處分」開始的步驟也都想好了。但結果是在完成之前，還花費了約五年的時間，這無非是因為面臨這種客觀情勢，及琉球方面頑強的抵抗。然後，處分官兼內務大丞（明治十年為內務大書記官）松田道之（一八三九～八二）不僅一次兩次地前往琉球，最後第三次的時候，是以一百六十名警官及三百八十多人的軍隊為後盾，才完成處分的。

於是琉球藩成為沖繩縣。布告上頭的日期是明治十二年四月四日（實際的宣布日期是三月二十七日），縣廳置於首里，首位縣令任命由鍋島直彬（舊肥前鹿島藩主）擔任。但是，王族

表 49 「琉球處分」過程年表

明治 4 年 (1871)	7 廢藩置縣開始，琉球國歸鹿兒島縣管轄。11 發生台灣事件。
〃 5 年 (1872)	4 外務省接獲台灣事件報告。5 井上馨的建議。6 左院答申。9 設琉球藩，尚泰為藩王，列華族。成為外務省管轄。10 美國公使，照會締結《美琉和親條約》。藩負債 20 萬兩政府負擔。該年，藩按往例向中國進貢。
〃 6 年 (1873)	3 副島外務卿渡中。4 與那原親方以年頭使身分上京。該年，藩貢米減額。
〃 7 年 (1874)	1 攝政、三司官的任免權收歸政府。2 閣議決定出兵台灣。7 藩歸內務省管轄。11 大久保利通自北京歸國。12 大久保建議「琉球處分」。該年，藩向中國派遣進貢使。
〃 8 年 (1875)	1 為阻斷中琉關係，命三司官等上京。政府就「琉球處分」諮詢法學者 Gustave E. Boissonade。5 藩決定熊本鎮台分遣隊設置於藩內。7 松田道之渡琉，接連發出改革指令。藩側抵抗。9 松田歸京。提出第一回〈覆命書〉。10 藩請願與中國關係續存，遭政府拒絕。
〃 9 年 (1876)	4 美國再度照會《美琉條約》。5 命令琉使退京。藩內的裁判、警察事務歸內務省出張所管轄。6 內務省制定〈那霸出張所在勤警察職務規則〉。《近事評論》第二號刊〈琉球藩之紛議〉。熊本鎮台分遣隊警部、巡查等到達那霸。11 禁止渡中。進貢船停航。12 藩為報告情況，幸地親方等密航中國。
〃 10 年 (1877)	3 中日間「琉球問題」再度表面化。
〃 11 年 (1878)	5 大久保遇刺。伊藤博文繼為內務卿。10 藩，砂糖等購買價格高漲。12 琉球問題國際化，為此，政府命琉球使節退京。
〃 12 年 (1879)	1 松田再渡琉。2 藩拒絕政府命令。松田歸京。政府設臨時取調所，作成處分案。3 松田帶領軍隊、警察三度渡琉。4 公布廢藩，設置沖繩縣。5 尚泰上京。格蘭特約束在中國調停中日。6 縣政基本方針（舊慣溫存）布達。廢止內務省出張所。7 贊成事件。格蘭特來日，提示分島提案。
〃 13 年 (1880)	2 縣廳設會話傳習所。5 政府貸款縣的勸業資金（約 7 萬円）。6 設立師範學校。7 政府決定縣內士族（378 名）的金祿改定。10「分島、改約」案，中日間妥結。12 開設中、小學校。

（註）參照《沖繩縣史》第 2 卷、第 12 卷，及比嘉春潮《新稿沖繩的歷史》等作品
右欄的數字表示月份；「藩」指琉球藩；「縣」指沖繩縣；「政府」指明治政府

及士族為中心的抵抗仍持續著，宮古島上發生了所謂的贊成（サンシイ）事件（「サンシイ」是贊成新縣政的意思）。

這個事件是明治十二年七月，宮古島民對於違反新縣政不合作盟約的一名士族，處以私刑的事件。島上無論是士族或平民，都參加了新縣政不合作的盟約，並簽上姓名蓋上血印以求團結一致。但下里村的年輕士族下地利社（仁屋），卻被警部派出所僱用為翻譯及雜務人員，於是島民對於打破盟約的下地雙親及弟弟，處以流放至伊良部島的「所払」（流刑）制裁，當成是背叛者地監視他們的一舉一動。

以打水婦女與下地之間無意中的口角為開端，島民的怒氣就此爆發了。被認定為事件主謀者的其中一人遭到了逮捕，根據被懲處的奥平昌綱（宮古島下里村士族）的供詞來看，約有一千二百位島民襲擊了派出所，把下地拖出來痛毆致死。雖然像這樣子激烈的事件並沒有在宮古島以外的地方發生，但最起碼在這看到了跨越士族、平民身分的島民，對新縣政的反抗。

但是，松田就連這些的抵抗，也用強權及威壓來硬幹到底。

支配階層的分裂

第二個特徵是，透過特務網路完全掌握了琉球藩內的支配及被支配階層的動向，並巧妙地利用支配階層內部的分裂，以及與民眾之間的龜裂來推行「處分」政策。由接任大久保的內務卿伊藤博文的命令而編輯的《琉球處分》中，松田如實地呈現了這件事情。

根據上述書中內容，琉球的支配階層是「人心頗為洶湧，藩議遂分為二三黨」。第一派為懼怕明治政府的「處分」，並想要儘速遵奉的「政府恩義黨」；第二派是縱使受到「處分」也不變對清廷的情義，百般努力也要阻止的「清國恩義黨」。然後第三派是雖然接受遵奉「處分」，但因為現在立即進行並不是安撫重視清廷信義或是反抗派系的好辦法，所以想要暫且前往東京請願，之後仍毫無辦法的話，便遵奉明治政府的「要路黨」。

這樣說來也可以命名這三黨為明治政府派、清廷派及順應趨勢派。但這終究只不過是從明治政府角度出發的劃分。並不是說政府派就是開明黨，清廷派就是頑固黨。的確，清廷派最為擔心的，就是自己的支配體制會崩潰，所以事實上可以說是保守派。但反過來也能透過所謂頑固黨的眼睛，來敏銳地挖掘出強制推行「處分」的明治政府的本質。

神山庸榮是擔任尚泰近侍的人，他也是頑固黨熱心的積極成員。庸榮對其子庸忠說，透過「王政復古」，現在於朝中掌握大權的是「諸藩之武士」，「三條、岩倉等廷臣不過為傀儡而已，而武士之棟樑者實為薩藩也」，並且提到下面的內容：

此薩人於我苛斂誅求不知滿足，言辱我等君臣孰難忍受。便可知薩領導之政府欲對我等施行者，焉能望為仁政。然而，雖為日本王政之後，但未改霸道，親政未幾便討朝鮮，又出兵台灣。

按日本乃小國也。不測一己之力，頻以兵威脅四鄰，猥以武斷對八荒，日本敗北之日必來。彼敗而至自危，將棄我如弊履。我豈可拱手遵循其政府之命，徒化為好戰之犧牲，行為日本賣身之愚耶。宜護持舊制，顯揚王道，以圖社稷之安穩。

汝會危急存亡之際，切不可有違士節。

聽完這些話的庸忠，也是於明治十二年（一八七九）的「琉球處分」後不久，與為了從事反對運動的三名同志一起亡命到中國的其中一人。上述的文章是從沖繩的新川明的著作《異族與天皇的國家》中引用出來的，庸忠之子神山庸由先生（那霸市三原。一九七三年發行的此書中記載「現為七十四歲」）說，這是父親庸忠為了傳承祖父庸榮的教誨，而寫成文章的。

雖然文章應該多少經過修飾，但當中一心貫徹護持舊制，縱使民眾之事等放在視野之外，但身為琉球支配階級的其中一人，由於親身的體驗而沐浴在「日本」處理沖繩方式上的刺眼陽光之下。不僅是之後提到的「分島、改約」一案，就連戰後的日本也都被這道光芒所穿透。

民眾的生活

那麼，民眾是如何呢？在提及民眾動向之前，先從他們的生活狀態看起。

第二位沖繩縣令上山茂憲隻身於縣內巡視，並於明治十五年五月二十九日向明治政府遞交詳細的報告書。其中的一節提到，除了各間切（自然村被叫做「村」，普通情況下，五個或二十個村會劃成叫做「間切」的行政單位。經過明治之後的改革，村被改稱為「字」，間切則改稱為「村」）村吏的家之外，一般民眾的房子頂多是用茅草來搭蓋屋頂，所以很難抵禦風雨。此外，人們無論是夏天或冬天，身上都只穿著一件芭蕉葉織成的簡陋衣裳。食物的話一年到頭只有甘藷及蘇鐵，「居無席，食無器，雞豬牛羊於家中雜畜，人如畜類並無許多區別。」

而且這份報告書還繼續講到下面這些內容：

終年之內，男耕女織汲汲皇皇。其產出之米、粟、豆，總不足以充貢租。貢糖之外，私買砂糖充為逋欠（租稅不足的部分）之貢租，其餘則充為間切町村內之公費，貢布外之反布亦然。不能自食一粒之米粟，不能自衣一尺之反布。要之，一縣之黎庶三十七萬餘人內，僅數百人除外，皆未曾瞭解人類社會中些許快樂之事。

這是正式公文的表現形式，而根據當時天野孫這號人物的電訊（明治十一年十一月八日）中報告說，農民因當地官員的婚葬喜慶等事而被課稅，「農民的主食三餐都是甘藷，因為甘藷不用額外課稅。簡單地說，農民吃的是甘藷，種稻是用來籌措砂糖的，而且全部都要繳納出去。無論歉收持續多久，租稅也不曾降低。沒辦法繳納貢租的話，就由五人組及親族來負責解決，要是這樣還湊不齊貢租的時候，就轉嫁到整個村落。賣盡家財，出售兒女，直到賣身為奴而止。」（橫瀨夜雨 編《明治初年的世相》）

而且，明治七、八年的時候，還流傳著「若是來琉球（りきう。薩摩方言），請穿稻草鞋，琉球處處是碎石和砂礫」的民謠（宮武外骨《府藩縣制史》）。

民眾的動向

在苛酷的掠奪下，民眾的生活如果是這個樣子的話，對於因「琉球處分」轉換成的「大和之世」，他們會抱持著某種幻想也就不會不可思議了。松田派遣到各間切的說諭官，在他們的「報告書」或「調查書」上提到，農民的動向是「願能盡早施行大和之政事」，或是「島尻地方十年以來皆無如此年之豐收。此乃改革之末可為大和管轄之吉祥徵兆也，農民私下皆高唱萬歲欣喜萬分。」不用說，這當中也有說諭官及特務對松田的迎合。但是卻也無法否定這透露出當地長年苛酷施政之下的部分民心。

但相對地，在「贊成事件」中看到的那種島民激烈的抵抗亦是事實。

民眾的這種「具有兩面性的複合動向，或是支配與被支配的社會構造的形成以及持續地強制與接受的相關關係等去掉之後」，就沒辦法評價沖繩民眾的動向及「琉球處分」了，新川先生的這個意見，本書也有同感。民眾原本在意識及行動上就具有兩面性及難以理解之處，是一種「積極的革新性及消極的保守性於同一主體內，永無止境地同時存在並混雜在一起」的情況。有時會認為他們「充滿著極其好戰的能量，並作為社會變革的主體而存在。」但有時卻是「在社會底層持續地支撐著最為保守部分的存在」。

必須基於民眾這種複雜的本質之上，再來追問「琉球處分」對於民眾而言，究竟是些什麼。

不過，在探究這件事情之前，必須注意到琉球島民與當時從本州湧進、移居到這塊土地上的人們，他們之間的關係讓當時政府神經極度緊繃的事實。

這表現在明治九年（一八七六）六月六日實施的《那霸出張所在勤警察職務規則》（全四章，總計五十條）上。警部以及巡查的勤務規章的第一條，分別是「藩內人民與僑居藩地之府縣人民間，交際上應注意之事項」，並接著規定「應視察雙方有無侵害他人權利等事」（警部），或是「如有異狀應報告警部」（巡查）。

如果再參考其他事項之後，會發現(1)琉球島民與本土的僑居民之間，設有清楚的界線；(2)對於這些本土僑居民本質的掌握及動向上，是相當敏感的；(3)對於僑居民與島民之間的「交際」，還有「抗爭或是口角」的這類事件，要立即採取能夠處理應付的姿態。看來政府非常擔憂本土的民權運動及士族叛亂等的影響，會延燒到琉球，還有島民與僑居民之間的摩擦，會成為「琉球處分」矛盾的導火線。

在這樣子的處心積慮之下，松田強制施行了「處分」。這並不是順應琉球島民的民意，而是正好相反的事件會在後面提到。

國際上的擔憂

第三個特徵要舉出的是，一邊思考不要讓琉球問題成為國際間的焦點，一邊持續推行「處分」的這一點。「琉球處分」是日本與清廷之間關係的基礎，並與朝鮮問題微妙地牽扯在一起。與此同時，如同前一章中所指出的，這也不可能無視與歐美列強之間的國際關係。

對於美國的外交照會，明治政府於明治五年十月時給予「本政府會維持遵行」幕末《美琉條約》的答覆。明治九年四月的再次照會時，雖然認知到由於流動性的對中關係，而難以輕易答覆，但是掛念著與法國及荷蘭之間的條約關係，並為了確保這不會對將來造成妨礙，還是答覆美國說毫無「變更」之意。

明治政府在琉球問題上，為了不讓列強對此施加壓力而顯得十分謹慎。明治十年七月，外務卿代理森有禮摘譯了英人巴爾福與琉球藩的社論（倫敦發行的《東洋雜誌》）並寄送給右大臣岩倉具視，與這件事情不無關係。

軍事上的關心

第四個特徵是「琉球處分」與軍事上的關心的問題。前文的社論中提到，如果英國取得琉球的這些島嶼，並以此為軍事據點的話，「英國於東洋之地位，不知能再進幾分」，文章脈絡中還說，像日本這樣統治琉球是不能「有效」地活用這塊土地的。可以說就是因為這樣，明治政府在認識到這篇社論的重要性之後，才反過來推動「琉球處分」。

於是大久保加速進行第六軍區熊本鎮台的設置，但對此琉球方面則是說，琉球「從來不備寸兵，以禮義立維持之道，外國船來航之時，接待全以口舌而已，治理至今並無異狀」，並認為新設軍營反而會引發與外國之間的問題，所以持反對意見。但從明治九年七月分遣隊駐紮那霸這件事，可以知道明治政府是完全無視於這些反對。

不用說，這件事對外宣稱是「保護藩內之舉」。不過，松田在明治八年七月寄給琉球藩王尚泰的信中，反駁琉球方面針對設置鎮台分營的不需要論點，並從日本整體軍事觀點來說明，這並非琉球一地的問題，而是「日本全國之責」。很明顯地設置分營，並不是單純為了藩內鎮壓而已。

以上各項特徵看到的「琉球處分」的本質，在看過所謂的「分島改約」案問題後，會更加地清楚。

「分島改約」案

那麼，「分島改約」案又是什麼呢？

由於「琉球處分」是日本單方面的強硬政策，所以中日間的「兩屬」問題並沒能得到解決。清廷方面不時地對日本的強硬政策提出抗議，責難這違背了《中日修好條規》，也違反鄰國往來互通友誼的道理。清廷這種態度的背後，其實是懼怕強制推行「琉球處分」的日本，不久後會將勢力也延伸至朝鮮及台灣。

光緒四年（一八七八。明治十一年）四月，從中國駐日公使何如璋寄給直隸總督李鴻章的公文中提到：「琉球既滅，次及朝鮮。（中略）他時日本一強，資以船砲，擾我邊陲，臺澎之間，將求一夕之安不可得。」並且表明：「日人既滅琉球，練之為兵，驅之為寇，轉恐邊患無已時。」（前揭《日支外交六十年史》第一卷）

明治十二年五月到八月這段期間，美國前總統格蘭特拜訪了中日兩國。在格蘭特的調停之下，日本提出的方案是將宮古、八重山兩先島群島讓與中國，取而代之的是《中日修好條規的》修改，以及讓日本取得與列強同樣的中國內陸通商權利。

這是分割才剛剛廢藩、置縣的沖繩縣，並企圖以此犧牲來換取日本條約上的利權。

圖 29 琉球處分、分島案關係圖

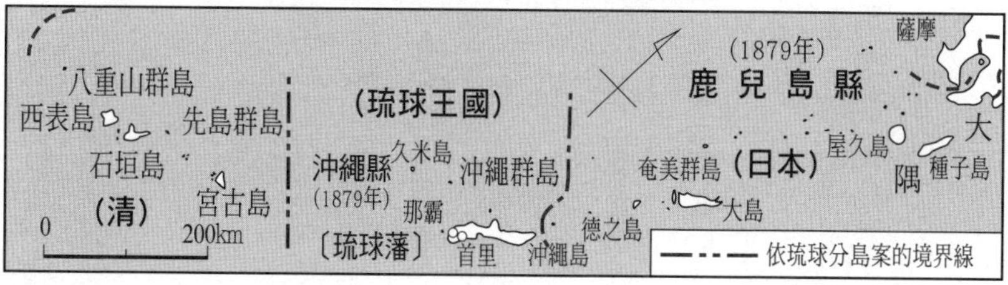

對此，清廷方面則是提出琉球三分案，也就是主張北部（奄美大島）給日本，中部為「琉球王國」，南部（宮古、八重山）則給予清朝的方案（但在《沖繩縣史》第二卷中，則是懷疑清朝方面的三分案是否有正式地被提案出來。參見前頁圖29）。

沖繩出身的歷史學家比嘉春潮的《新稿沖繩的歷史》中，提到了下面這段話：

（中日之間的這次交涉）在沖繩方面，尚泰及極少數的親信隱隱約約地感覺到這次交涉，並作出充滿希望的預測。除此之外，目睹廢藩置縣真相的一般居民就不用說了，而這些宮古、八重山島的島民，大家對於逐漸降臨在自己身上的運命毫無所知。還有，能透過改約而得到利益的人，沒有一個是這時候的沖繩人民。

當時提倡「琉球獨立」論的民權運動理論指導者植木枝盛，對於這個「分島改約」案中明治政府的做法，在《愛國新誌》第二十六號（明治十四年三月六日）上面，拋出了「實在是太過於殘忍酷虐了，可以說達到了野蠻不文的極致」這句充滿強烈憤怒的話。

但我們看到的是，這個「分島改約」案已於明治十三年（一八八〇）十月，依照日本方面的提案協商完畢。

然而，因為碰巧清廷面臨與俄國國界密切相關的伊犁問題，所以條約的簽訂就一再延遲，最後此案遭到了廢棄。由於這樣偶然的條件，才使得沖繩免於被分割。

「琉球處分」的性質

「琉球處分」一定得與這個「分島改約」案合起來看。當中清楚地浮現出「琉球處分」的性質。

過去，伊波普猷說「琉球處分」是「一種奴隸解放」（〈代序〉，喜舍場朝賢《琉球見聞錄》）。相較與此，戰後出現了與其意見正好相反的井上清的見解。井上先生認為琉球是「單一的國家」，或是「單一的小國家」，而其「處分」是一種「侵略的統一」（家永三郎等 編《岩波講座日本歷史》近代三）。此外，也有「琉球處分」是「一種近代化，一種進步，循著『歷史的方向』的發展」的意見（下村富士男著〈「琉球王國」論〉）。還有，「終究是從上而下強制的」「一種解放」（比嘉春潮等《沖繩》）、「從上而下的民族統一」（新里惠二《沖繩史考察》），這樣子具有微妙差異的見解接連不斷地出現。

這些「琉球處分」的見解及評價，一方面與明治維新性格的定義有關，另一方面則是因為對琉球歷史事實認知上的不同而導致的。不過，這些意見每一個都將「琉球處分」看作是「民族統一」，這一點是相通的。

的確無法否定「琉球處分」在客觀上是「民族統一」的這件事。但這終究不過是結果論罷了。如果「琉球處分」與先前看到的「分島改約」問題放在一起看的話，縱然是成為明治維新一環中的霸權「國家統一」，但很明顯地這並非直接意謂著「民族統一」。因為明治政府分割了屬於民族一部分的沖繩，並藉著割棄這塊土地，來企圖換取日本外交上的權利。

更不用說，雖然沖繩民眾對「大和之世」抱持著幻想，但也不能將這個與「琉球處分」直接聯繫起來評價。非但如此，在明治政府對反抗「處分」的琉球支配階層推行優待政策的另一面，沖繩縣設立後反而採行舊慣溫存政策，不管是在土地制度、租稅制度，還是地方制度等方面的改革，都盡可能地延續了下來。而這就只是以前民眾掠奪體制的姑息及延續而已。

本州、北海道、沖繩

現在試著把這些地區與本州的情況作個對照。看到地方制度及選舉制度，明治末到大正初年為止，沖繩在「特別制度」（府縣制特例）的名義之下，受到了怎樣的政治差別待遇是顯而易見的。這當中有著讓人覺得並非同一個國家的巨大落差。

這是在制度上的比較，而「處分」當時的明治政府的想法，從處分官松田於明治十二年六月三日，召集以首里為主的各地士族代表到那霸後，對「縣下一般士族」發出的「告諭」中表露無遺。他以萬一抵制「處分」的行為再不停歇，仍「不改舊態時」為開場白，並繼續講到以下的內容：

於新縣之爾等將成為無法得到任用之人，百職皆由內地人所取，遂至此地土人連一

表 50 本州、沖繩、北海道的行政對比

	本州	沖繩	北海道
廢藩置縣	明治 4 年	明治 12 年	(開拓史)明治 2 年 (札幌、函館、根室三縣)明治 15 年 (北海道廳)明治 19 年
徵兵制施行	明治 6 年	明治 31 年 (1)	(屯田兵制)明治 7 年，(全道)明治 31 年
地租改正施行	明治 6 年	明治 32 年	明治 10 年
市町村制施行	明治 22 年	明治 41 年 (2)	(區制)明治 32 年 (1 級町村制)明治 33 年，(2 級〃)明治 34 年 (5)
府縣制施行	明治 24 年	明治 42 年 (3)	(北海道會)明治 34 年
眾議院議員選舉法施行	明治 23 年	明治 45 年 (4)	明治 35 年

(註)(1) 小笠原島也與此同時(敕令 258 號)。(2) 但為「特別制」，與本土同樣的一般制要到大正 9 年。(3) 但為「特別制」，與本土同樣時間同上。(4) 但宮古、八重山除外，包含此區要到大正 8 年。(5) 2 級町村制為北海道特有，居民無公民權

人之就職亦不可得，自受社會之侮慢，殆有別一般，乃至於恰如亞米利加之土人、北海道之愛奴等樣貌之地步。而此乃爾等自招所至也。

松田稱呼包含士族在內的琉球島民為「土人」，並與美國印地安人及北海道的愛奴人相比。而不能忽略的是對沖繩島民的這種歧視態度，與對北海道愛奴人的歧視是有部分重疊在一起的。

從與北海道比較的角度出發，而於此回顧前文後，就像表50中看到的，北海道與沖繩同樣是被定位於歧視性的政治構造之中。如果要指出當中的差別的話，北海道從維新一開始就在開拓使的管理下，投入聘僱外國人，是「官」主導的開拓實驗場，而且是每年投資國家費用一百多萬円的地方。相較於此，沖繩到了明治十五年（一八八二），每年也有約二十萬円（沖繩的總歲入是六十五萬五千多円，但花在沖繩的地方費用歲出是四十五萬五千多円）被國庫給掠奪而走。

北海道與沖繩的情況，乍看之下表現出投資與掠奪兩種

完全相反的走向，但它們在政治上的支配情況，卻都是國內的殖民地。若是說北海道扮演著日本資本主義發展下矛盾的宣洩出口的角色，而沖繩就是明治政府與琉球支配階層勾結下的掠奪對象。

明治維新的意義

明治維新就是透過這樣的形式，將北海道及沖繩都囊括進來，以近代國家的身分完成了日本的統一。這個日本近代國家統一過程中的政治支配結構，同時與位居新統一國家權力寶座的明治政府領導者，他們的藩閥中心政治結構及支配民眾的樣貌互相重疊在一起，這於本書之前的論述中已清楚講到。

而且，對於這個支配結構，希望「救世」的民眾，在他們奮戰的過程之中，逐漸地開始自覺到自己是政治的主體。請讀者再一次地想起「公議」這個支配思想的關鍵字被民眾反過來轉化成自己抗爭的武器的事實。不久之後，這染上了歐美「自由」及「平等」，或是「民權」的思想，而成為更為廣泛及具深度的組織運動。

明治一〇年代的自由民權運動在日本全國各地的展開，如果沒有這股「救世」以來的潮流，以及民眾自覺地為了打破支配思想框架而不屈不撓的抗爭為背景，是不可能會實現的。這場抗爭同時間連貫了從天皇到被歧視部落的人們，或是從北海道到沖繩，就是為了與明治藩閥政府的差別支配結構決一勝負。

明治維新是十九世紀後半葉被納入世界資本主義後，並藉此而成為日本資本主義形成起點的「革命」。這個「革命」，一方面如前文所述，打造了近代天皇制國家支配結構的基礎，另一方面又成為勇敢不屈地向此支配結構宣戰的民眾抗爭的新出發點。正因為如此，明治維新也才能成為此後民眾抗爭的「革命」原點。

維新以後的權力是想透過「王政復古」及天皇的絕對化，來主張明治天皇制國家的正統性及必然性。相對於此，與之對決的陣營是將維新的「革命」經驗導入民眾這邊，並藉此主張、摸索維新的其他可能性。起碼直到明治二十七～二十八年（一八九四～九五）的日清（甲午）戰爭之前，是存在著與「王政復古」維新觀格格不入的各式各樣維新觀點，而能當成是明治維新的一種特徵（參考拙著《明治維新觀的研究》）。

這個維新可能性的主張，如果是「正」的角度的話，那麼這個可能性是以日清戰爭為轉機，一下子向天皇制權力屈服並且被吸納進去。接著經過日俄戰爭及工業革命之後，作為日本帝國主義的成立＝天皇制的確立而體制化的這一點，就能被設定成為「負」的角度。明治維新是在政治、軍事、經濟，或是社會、思想、文化等所有方面上都兼具能從這「正」「負」兩種角度來釐清的一大變革。這是十九世紀後半葉世界史階段上，亞洲中的日本的「革命」特質，同時也因明治維新性格的複雜程度及分析上的困難，現在仍然阻擋在我們的面前。

如此的明治維新應該如何綜合地重新來理解，本書的研究成果及論述若能成為今後研究的一個切入點的話，將倍感榮幸。

相關大事年表

西曆	年號	日本	世界
一八六七	慶應三年	3將軍慶喜奏請兵庫開港的敕許。允許岩倉具視等入京。4高杉晉作逝世（29）。5土佐藩士板垣退助等與鹿兒島藩士小松帶刀等訂立起兵討幕之盟。6薩土結成大政奉還的盟約。坂本龍馬船中八策。9薩長締結盟約。長藝的出兵盟約。10土佐藩提出大政奉還建言書。岩倉具視親手交給大久保利通討幕詔書。將軍慶喜上奏大政奉還。11坂本龍馬（33）中岡慎太郎（30）遭暗殺。12兵庫開港、大坂開市。小御所會議，王政復古的大號令。本年八月到來年四月發生「這不挺好嗎」。	4北德聯邦成立。6奧匈帝國成立。10美國佔領阿拉斯加。
一八六八	明治元年	1鳥羽伏見之戰爆發。2德川慶喜隱居於上野寬永寺。堺事件、英公使巴夏禮襲擊事件。3相樂總三等作為偽官軍而被斬首。五箇條的誓文。公布五項禁令。4江戶城開城。閏4政體書。5奧羽越列藩同盟成立。上野彰義隊敗北。新政府發行太政官幣。7江戶改名為東京。8榎本武揚逃離江戶。9改元明治。會津藩開城投降。10藩治職制。	8中國揚州民眾襲擊英人宣教師（揚州事件）。12英國第一次格萊斯頓（William E. Gladstone）自由黨內閣成立。
一八六九	明治二年	1薩長土肥四藩主上奏版籍奉還。政府宣布廢除諸道關門。2設置通商司、造幣局。依〈府縣施政順序〉獎勵小學校的設置。4脫籍浮浪人復籍措施。5五稜郭開城，榎本武揚等投降。6同意版籍奉還。7改革政府官制。設置神祇官、太政官、開拓使等職。8蝦夷地方改稱為北海道。本年農民一揆頻起。	5美國完成太平洋鐵路。11蘇伊士運河開通。

一八七〇	明治三年	1大教宣布之詔。長州藩各隊脫隊騷動。2政府向各藩發布常備兵編成規則（禁止新設軍隊）。3東京到橫濱間鐵路測量開始。4制定〈宣教使心得書〉，推動國民教化運動。7民部、大藏兩省分離（民藏分離問題）。8柳原前光為通商交涉赴中。9宣布藩制改革。閏10設立工部省。本年排佛毀釋運動蔓延。	6天津基督教教會被縱火。7普法戰爭爆發。9法國共和國宣言。10義大利統一。
一八七一	明治四年	1東京、京都、大阪之間開始郵政業務。參議廣澤真臣遭到暗殺（39）。2以薩長土三藩軍隊設立親兵。4先於石卷、小倉設置鎮台。5制定新貨條例。7廢藩置縣詔書。創設文部省。中日修好條規於天津簽署。8廢除「穢多、非人」稱呼。9准許田畑勝手作。熊本洋學校建校。10廢除宗門人別帳。委託三井組發行大藏省兌換證券。11岩倉具視等特命全權大使一行人從橫濱出發。全國縣份改制為三府七十二縣。	1德意志帝國成立。3巴黎公社成立。6朝鮮大院君於全國都市建立斥洋碑。
一八七二	明治五年	2土地永代買賣解禁。福澤諭吉撰寫《勸學篇》初篇。《東京日日新聞》創刊。3廢除親兵，改置近衛兵。4廢除庄屋、名主、年寄等稱呼。5天皇出發巡幸中國地方以西地區。6岩倉大使宣布中止對美條約的修正交涉。7正式開始發給壬申地券。8頒布學制。9將瑪麗亞．路斯號上的中國苦力引渡給中國使節。任命琉球國王尚泰為琉球藩王。新橋到橫濱間鐵路啟用典禮。11採用陽曆。徵兵之詔。國立銀行條例。	5俾斯麥於議會上向天主教勢力宣戰。8清廷派遣最早的美國留學生。
一八七三	明治六年	2撤去禁止天主教的告示。3神武天皇即位日改稱為紀元節。此時斷髮者變多。5井上馨、澁澤栄一在財政改革意見上爭辯而辭職。大久保利通歸國。6第一國立銀行成立。7公布地租改正條例。8閣議決定派遣西鄉隆盛前往朝鮮。9岩倉具視等歸國。10朝鮮遣使無限延期，以西鄉為首，副島種臣、後藤象二郎、板垣退助、江藤新平等下台（明治六年十月政變）。11設立內務省。12制定秩祿奉還之法。本年反對徵兵一揆頻起。	2清同治皇帝開始親政。6同治皇帝首次接見外國使節。11法軍佔領河內。朝鮮大院君失勢，閔妃一族掌握政權。

一八七四	明治七年	1板垣退助等遞交民選議院設立建言書。2江藤新平等的佐賀之亂。閣議決定征討台灣。3制訂秩祿公債證書發行條例。《明六雜誌》創刊。4立志社於高知創立。5西鄉從道登陸台灣。6鹿兒島設立私學校。8為了交涉台灣問題，大久保利通赴中。10北海道採行屯田兵制。11小野組破產，關門大吉。	3越南成為法國的保護國（第二次西貢條約）。7清廷下令台灣增兵五千人。
一八七五	明治八年	1英法公使宣布撤回駐紮於橫濱的軍隊。2板垣退助、大久保利通、木戶孝允等於大阪會面，政治改革意見上達成一致（大阪會議）。立志社及各地民權政社的號召下，組織成愛國社。3設立地租改正事務局。4漸次立憲政體之詔書。5簽署樺太、千島交換條約。6召開地方官會議。制訂讒謗律、新聞條例。9江華島事件。修正出版條例，移交內務省管轄。12為了江華島事件的談判，派遣黑田清隆、井上馨。	1清光緒皇帝即位。5德國社會工人黨通過「哥達綱領」。6清廷主張越南為中國屬地，拒絕承認西貢條約。
一八七六	明治九年	1德富蘇峰等於熊本花岡山上訂立信教盟約（熊本佈道團）。2簽訂日朝修好條規。3廢刀令。6天皇出發巡幸奧羽。7私立三井銀行開始營業。8制定金祿公債證書發行條例。9向元老院下達敕語，命令起草國憲。開拓使於札幌設立啤酒釀造所。10神風連之亂、秋月之亂、荻之亂爆發。12茨城及三重等地爆發反對地租改正的農民一揆。內務卿大久保利通建議地租減額。	2朝鮮儒者崔益鉉主張排日。5土耳其爆發青年土耳其黨軍事政變。9清朝、英國之間簽訂煙台條約。
一八七七	明治十年	1地租減輕之詔。廢除教部省、東京警視廳，其業務由內務省管轄。2西鄉隆盛等率兵從鹿兒島出發包圍熊本城。4黑田清隆等政府軍進入熊本城。西鄉軍敗退。東京開成學校與東京醫學校合併改稱為東京大學。5木戶孝允逝世（45）。6政府駁回立志社總代理片岡健吉的國會開設建言。8第一回國內勸業博覽會於上野公園召開。9西鄉隆盛（51）、桐野利秋（40）等於城山自盡，西南戰爭結束。	4清廷為建立海軍，派遣留學生前往英法。俄國向土耳其宣戰（俄土戰爭）。

一八七八	明治十一年	5大久保利通遭暗殺（49）。6第一國立銀行於釜山開設支店（首次前進海外）。7制定郡區町村編制法、府縣會規則、地方稅則（三新法）。8近衛兵暴動（竹橋事件）。9大阪召開愛國社復興大會。12設立参謀本部。	6召開德俄奧英法義等七國與會的柏林會議（修訂聖斯特凡諾條約）。
一八七九	明治十二年	3向琉球藩王宣布廢藩置縣，松田道之率領軍隊接收首里城。4宣布廢除琉球藩並改為沖繩縣。7美國前總統格蘭特來日訪問。9廢除〈學制〉制定〈教育令〉。	10中俄之間簽訂伊犁條約，德奧同盟成立。

青木虹二《明治農民騷擾の年次的研究》，新生社，1967
青木虹二《百姓一揆総合年表》，三一書房，1971
那覇市企画部市史編輯室 編《那覇市史》資料篇第 2 巻第 4 部，那覇市出版，1971
後藤靖《士族反乱の研究》，青木書店，1967
宮武外骨《府藩県制史》，名取書店，1941
家永三郎等 編《岩波講座日本歷史》近代 3，岩波書店，1962
陸軍省《陸軍省第三年報》（膠卷版），日本図書センター，1989
湖東小史《世帯論》，收錄於田中ちた子、田中初夫 編《家政学文献集成 続編》第 12 冊，渡辺書店，1970
喜舎場朝賢《琉球見聞録》，親柏朝擢出版，1914
新川明《異族と天皇の国家》，二月社，1973
新里惠二《沖繩史を考える》，勁草書房，1970
誉田慶恩、横山昭男《山形県の歷史》，山川出版社，1998
慶応義塾 編《福澤諭吉全集》，岩波書店，1971
雑賀博愛《杉田鶉山翁》，鶉山会，1928
横瀬夜雨 編《明治初年の世相》，新潮社，1927
ひろた まさき〈日本啓蒙主義の凋落：福沢諭吉の変貌〉，史學研究会 編《史林》第 47 巻 6 号，1964/11

第十一章

大隈重信《開国大勢史》，早稲田大学出版部、実業之日本社，1913

王芸生 著，長野勳、波多野乾一 編譯《日支外交六十年史》第 1 卷，建設社，1933~1936

日本史籍協会 編《大久保利通文書》，東京大学出版会，1983

西郷都督樺山總督紀念事業出版委員会 編《西郷都督と樺山總督》，西郷都督樺山總督紀念事業出版委員会，1936

児玉幸多 編《標準日本史地図》，吉川弘文館，1980

彭澤周《明治初期日韓清関係の研究》，塙書房，1969

亀井高孝 編《標準世界史地図》，吉川弘文館，1958

渡辺修二郎《東邦関係》，奉公会，1894

戴天昭《台湾国際政治史研究》，法政大學出版局，1971

第十二章

大久保利謙 監修《明治維新と九州》，平凡社，1973

下村富士男〈「琉球王国」論〉，日本歷史學会 編《日本歷史》第 176 號，吉川弘文館，1963

土屋喬雄、小野道雄 編著《明治初年農民騷擾録》，南北書院，1931

王芸生 著，長野勳、波多野乾一 編譯《日支外交六十年史》第 1 卷，建設社，1933~36

太政官記録局 編《太政類典》，龍溪書舍，1994

比嘉春潮等《沖縄》，岩波書店，1963

比嘉春潮《新稿沖縄の歴史》，三一書房，1970

田中彰《明治維新観の研究》，北海道大學図書刊行会，1987

地租改正資料刊行会 編《明治初年地租改正基礎資料》含補卷 4 冊，有斐閣，1971

圭室諦成《西南戰爭》，至文堂，1966

西野古海 編《鹿児島追討記》第 1 卷，木村文三郎出版，1877

有尾敬重《本邦地租の沿革》，日本勸業銀行毎日会，1914

沖縄県教育委員会 編《沖縄県史》第 2、12 卷，国書刊行会，1989

近藤哲生《地租改正の研究》，未來社，1967

松田道之 編《琉球處分》，收錄於《沖縄県史》第 12 卷，国書刊行会，1989

岩手県《岩手県史》第 8 巻，岩手県，1963
松下芳男《明治軍制史論》，国書刊行会，1978
松下芳男《徵兵令制定史》，五月書房，1981
青木虹二《百姓一揆総合年表》，三一書房，1971
服部之總〈陸奥宗光〉，《服部之總全集》17，福村出版，1974
南部助之丞 編《米相場考》，南部助之丞出版，1890
鹿野政直〈日本軍隊の成立〉，《歴史評論》第 46 號，校倉書房，1953
陸軍省《陸軍省第二年報》（膠卷版），日本図書センター，1989
陸軍省《陸軍省第三年報》（膠卷版），日本図書センター，1989
新見吉治《壬申戸籍成立に関する研究》，日本學術振興会，1959
福島正夫 編《「家」制度の研究》資料篇 1，東京大学出版会，1959
福島正夫《地租改正》，吉川弘文館，1968
福島正夫《地租改正の研究》，有斐閣，1970

第十章

大久保利謙 編《明治啓蒙思想集》〈解說〉，筑摩書房，1967
小崎弘道〈日本基督教史〉，收錄於《小崎弘道全集》第 2 卷，日本図書センター，2000
千葉寿夫《明治の小学校》，津輕書房，1987
山路愛山《現代日本教会史論》，警醒社書店，1906
北海道總務部行政資料室 編《赤れんが》第 11 號，1971
木代修一 編《井上省三伝》，井上省三紀念事業委員会，1938
仲新《近代教科書の成立》，大日本雄辯会講談社，1949
仲新 監修《日本近代教育史》，講談社，1973
加藤弘之《真政大意》，山城屋佐兵衛出版，1870
加藤弘之《国体新論》，稲田佐兵衛出版，1874
加藤祐一 講解《文明開化》，積玉圃，1873~74
植手通有《日本近代思想の形成》，岩波書店，1974
菅沼竜太郎 譯《ベルツの日記》，岩波書店，1979
熊本女子大學郷土文化研究所 編《明治の熊本》，日本談義社，1957
横河秋濤《開化の入口》，松邑九兵衛出版，初編 1873，二編 1874

後藤靖〈家禄の整理と士族動向〉，收錄於《明治前期郷土史研究法》，朝倉書店，1970

高倉新一郎《アイヌ政策史》，日本評論社，1942

高倉新一郎〈この道の大家〉，《アイヌ研究》，北海道大学生活協同組合，1966

原口清《日本近代国家の形成》，岩波書店，1968

原口清《明治前期地方政治史研究》上，塙書房，1972~74

渡辺修二郎《東邦関係》，奉公会，1894

渡辺幾治郎《明治史研究》樂浪書院，1934

梅溪昇《お雇い外国人①概説》，鹿島研究所出版会，1968

陸奥宗光伯七十周年紀念会 編《陸奥宗光伯》，陸奥宗光伯七十周年紀念会出版，1966

勝田孫弥《大久保利通伝》，同文館，1921

榎本守恵、君尹彥《北海道の歴史》，山川出版社，1975

旗田巍《日本人の朝鮮観》，勁草書房，1969

德富蘇峰《近世日本国民史》第 84 卷，近世日本国民史刊行会，1961

Carig、Shively 編，本山幸彥等 監譯《日本の歴史と個性》下卷，ミネルヴァ書房，1974

第九章

大場正巳《農家経營の史的分析》，東洋経済新報社，1961

中野了隨 編《改正徵兵心配なし》，鶴鳴堂，1884

丹羽邦男〈地租改正と農業構造の変化〉，《日本経済史大系》5 近代上，東京大学出版会，1965

戶谷敏之《近世農業經營史論》，日本評論社，1949

田中彰《長州藩と明治維新》，吉川弘文館，1998

西田勝《近代文学の潛勢力》，八木書店，1973

有尾敬重《本邦地租の沿革》，日本勸業銀行每日会，1914

有元正雄〈地価算定方式〉，收錄於《日本歴史の視点》，日本書籍，1973

利岡中和《真人横川省三伝》，大空社，1996

永井秀夫〈地租改正と寄生地主制〉，宇野弘藏 編《地租改正の研究》上卷，東京大学出版会，1957

石附実《近代日本の海外留学史》，中央公論社，1992
田中彰《岩倉使節団》，講談社，1977
田中彰《岩倉使節団の歴史的研究》，岩波書店，2002
吉川利一《津田梅子》，津田塾同窗会，1956
多田好問 編《岩倉公実記》，原書房，1968
成島柳北《柳北遺稿》下，博文館，1892
成島柳北《柳橋新誌》，岩波書店，1940
金井之恭等 編《校訂明治史料 顯要職務補任録》柏書房，1967
前田愛《幕末・維新期の文学》，法政大学出版局，1972
渡辺修二郎《新旧時代》第 2 年第 2 冊，明治文化研究会，1926
森谷秀亮〈岩倉全権大使の米欧回覧〉，收錄於史學会 編《東西交涉史論》下卷，大空社，1997

第八章

三宅雪嶺《同時代史》第 1 卷，岩波書店，1949
大霞会 編《內務省史》全 3 卷，地方財務協会，1971
小川為治《開化問答》，丸屋善七等人出版，1874~75
山中永之佑《日本近代国家の形成と官僚制》，弘文堂，1974
土屋喬雄《維新経済史》，中央公論社，1942
升味準之輔《日本政黨史論》第 1、2 卷，東京大学出版会，1965~6
木戸公伝記編撰所 編《松菊木戸公伝》，明治書院，1927
石塚裕道《日本資本主義成立史研究》，吉川弘文館，1973
矢部新作〈大久保利通〉，《史海》第 17 卷，1892/10
北海道 編《新北海道史》第 3 卷，北海道廳，1971
多屋弘 編《東本願寺北海道開教史》，真宗大谷派本願寺札幌別院，1950
西村隼太郎 編《官員録》，西村組出版局，1877
早稲田大学史編集所 編《大隈重信は語る》（大隈重信叢書第 1 卷），早稲田大学出版部，1969
金井之恭等 編，三上昭美 校訂《校訂明治史料 顯要職務補任録》，柏書房，1981
青木周藏《青木周藏自伝》，平凡社，1970

姉崎正治《切支丹禁制の終末》，同文館，1926
京都市 編《京都の歴史》，七學藝書林，1974
杵築市教育委員会 編《杵築市誌》，杵築市誌刊行会，1968
浦川和三郎《浦上切支丹史》，国書刊行会，1973
宮內廳 編《明治天皇紀》第 1，吉川弘文館，1968~77
宮田登《生き神信仰》，塙書房，1970
宮地直一《神祇史大系》，明治書院，1941
家永三郎、松永昌三、江村榮一 編《明治前期の憲法構想》，福村出版，1985
鹿野政直《資本主義形成期の秩序意識》，筑摩書房，1969
魚津市史編纂委員会 編《魚津市史》下巻，魚津市，1972
維新史料編纂会 編修《維新史》第 5 卷，吉川弘文館，1983
隠岐島誌編纂係 編《隠岐島誌》，島根県隠岐支廳，1933
藤谷俊雄〈国家神道の成立〉，收錄於《日本宗教史講座》第 1 卷，三一書房，1971
Ernest M. Satow "*A Diplomat in Japan*", 1921（日譯《一外交官の見た明治維新》，坂田精一 譯，岩波書店，1960
William E. Griffis "*The Mikado, Institution and Person*", 1915.

第七章

三宅雪嶺《同時代史》第 1 卷，岩波書店，1949
大島隆一《柳北談叢》，昭和刊行会，1943
下村富士男《明治初年條約改正史の研究》，吉川弘文館，1970
久米邦武 編《特命全権大使米欧回覧実記》，博聞社，1878
久米邦武 述，中野禮四郎等 編《久米博士九十年回顧録》，早稲田大學，1934
久米美術館 編《久米邦武文書》全 4 冊，吉川弘文館，1999~2001
日本史籍協会 編《木戸孝允日記》，東京大学出版会，1985
円城寺清 編《大隈伯昔日譚》，東京大学出版会，1980~81
木村毅《日米文学交流史の研究》，講談社，1960
石井孝〈岩倉使節団の対英交渉〉，《文化》第 36 期 1、2 號，東北大學文學会，1972

円城寺清 編《大隈伯昔日譚》，東京大学出版会，1980~81
升味準之輔《日本政黨史論》第 1 卷，東京大学出版会，1965
古島敏雄 監修《長野県政史》第 1 卷，長野県，1971~73
岡本武雄《王政復古戊辰始末》，金港堂，1888
林正巳《府県合併とその背景》，古今書院，1970
武田楠雄《維新と科學》，岩波書店，1972
東京大學史料編撰所 編《明治史要》，東京大学出版会，1966
後藤靖《士族反亂の研究》，青木書店，1976
後藤時男《苗木藩政史研究》，中津川市，1982
指原安三 編《明治政史》，富山房，1892~93
原口清〈明治初年の国家権力〉，《法經論集》第 16 號，靜岡大學法經短期大學部，1963/10
原口清《日本近代国家の形成》，岩波書店，1968
原口清《明治前期地方政治史研究》上，塙書房，1972~74
宮武外骨《府藩県制史》，名取書店，1941
浅井清《明治維新と郡県思想》，巖松堂，1939
森田誠一〈幕末、維新期における肥後熊本藩〉，收錄於大久保利謙監修《明治維新と九州》，平凡社，1973
福島正夫《日本資本主義と「家」制度》，東京大学出版会，1967
新保博《日本近代信用制度成立史論》，神戸大學研究雙書刊行会，1968
德冨健次郎《竹崎順子》，福永書店，1923
維新史料編纂会 編修《維新史》第 5 卷，吉川弘文館，1983
関山直太郎《日本貨幣金融史研究》，新経済社，1943

第六章

片岡弥吉《浦上四番崩れ》，筑摩書房，1963
加藤玄智《本邦生祠の研究》，国書刊行会所，1985
圭室文雄〈明治初期の宗教政策〉，《明治前期鄉土史研究法》，朝倉書店，1970
村上重良《国家神道》，岩波書店，1970
村上專精等 編《明治維新神佛分離史料》全 5 卷，名著出版，1970

第四章

下山三郎〈近代天皇制研究の意義と方法〉，《歴史學研究》314 期，1966/7

大久保利謙〈幕末政治と政権委任問題 〉，《史苑》第 20 巻 1 號，1959/4

大久保利謙 監修《明治維新と九州》，平凡社，1973

小野武夫《維新農村社会史論》，刀江書院，1968

久米邦武 述，中野禮四郎等 編《久米博士九十年回顧録》，早稲田大学，1934

中根雪江《丁卯日記》，東京大学出版会，1988

日本史籍協会 編《勤王秘史佐佐木老侯昔日談》，東京大学出版会，1980

佐賀県史編さん委員会 編《佐賀県史》下巻，佐賀県史料刊行会，1967

尾佐竹猛《維新前後に於ける立憲思想》，實業之日本社，1948

松浦玲《日本人にとって天皇とは何であったか》，邊境社，1974

高知地方史研究会 編《土佐藩政録》下，高知市立市民図書館，1969~70

宮内廳 編《明治天皇紀》第 2，吉川弘文館，1968~77

福島正夫《地租改正》，吉川弘文館，1968

福家惣衛《香川県近代史》，上田書店，1959

維新史料編纂会 編修《維新史》第 5 巻，吉川弘文館，1983

第五章

大内兵衛、土屋喬雄 編《明治前期財政経済史料集成》第4巻，原書房，1979

大内兵衛、土屋喬雄 編《明治前期財政経済史料集成》第9巻，原書房，1979

山県有朋 編《陸軍省沿革史》，陸軍省，1905

中井信彦〈商人地主の諸問題〉，收錄於歴史學研究会 編《明治維新と地主制》，岩波書店，1956

日本史籍協会 編《広沢真臣日記》，東京大学出版会，1973

丹羽邦男《明治維新の土地変革》，お茶の水書房，1962

第三章

三浦梧樓《観樹将軍回顧録》，小谷保太郎 編，大空社，1988
土屋喬雄、小野道雄 編著《明治初年農民騷擾録》，南北書院，1931
山主政幸〈明治戶籍法の一機能〉，收錄於福島正夫 編《戶籍制度と「家」制度》，東京大学出版会，1959
石川卓美《平川文化散步》，山口市平川公民館，1972
永海一正《近世隱岐島史の研究》，報光社，1972
江馬修《山の民》，北溟社，1973
安丸良夫《日本の近代化と民衆思想》，青木書店，1974
佐々木潤之介 編《村方騷動と世直し》上、下，青木書店，1972~73
長谷川伸《相樂総三とその同志》，新小說社，1943
青木虹二《明治農民騷擾の年次的研究》，新生社，1967
青木虹二《百姓一揆総合年表》，三一書房，1971
青木虹二、森嘉兵衛 編《日本庶民生活史料集成》第13卷，三一書房，1970
高木俊輔《維新史の再発掘：相楽総三と埋もれた草莽たち》，日本放送出版協会，1970
高木俊輔《明治維新草莽運動史》，勁草書房，1974
栗原隆一《幕末諸隊始末》，新人物往来社， 1972
栗原隆一《幕末諸隊100選》，秋田書店，1974
野御民稿《諸隊編製》，山口県文書館藏
島根県 編《新修島根県史》，島根県，1966~67
島崎藤村《夜明け前》第2部，新潮社，1935
隱岐島誌編纂係 編《隱岐島誌》，島根県隱岐支廳，1933
藤井甚太郎、森谷秀亮《綜合日本史大系第12卷 明治時代史》，內外書籍，1939~40
藤田省三《天皇制国家の支配原理》，未來社，1974
《諸隊万控》，山口県文書館毛利家文庫
《脫隊人名控》，山口県文書館藏
《忠愛公伝》（稿本）
Edgerton H. Norman "*Soldier and Peasant in Japan: The Origins of Conscription*", 1943（日譯《日本の兵士と農民》大窪愿二 譯，岩波書店，1958）

第二章

大久保利謙〈五ヶ条の誓文に関する一考察〉，《歴史地理》第 88 巻 2 號

久米邦武 述，中野禮四郎等 編《久米博士九十年回顧録》，早稲田大学，1934

中須賀哲朗 譯《英国公使館員の維新戦争見聞記》，校倉書房，1974

井上清《日本現代史 I 明治維新》，東京大学出版会，1951

元木省吾《函館郷土史話》，函館郷土史研究会，1965

今泉鐸次郎《河井繼之助伝》，象山社，1980

內藤清孝《蝦夷事情乗風日誌》，哈佛大學燕京図書館藏

石井孝《維新の內乱》，至誠堂，1968

石井孝《明治維新の舞台裏》，岩波書店，1975

石光真人 編著《ある明治人の記録》，中央公論社，1971

田中彰《北海道と明治維新》，北海道大學図書刊行会，2000

北海道 編《新北海道史》 第 2 巻（通説 1），北海道，1970

安藤英男《河井繼之助》，新人物往来社，1973

安藤英男 校注《塵壺：河井継之助日記》，平凡社，1974

佐藤三郎《酒田の本間家》，中央企画社，1972

判沢弘〈宮島誠一郎と雲井龍雄〉，收錄於思想の科學研究会 編《共同研究明治維新》，徳間書店，1975

芳賀徹《明治百年の序幕》（大世界史 21），文芸春秋，1969

武者小路穰〈戊辰役の一資料〉，《史學雜誌》61-8，1952/8

洞富雄《種子島銃》，校倉書房，1959

高谷道男 編譯《ヘボン書翰集》，岩波書店，1959

原口清《戊辰戰爭》，塙書房，1963

菅野八郎〈八老独年代記〉，收錄於庄司吉之助等 校注《民衆運動の思想》，岩波書店，1970

勝部真長等 編《勝海舟全集》，勁草書房，1972~82

維新史料編纂会 編修《維新史》第 5 巻，吉川弘文館，1983

遠山茂樹《明治維新》，岩波書店，1951，1972 年改版

遠山茂樹《明治維新と現代》，岩波書店，1968

William E. Griffis "*The Mikado, Institution and Person*", 1915（日譯《ミカド》，亀井俊介 譯，岩波書店，1995）

參考文獻

序章

春畝公追頌会 編《伊藤博文伝》上卷，原書房，1970

第一章

土屋喬雄《日本社会経済史の諸問題》，平凡社，1947

井上清《日本現代史 I 明治維新》，東京大学出版会，1951

丸山真男 編《歴史思想集》，筑摩書房，1972

文部省 編《小学国史》下卷，文部省，1941 刊行

平尾道雄《龍馬のすべて》，高知新聞社，1995

石井孝《增訂明治維新の国際的環境》，吉川弘文館，1996

西垣晴次《ええじゃないか》，新人物往來社，1973

竹越与三郎《新日本史》上、下，岩波書店，2005

青木虹二《百姓一揆総合年表》，三一書房，1971

金澤誠等 編《華族》，北洋社，1978

板坂元《日本人の論理構造》，講談社，1971

宮內廳 編《明治天皇紀》第 1，吉川弘文館，1968

宮田登《ミロク信仰の研究》未來社，1975

淺野長勳〈維新前後〉，收錄於《幕末維新史料叢書》4，人物往來社，1968

遠山茂樹《明治維新》，岩波書店，1951

澁澤榮一 編《昔夢会筆記：德川慶喜公回想談》（東洋文庫版），平凡社，1996

E. Herbert Norman "*The shrine of Clio. Etc*"（日譯《クリオの顔》，大窪愿二 編譯，岩波書店，1986）

理解，從原點開始

玉山社・日本史選書

對台灣來說，日本是一個既親近卻又陌生的國度。它曾經以殖民者之姿統治台灣長達半個世紀，也是近年來台灣在科技、文化、娛樂等方面亟欲效法的對象。但我們對於這個國家是如何走到今天的樣貌，卻又是一知半解。

為此，耕耘台灣文史領域十多年的玉山社，決定推出「日本史選書」系列，透過引介相關書籍，以多樣的角度呈現出日本發展的樣貌，並瞭解時代中的人們，是如何面對與回應發生在自身周遭的變化。

歷史是人類活動的總和，每一段歷史都是獨特的事件，但也是值得後人引為參考的珍貴資產。希望此次書系的推出，能讓台灣的讀者們從更寬廣的角度理解日本與世界。並從理解他者的行動中，進而反思台灣近代歷史的發展，以及未來的走向。

日本史選書 既刊、新刊書籍

1.《明治維新》
田中　彰◎著 何源湖◎譯
定價 480 元

2.《日俄戰爭的時代》
井口和起◎著
【2012 年 12 月出版】

3.《大正文化：帝國日本的烏托邦時代》
竹村民郎◎著 林邦由◎譯
定價 380 元

4.《昭和史 第一部 1926~1945》（上）
半藤一利◎著 林錚顗◎譯
定價 350 元

5.《昭和史 第一部 1926~1945》（下）
半藤一利◎著 林錚顗◎譯
定價 350 元

6.《昭和史 第二部 1945~1989》（上）
半藤一利◎著 林錚顗◎譯
定價 360 元

7.《昭和史 第二部 1945~1989》（下）
半藤一利◎著 林錚顗◎譯
定價 360 元

國家圖書館出版品預行編目資料

明治維新 / 田中彰作；何源湖譯，--
初版，-- 台北市；玉山社，2012.05
面；　公分

ISBN 978-986-294-024-2（平裝）

1. 明治維新　2. 日本史

731.272　　101006566

明治維新

作　　者／田中彰
譯　　者／何源湖
發 行 人／魏淑貞
出 版 者／玉山社出版事業股份有限公司
地　　址／台北市 106 仁愛路四段 145 號 3 樓之 2
電　　話／(02)27753736
傳　　真／(02)27753776
電子信箱／tipi395@ms19.hinet.net
網　　址／http://www.tipi.com.tw
劃撥帳號／18599799 玉山社出版事業股份有限公司

主　　編／蔡明雲
編　　輯／林邦由
封面設計／黃聖文工作室
行銷企劃／侯欣妘
業務行政／陳衛宇
法律顧問／魏千峰律師
印　　刷／松霖彩色印刷有限公司
初版一刷／2012 年 5 月　　初版三刷／2016 年 7 月
定　　價／新台幣 480 元